Clemens Sedmak, Elisabeth Kapferer,
Kurt Oberholzer (Hg.)

Marktwirtschaft für Menschen

Wissenschaftliche Schriftenreihe der Wirtschaftskammer Salzburg

herausgegeben von

Kurt Oberholzer

Band 6

LIT

Clemens Sedmak, Elisabeth Kapferer,
Kurt Oberholzer (Hg.)

Marktwirtschaft für Menschen

LIT

Bibliografische Information der Deutschen Nationalbibliothek
Die Deutsche Nationalbibliothek verzeichnet diese Publikation in der Deutschen Nationalbibliografie; detaillierte bibliografische Daten sind im Internet über http://dnb.d-nb.de abrufbar.

ISBN 978-3-643-50289-6

Krotenthallergasse 10/8
A-1080 Wien
Tel. +43 (0) 1-409 56 61
Fax +43 (0) 1-409 56 97
e-Mail: wien@lit-verlag.at
http://www.lit-verlag.at

LIT VERLAG Dr. W. Hopf
Berlin 2011
Verlagskontakt:
Fresnostr. 2
D-48159 Münster
Tel. +49 (0) 2 51-620 320
Fax +49 (0) 2 51-922 60 99
e-Mail: lit@lit-verlag.de
http://www.lit-verlag.de

Auslieferung:
Deutschland: LIT Verlag Fresnostr. 2, D-48159 Münster
Tel. +49 (0) 2 51-620 32 22, Fax +49 (0) 2 51-922 60 99, e-Mail: vertrieb@lit-verlag.de
Österreich: Medienlogistik Pichler-ÖBZ, e-Mail: mlo@medien-logistik.at

Vorwort

Das vorliegende Buch „Marktwirtschaft für Menschen“ ist mehr als der nachgereichte Bericht über ein Symposion, das am 14. April 2010 am Campus Urstein der FH Salzburg veranstaltet wurde. Es ist auch Dokument eines thematischen Schulterschlusses zwischen Partnern, denen der Begriff „Verantwortung“ zentral ist. Gemeinsam und auf verschiedenen Ebenen wurde und wird von Wirtschaftskammer Salzburg, der „Salzburg Ethik Initiative“ und dem Zentrum für Ethik und Armutsforschung der Universität Salzburg versucht, Wirtschaft und Gesellschaft weiter zu denken und auf das Fundament von ethischem Handeln und Verantwortung zu stellen.

Für die Wirtschaftskammer gilt, dass sie mit dem Symposion „Marktwirtschaft für Menschen“ ihr Schwerpunktthema 2009 – „Wirtschaft trägt Verantwortung“ – fortgesetzt und verdichtet hat. Mit zahlreichen Aktivitäten hatte die Wirtschaftskammer – höchst aktuell – im Krisenjahr 2009 die tieferen Ursachen der Krise herausgearbeitet und als Ausweg auf die Notwendigkeit von umfassender Verantwortung im Wirtschaftsprozess hingewiesen. Diesem Thema ist nicht mit einem einzigen Schwerpunktjahr beizukommen. Das Symposion stellte somit die Verlängerung dieser Diskussion in die notwendige nächste Runde dar.

Dies konnte erfreulicherweise mit Partnern geschehen, mit denen wir ein thematisches und auch persönliches Netzwerk aufbauen konnten, dessen Ausdruck nicht zuletzt das vorliegende Buch ist. Ich bedanke mich ausdrücklich bei der „Salzburg Ethik Initiative“ und dem Zentrum für Ethik und Armutsforschung der Universität Salzburg – und insbesondere bei Univ.-Prof. Clemens Sedmak und seiner Mitarbeiterin Mag. Elisabeth Kapferer – für die Chance, gemeinsam die Entwicklung einer „Marktwirtschaft für Menschen“ ein Stück weiter vorantreiben zu können. Sie haben gemeinsam dafür Sorge getragen, dass diese Veranstaltung mit hochkarätigen Vortragenden aufwarten konnte, wie der Tagungsband eindrucksvoll zeigt.

Doch gibt es diese „Marktwirtschaft für Menschen“ nicht schon? Leben wir denn nicht in der „sozialen Marktwirtschaft“ mit einem dicht geknüpften sozialen Sicherheitsnetz? Tragen wir also Eulen nach Athen? Gerade in Salzburg, wo schon die Kleinheit der betrieblichen Strukturen eine gewisse Garantie für menschliches Maß bedeutet?

Ja, es gibt diese Marktwirtschaft für Menschen, kraft der Handlungen und Überzeugungen unserer Unternehmerinnen und Unternehmer, deren weit überwiegender Teil Verantwortung zeigt und lebt, sei es gegenüber den Mitarbeitern oder der Region oder gegenüber der Umwelt. Das hat sehr deutlich eine Untersuchung der KMU Forschung Austria unter Salzburgs Klein- und Mittelbetrieben ergeben, welche die WKS 2009 in Auftrag gegeben hat. Unsere Betriebe nennen es nicht „Corporate Social Responsibility" (CSR), aber sie tun es.

Man muss aber auch relativieren. Die soziale Marktwirtschaft war und ist zwar nach wie vor Leitmodell, aber ein ausgehöhltes.

- Ausgehöhlt durch die globale Kostenkonkurrenz von Wirtschaftsstandorten, die ethisch, sozial und ökologisch nicht den europäischen Standards entsprechen.
- Erodiert durch eine Jahrzehnte getrommelte Wirtschaftsphilosophie der Super-Liberalisierung, die anfänglich völlig richtig auf mehr Wettbewerb setzte und verkrustete Strukturen aufbrach, aber am Ende in einem überzogenen Marktradikalismus endete, den die Casino-Spieler der internationalen Finanzwelt am wirksamsten einsetzten – mit bekanntem Ausgang. Die Folge war eine Wirtschaftskrise, deren Folge nun eine Verschuldungs- und Euro-Krise ist.
- Und nicht zuletzt kam die soziale Marktwirtschaft durch sich selbst unter Druck, durch eine stetige Überforderung der sozialen Transfers, die lange vor der Finanzkrise nur mehr mit Schulden aufrechtzuerhalten waren und sind, womit jetzt in der derzeitigen Finanzlage der Staaten eine Säule der sozialen Marktwirtschaft – das Soziale – immer schwieriger aufrechtzuerhalten ist.

Nun könnte allerdings tatsächlich die Stunde einer „Marktwirtschaft für Menschen" schlagen, einer „humanen Marktwirtschaft", wie wir es in unserer „Salzburger Erklärung" 2009 ausgedrückt haben. In Ergänzung zur sozialen Marktwirtschaft, deren wirtschaftspolitische Grundsätze im Kern nach wie vor richtig sind, zielt eine humane Marktwirtschaft auch auf gerechte Verteilung, aber auch auf Leistungsgerechtigkeit. Sie fordert nicht nur staatliche Verantwortung, sondern auch Eigenverantwortung der Bürger gegenüber der Politik und der Gesellschaft ein. Und sie setzt auf Nachhaltigkeit in ökologischer und sozialer Hinsicht. Es müssen die Bedingungen unserer sozialen – humanen – Marktwirtschaft immer wieder aufs Neue erarbeitet und angepasst werden.

Zugegeben, das ist ein sehr umfassender Ansatz, aber kein utopischer. Denn vieles ist bereits auf den Weg gebracht worden. Und vieles ist noch in Bewegung zu bringen.

Am Ende der Reise sollte das strategische Rüstzeug für eine „zukunftsfähige Wertschöpfung“ fertig gebaut sein. Wir brauchen anwendbare Werkzeuge, wie „Verantwortung“ in das Kerngeschäft und die Kernkompetenz von Betrieben eingebettet werden kann, wie letztlich eine Verantwortungswirtschaft entstehen kann. Wir brauchen ein Management-Rüstzeug, um aus den sicherlich nicht geringer werdenden Risiken dieser Welt neue Chancen zu machen. Wir müssen an einer Runderneuerung der sozialen Marktwirtschaft hin zu einer Marktwirtschaft für Menschen arbeiten – auch als Gegenmodell zu den immer stärker werdenden autokratisch geführten Marktwirtschaften, die sich anschicken, das 21. Jahrhundert zu erobern, die humanen Werte dabei aber nur als Hindernis betrachten.

Ich wünsche mir, dass die Leserinnen und Leser dieses Bandes aus den einzelnen Beiträgen möglichst viele Bausteine für das noch fertig zu bauende Modell einer Marktwirtschaft für Menschen gewinnen.

KommR Julius Schmalz
Präsident der Wirtschaftskammer Salzburg

Inhalt

Johannes Eckert

Impulse aus der Benediktregel zu einer kommunikativen Unternehmenskultur

Sehr geehrte Damen und Herren!

Die Thematik meines Vortrags ist eine, die mich schon lange beschäftigt, schon beschäftigt hat, bevor ich ins Kloster eingetreten bin.

Ich habe Theologie studiert und habe dabei ein Praktikum und danach auch noch längere Zeit bei einem bayrischen Automobilhersteller mit Sitz in München verbracht. Ich habe in dieser Zeit die Unternehmenskultur dieses Unternehmens kennengelernt, habe dann aber einem anderen Wunsch oder einem anderen Begehren nachgegeben und habe mir das klösterliche Leben näher angeschaut. Zu unseren beiden Klöstern: Das eine, St. Bonifaz, liegt mitten in der Stadt und wurde vor 160 Jahren gegründet. Das andere Kloster liegt am Land, am Ammersee, Kloster Andechs. Es ist vor allen Dingen auch bekannt wegen der diversen Bierspezialitäten, die unsere Klosterbrauerei herstellt. Diese beiden Klöster haben mich fasziniert, und ich habe dort die Spiritualität unseres Ordens, die Spiritualität Benedikts kennenlernen dürfen.

So entstand meine Dissertation, in der Unternehmenskultur und Ordensspiritualität zusammengeführt werden. Zunächst mag es so scheinen, dass sich da zwei Welten begegnen, die sich diametral gegenüberstehen: auf der einen Seite ein Unternehmen, das sich der Mobilität verschreibt, auf der anderen Seite Benedikts Klöster, die dem Gelübde der Beständigkeit folgen. Mobilität und Beständigkeit, auf der einen Seite Freude am Fahren, fast hedonistische Produkte und auf der anderen Seite Männer, die sich unter fast atypisch zu nennenden Konditionen scheinbar aus dem gesellschaftlichen Leben zurückziehen, um Gott zu suchen. Wie kommen diese beiden Welten zusammen?

Zum einen waren die Klöster Benedikts schon immer auch Wirtschaftsunternehmen. Benedikt schreibt uns selber ins Stammbuch, dass die Mönche von ihrer Hände Arbeit leben sollen, dass sie also nicht abhängig sein, sondern durch ihre Autarkie ihre Autonomie sicherstellen sollen. Das geschieht auf vielfältige Weise – und wir müssen zugeben, dass wir das in unserem Kloster nicht nur von unserer Arbeit in der Mönchsgemeinschaft schaffen, sondern circa 240 Mitarbeiter in beiden Häusern beschäftigen, weil eben gerade auch die Gastronomie relativ arbeitsintensiv ist. Die Spiritualität eines Klosters ist durch die eigenen

Wirtschaftsbetriebe natürlich etwas geerdet. Man schimpft nicht so leicht über die böse Wirtschaft, sondern muss sich selbst mit verschiedenen Dingen auseinandersetzen, man muss sich verschiedenen Herausforderungen stellen.

Zum anderen wird die Benediktregel in den letzten beiden Jahrzehnten als ideales Führungsinstrument von Unternehmen wiederentdeckt: Gerade was Benedikt über den Dienst des Abtes oder den wirtschaftlichen Leiter eines Klosters, den Cellerar, schreibt, lässt sich in vielfacher Weise übertragen auf eine Führungskraft, die mitarbeiterorientiert führen will.

Hinzu kommt, dass von einem Kloster, das im Spannungsfeld von Kontemplation und Aktion steht, natürlich immer eine gewisse Strahlkraft ausgeht, die auf der anderen Seite Neugier weckt. Und so ziehen sich auch immer wieder Führungskräfte in Klöster zurück mit der Frage, wie wir das machen. Denn natürlich steht auch jede Führungskraft unter dieser Spannung: Auf der einen Seite stehen unwahrscheinliche Verantwortungsbereiche und Aufgabenvielfalt, auf der anderen Seite aber natürlich auch der Wunsch, wieder zu sich zu finden, wieder zur Ruhe und zur Innerlichkeit zu kommen. – Wir bleiben ja Menschen mit unseren je eigenen Sehnsüchten.

Ich will zunächst etwas stärker auf die benediktinische Spiritualität eingehen. Mir geht es dabei vor allen Dingen darum, die kommunikativen Strukturen der Benediktregel darzustellen, und in Anschluss daran will ich Hinweise geben, was das für ein Unternehmen oder für eine Führungskraft bedeuten könnte, die sagt: „Ich will mitarbeiterorientiert führen“ oder „Wir sind ein kundenorientiertes Unternehmen“ oder „Wir sind ein Unternehmen, das sich dem Qualitätsmanagement verpflichtet fühlt“. Mir ist bewusst, dass man, wenn man ein Wirtschaftsunternehmen mit einer klösterlichen Gemeinschaft vergleicht, Äpfel mit Birnen vergleicht, dass es also unterschiedlichste Zielsetzungen gibt. Das eine ist eine Lebensgemeinschaft, das andere eine Arbeitsgemeinschaft. Aber beide Institutionen sind soziale Institutionen, in denen Menschen miteinander leben, miteinander kommunizieren und miteinander wirken unter gemeinsamen Zielsetzungen. Da ist die Frage durchaus interessant, welche Grundhaltungen und welche damit verbundenen Instrumente Verwendung finden, um diese Ziele zu erreichen. Und darin, so glaube ich, liegen große Chancen, dass diese scheinbar unterschiedlichen Welten voneinander lernen können.

Benedikt beschreibt das Kloster als einen Raum, in dem Menschen miteinander Gott suchen. Die Menschen denken von außen, dass ein Kloster so etwas ist wie eine Familie: Man nennt sich Bruder, „Abbas“ heißt Vater, und das Kloster wird damit mit einem emotionalen Bild überfrachtet. Eigenartigerweise benutzt Benedikt aber an keiner Stelle seiner Regel dieses emotionale Bild der Familie, sondern er verwendet drei sehr funktionale Bilder, mit denen er die klösterliche Gemeinschaft beschreibt.

Ein Bild ist das Bild des Hauses: ein urchristliches Bild. Für Benedikt setzt sich dieses Haus aus lebendigen Steinen zusammen. Wir besingen das immer wieder in der Liturgie, im Kirchweihhymnus, wie diese Steine zusammengefügt werden. Die Liturgie ist da nicht sehr zimperlich, sie spricht von Hammerschlägen und Meißelklängen. Das heißt also, der einzelne Stein wird eingepasst werden müssen, damit er hineinpasst in das Gesamtbauwerk, damit er mit anderen Steinen zusammen tragen kann, damit es also ein lebendiges Gemäuer ergibt. Ein Leben in Gemeinschaft bedeutet also immer auch, ein Stück von sich selbst aufzugeben, vom anderen zu lernen, sich an den anderen anzupassen – aber auch, dass der andere sich an einen selbst anpasst.

Ein zweites Bild, das Benedikt benutzt (und ohne dass er etwas über lifelong learning oder über die lernende Organisation hat studieren müssen), ist das Bild der Schule. Benedikt bezeichnet das Kloster als eine Schule, in der Menschen leben, die ein Leben lang miteinander, aneinander und voneinander lernen, also eine Lerngemeinschaft bilden. – Einer unserer Mitbrüder, der vor zwei Jahren im neunundneunzigsten Lebensjahr verstorben ist, hat den Satz geprägt: „Ausgelernt habe ich erst, wenn ich in der Gruft ruhe." Es ist das lebenslange Lernen, das den Menschen bzw. den Mönch prägen soll.

Das dritte von Benedikt verwendete Bild, und dieses kommt dem Gedanken eines „Center of Excellence" relativ nahe, ist das Bild der Werkstatt, der *officina*, in der Menschen miteinander arbeiten, in der sie vor allem auch aneinander arbeiten, in ihren Stärken, aber auch in ihren Schwachstellen. Da wird nun eines unserer Gelübde sehr wichtig. Wir haben nicht die klassische Trias von Gehorsam, Armut und Jungfräulichkeit, sondern wir haben das Gelübde der Beständigkeit, des Gehorsams und des klösterlichen Lebenswandels. In der Werkstatt wird nun die Beständigkeit wichtig. Benedikt beschreibt im ersten Kapitel seiner Regel verschiedene Mönchsarten, und er beschreibt da eine ganz abscheuliche Art von Mönchen, er nennt sie die *Gyrovagen*. Sie bleiben so lange in einem Kloster, wie es ihnen dort gefällt, sobald es aber zu Auseinandersetzungen, zu Konflikten kommt, wenn also die *correctio* tätig wird, verlassen sie das Kloster und suchen sich eine neue Gemeinschaft. Benedikt beschreibt sie als *„semper vagi et nunquam stabiles"* – immer unterwegs, niemals beständig –, Menschen, die sich nicht dem Korrektiv der Gemeinschaft stellen. Ich glaube, das ist die Krise, die wir momentan in der Kirche erleben: dass wir uns nicht mehr als Werkstatt und Schule verstanden haben, dass man weggeschaut hat und dass diese Kultur der gegenseitigen Achtsamkeit zu wenig gepflegt wurde. Für Benedikt ist die Werkstatt – und das deutsche Sprichwort sagt es ja: wo gehobelt wird, dort fallen Späne – der Raum, in dem Menschen sich einander aussetzen und wo sie aneinander und miteinander arbeiten.

Auch Benedikt kennt jedoch den Einzelnen mit seinen Bedürfnissen, mit dem, was ihn bewegt; das ist bemerkenswert, denn Benedikt lebt ja im 6. Jahrhundert. Er kennt das Individuum mit seinen Bedürfnissen und geht darauf ein. Er schreibt über die Brüder, alles Notwendige dürfen sie vom Vater des Klosters erwarten, damit im Hause Gottes niemand traurig wird. Wir würden das heute als innere Kündigung oder Frustration bezeichnen, wenn jemand in Benedikts Worten „traurig wird", wenn er dem ursprünglichen Motiv, warum er eingetreten ist, nicht mehr gerecht werden kann. Daher soll auch der Mönch seine Anliegen, seine Bedürfnisse in den Dialog mit der Gemeinschaft stellen. – Ich lese manchmal samstags in der Süddeutschen Zeitung die Stellenanzeigen, es ist interessant, was da alles beschrieben wird. Da ist zum Beispiel Durchsetzungskraft gefragt und eine starke Persönlichkeit mit individuellen Fähigkeiten, im nächsten Satz ist aber dann schon der „social player" gewünscht, der teamfähig ist, der heterogene Teamstrukturen tragen kann und kooperativ ist. Wie bringen wir das alles zusammen: die starke Persönlichkeit, das starke Individuum und gleichzeitig die soziale Institution mit ihren Herausforderungen? Dies ist eine Herausforderung, der sich auch Benedikt stellen muss, der *monachus*, der allein lebt, der einzelne Mönch, der hineingestellt in die Gemeinschaft, die Werkstatt, Schule und Haus ist. Wie kommt das zusammen, was ist die verbindende Grundhaltung?

Hier wird nun das zweite Gelübde für uns wesentlich, der Gehorsam, der meines Erachtens zutiefst analog zu verstehen ist mit Mitarbeiter- oder Kundenorientierung. Wenn man von Gerhorsam spricht in unserer Zeit, dann stellen sich den meisten Leuten die Nackenhaare auf: meist folgen Assoziationen wie blinder Gehorsam, Kadavergehorsam, Militär, katholische Kirche, Ordenswesen, klare Hierarchien also, in denen der Gehorsam in Befehls- und Anweisungsstrukturen eingesetzt wurde, um Macht auszuüben. So wurde auch lange genug gelebt, auch in unserem Kloster, auch in der Wirtschaft. Wir versuchen heute Gehorsam neu zu definieren, und ganz im Sinne übrigens der Benediktregel: Benedikt will, dass die Regel immer wieder zeit- und ortsgemäß interpretiert wird. Und so gilt es auch, unsere verbindenden Grundhaltungen – wie eben den Gehorsam – auf unsere Zeit hin zu verheutigen.

Ich möchte mich dem Gehorsam zunächst von der Etymologie, von der Wortbedeutung her nähern. „Ge-hor-sam". In der Mitte steht „hor", das verweist auf „horchen", „hören". Dieses Horchen ist ein anderes, als wenn ich morgens beim Zähneputzen Radio höre. Es ist das Horchen, bei dem man die sprichwörtliche Stecknadel fallen hört. Wenn wir im Deutschen an ein Wort die Endung „-sam" anhängen, dann bedeutet das so viel wie „eifrig sein". Ein folgsamer Mensch ist eifrig im Folgen, ein sparsamer Mensch ist eifrig im Sparen. Ein „horsamer"

Mensch wäre also einer, der eifrig ist im Horchen. Wenn wir im Deutschen vor ein Wort die Vorsilbe „Ge-" setzen und es damit zu einem Hauptwort mutieren, dann bringen wir etwas in einen Begriff, dann definieren wir etwas. Ein eifriges Hören, das ich auf einen Punkt bringe, wird so zum Gehorsam. Man kann nun natürlich argumentieren, dass Benedikt seine Regel nicht in Deutsch, sondern in Latein geschrieben hat. Im Lateinischen aber gibt es zwei Wörter für „gehorchen". Das eine ist als „parieren" im Süddeutschen als Lehnwort gebräuchlich. Es kommt vom lateinischen *parere* und meint das willenlose Gehorchen. Beim Parieren wird nicht mehr viel diskutiert. – Eigenartigerweise benutzt Benedikt an keiner Stelle seiner Regel dieses Wort *parere*, obwohl es in den Vorlagen, die er verwendet und die er zum Teil wörtlich übernimmt, immer wieder aufscheint. Benedikt geht es also nicht um den willenlosen Gehorsam, sondern es geht ihm um das Horchen. Deswegen benutzt er immer nur das andere Wort für gehorchen: *obaudire* – und *audire* heißt „hören". Die Vorsilbe *ob-* bedeutet „entgegen", „aufeinander". *obaudire* heißt also hörend zu sein auf den anderen. Und Benedikt unterstreicht auch noch auf andere Weise, dass es ihm ums Hören geht, indem er seine Regel mit entsprechenden Signalworten beginnt. In der Antike und im Mittelalter war es üblich, dass das Buch, das man schreibt, betitelt wurde nach den ersten Worten. Die Päpste haben sich das bis heute bewahrt: Die Enzykliken werden nach den ersten Worten benannt. Benedikt fängt die Regel also an mit den Worten *„obsculta, o fili, praecepta magistri"*, auf Deutsch: „lausche, mein Sohn, auf die Weisung des Meisters, des Lehrers". Das ist gleichsam die Überschrift. Es geht ihm ums Lauschen, ums Hören, um die Offenheit auf einen anderen hin. Und dieser Gehorsam durchzieht die ganze Regel bis zum Schluss. In einem der letzten Kapitel schreibt er über den „gegenseitigen Gehorsam der Mitbrüder". Die Mönche in einer Gemeinschaft sollen wechselseitig aufeinander hören. Am Anfang seiner Regel spricht Benedikt von der *labor*, von der Mühe, von der Anstrengung des Gehorsams, und am Ende vom Gut, vom *bonum*. Gehorsam ist also etwas, was man lernen kann, ein Lernprozess. Man kann hören lernen. Und wir können aus dem ersten Vers der Benediktregel gleichsam einen Dreischritt des Gehorsams, des Hörens, ableiten.

Dieser Dreischritt, wenn man ihn ernst nimmt, hat meines Erachtens zutiefst etwas mit Kunden- und Mitarbeiterorientierung zu tun. „Lausche, mein Sohn, auf die Weisung des Meisters", so lautet die Überschrift. Benedikt schreibt weiter: „Neige das Ohr deines Herzens" – das heißt nach innen zu gehen, zu hören: Was sagt mir mein Herz? Hören im Schweigen, also Selbstreflexion, das ist der erste Schritt. Es ist die Standortbestimmung. „Neige das Ohr deines Herzens, nimm den Zuspruch des gütigen Vaters willig an." Den Zuspruch des gütigen Vaters willig annehmen, das heißt in den Dialog mit jemand anderem zu gehen: mit dem „gütigen Vater", dem Abt, der Gemeinschaft, um so einen Konsens zu finden. Hören im Dialog ist also der zweite Schritt, die Suche nach einem Konsens. „Nimm den Zuspruch des gütigen Vaters willig an, und erfülle ihn durch die Tat.“ Der dritte Schritt ist die Tat als Antwort, als Konsequenz des Hörens.

Der Dreischritt lautet also:
1) Hören im Schweigen,
2) Selbstreflexion – Hören im Dialog, die Suche nach einem Konsens,
3) die Konsequenzen – die Taten als Antworten des Hörens.

Erster Schritt: Hören im Schweigen.

Benedikt schreibt ein Kapitel über die Schweigsamkeit, das sechste Kapitel unserer Regel. Da zitiert er lapidar die Psalmen und schreibt am Anfang: „Ich sprach, ich will auf meine Wege achten, damit ich mich mit meiner Zunge nicht verfehle.“ Das nennen wir heute „Prozessorientierung“. Wo ist mein Standpunkt, welches Ziel habe ich, welche Wege führen zur Zielerreichung? „… damit ich mich mit meiner Zunge nicht verfehle“, das heißt: bevor ich die Zunge rühre, bevor ich in den Dialog mit jemand anderem gehe, muss ich meine Standortbestimmung im Schweigen vollziehen, in der Selbstreflexion. Benedikt selber unternimmt diese Selbstreflexion am Anfang seines klösterlichen Lebens, er zieht sich zurück in eine Höhle. Er zieht sich zurück unter die Erdoberfläche, er macht Grundlagenforschung darüber, was ihn bestimmt. Die Höhle bedeutet, auf sich selbst geworfen zu sein. Er wird in dieser Situation beschrieben von Papst Gregor dem Großen, im zweiten Buch der Dialoge. Papst Gregor schreibt, Benedikt wohnte in sich selbst. Das heißt also: sich selbst erforschen, nicht andere, sich selbst im Auge behalten, nicht andere.

Zu dieser Selbstreflexion braucht es feste Zeiten und Orte. Daher hat sich im Kloster die Klausur entwickelt, jener abgeschlossene Lebensbereich der Mönche, in dem der Mönch in seinem Zimmer, in seiner *cella*, für sich selbst sein kann. Die Wüstenmönche schreiben, wie der Fisch ins Wasser gehört, so gehört der Mönch in seine Zelle, in sein *kellion*: Gehe in deine Zelle, sie wird dich alles lehren. – Die Zelle ist der Rückzugsort, an dem der Mensch auf sich geworfen ist. Das lateinische Wort *cella* meint übrigens zweierlei: Es bezeichnet die Vorratskammer, und es bezeichnet in einem Tempel das Innerste des Heiligtums. In den Klöstern ist es guter Brauch, sich immer wieder in die Zelle zurückzuziehen. Wenn jemand in seiner Zelle ist und Ruhe haben will, braucht er nicht öffnen, wenn jemand klopft, oder muss nicht ans Telefon gehen. Das sind Grundregeln, mit denen eben dieser Raum geschützt wird. Und es muss natürlich feste Zeiten für das Schweigen geben, etwa die Stunden der Nacht, die durch die Schweigsamkeit geprägt sind, oder die Zeit der Exerzitien. Exerzieren heißt üben: Einmal im Jahr ziehen wir uns gewissermaßen zum Training zurück. Es ist nötig, immer wieder in das Schweigen zu gehen, um seinen Standort zu bestimmen. Wenn ich in Führungsleitbildern lese, dass die Führungskräfte „zur Selbstreflexion verpflichtet" sind, dann frage ich mich, wo sind dazu die Zeiten und die Orte? Da wird einem sehr schnell bewusst, dass Selbstreflexion etwas kostet, denn Zeit und Orte kosten Geld. Dessen müssen wir uns bewusst sein. Aber es ist der erste Schritt zu einer kommunikativen Struktur, dass ich erst einmal auf mich selber höre: Für was stehe ich, und für was stehe ich nicht, was ist mein Profil? Der erste Schritt ist also das Hören im Schweigen.

Zweiter Schritt: Hören im Dialog.

Benedikt schreibt im Anschluss an das Abtskapitel ein Kapitel über den Dialog, über den Rat der Brüder, das ist das dritte Kapitel unserer Regel. Auch dort zitiert er ganz lapidar die Heilige Schrift, das Buch der Sprüche: „Tu alles mit Rat, dann brauchst du nach der Tat nichts zu bereuen." Diesen Vers schreibt Benedikt dem Abt und jedem Mönch ins Stammbuch. Und Benedikt will, dass der Abt den Rat der ganzen Gemeinschaft einholt, also nicht nur derer, die mit ihm die Führungsverantwortung teilen oder die ihm vielleicht sympathisch sind, sondern er sagt: Die ganze Gemeinschaft soll zum Rat gerufen werden. Benedikt legt äußersten Wert drauf, dass gerade auch die Jüngsten um ihren Rat gefragt werden. – Warum die Jüngsten? Es gibt eine alte klösterliche Weisheit, die vom *fervor novitii* spricht, vom Eifer des Novizen. Wenn Novizen in einem Kloster sind, dann weiß man wieder, wie Mönchsein geht, weil die Novizen noch einen besonderen Eifer haben. An ihnen sieht man noch das Ideal. Daher, so Benedikt, soll der Abt auch den Jüngsten um Rat fragen. In dem Unternehmen, in dem ich einige Zeit verbrachte, habe ich immer wieder erlebt, dass im Rahmen des Qualitätsmanagements bei KVP-Wochen (KVP steht für den „Kontinuierlichen Verbesserungsprozess"), wenn es darum ging, Abläufe in der Produktion zu reflektieren, gerne Auszubildende dazugenommen wurden, die gerade von der Schule kamen, weil diese die Routineabläufe hinterfragt haben. In Klöstern gibt es sogenannte „Killerphrasen", wie wahrscheinlich in jedem Unternehmen, und eine davon lautet: „Das ist bei uns Tradition." Novizen fragen dann: „Warum ist das Tradition? Warum macht ihr das so?"

Bei einem Unternehmen in Bayern, Zweckform, habe ich einen wunderbaren Leitsatz kennengelernt: Zuerst kommt der Zweck, und dann die Form, und wir bringen den Zweck in Form. – Das müsste eigentlich auch für jede Tradition gelten, dass man immer wieder auch Traditionen hinterfragt auf ihre Sinnhaftigkeit, auf ihren ursprünglichen Zweck. Zu fragen, ist das noch gegeben, und dann die nötige Form dazu zu geben. Mein Gewand, der Habit, zum Beispiel hat einen guten Zweck: Man braucht sich morgens selten überlegen, was man anzieht. Und er gibt eine gewisse Form: Man wird erkannt, wohin man gehört, mit allen Vor- und Nachteilen, auch das gehört dazu. Und er stiftet Gemeinschaft. Die Jugend, bei uns die Novizen, hinterfragt also Routineabläufe, in denen sich immer auch Fehlerquellen einschleichen können.

Benedikt will aber auch, dass der Abt die Senioren frägt, die älteren, weisen Mitbrüder. Er schreibt ein Kapitel über die *pueri delicati*. Benedikt benennt auch all das, was nicht so gut ist, er benennt Missstände in seiner Regel, es ist also kein Leitbild auf Hochglanzpapier. Und so schreibt er auch über die *pueri delicati*, über die „schwierigen Mitbrüder", und wie der Abt mit ihnen umgehen soll. Er empfiehlt ihm, er solle weise, ältere Mitbrüder zu ihnen schicken. Der Abt muss also nicht alles selber machen. Alter heißt für Benedikt nicht gleich Weisheit, er schreibt bewusst von alten, weisen Mitbrüdern. Er meint Mitbrüder, die eine gewisse Lebenserfahrung haben, die dann vielleicht den Mitbruder aus seiner selbstgewählten Isolation herausholen können, indem sie ihn trösten, indem sie ihm sagen: „Ja, ich habe auch schon einmal eine Krise durchlebt, ich kann mit dir fühlen", Mitbrüder also, die aus ihrer Lebenserfahrung heraus motivieren können, wieder auf die Gemeinschaft zuzugehen. – Es ist ja etwas Unwahrscheinliches, was in unseren Gesellschaften geschieht, wenn wir Menschen mit fünfundsechzig Jahren in den Ruhestand schicken, die das zum Teil auch noch gar nicht wollen, dass wir da noch keine geschmeidigeren Übergänge gefunden haben. In einem Kloster gibt es eigentlich keinen Ruhestand, soweit es die Tätigkeiten betrifft. Für Benedikt ist also ganz wichtig, auch den Rat der Ältesten einzuholen.

Wichtig ist für Benedikt aber auch der Rat von Gästen. Der Abt soll aufmerksam hören, wenn Gäste Kritik üben. Das nennt man heute Benchmarking. Wenn Mönche aus einem anderen Kloster in einer Gemeinschaft mitleben, können sie auf Positives wie auf Negatives aufmerksam machen, mit der Perspektive ihrer eigenen Gemeinschaft, vor dem Hintergrund, wie in ihrer Gemeinschaft die Spiritualität gelebt wird. Benedikt rät daher, auch nach außen hin, auch auf die Gäste zu hören als eine Möglichkeit, das Gute zu finden.

Freilich kann es im Gehorsam, im Hören, im Dialog auch Konflikte geben. Auch das weiß Benedikt. Er beschreibt im 68. Kapitel unserer Regel, was zu tun ist, wenn es zum Konflikt kommt, zum Beispiel wenn einem Mitbruder Unmögliches zugetraut oder übertragen wird. Benedikt schreibt in diesem Kapitel, dass der Mitbruder zunächst noch einmal mit sich selbst zu Rate gehen soll, warum er den Auftrag des Abtes nicht ausführen kann. Er soll also noch einmal in die Selbstreflexion gehen und sich überlegen, was die Kriterien sind. Dem Abt rät Benedikt immer wieder, er solle sich bewusst sein, dass er nicht die Tyrannis, die Gewaltherrschaft über Gesunde hat, sondern die Sorge um zerbrechliche Menschen, und dass er für alle seine Mitbrüder Rechenschaft ablegen muss, er sich also für alle verantworten muss. Der Abt soll also das geknickte Rohr nicht abbrechen und den glimmenden Docht nicht auslöschen. – Dann soll es wieder zum Dialog kommen. Der Mitbruder soll zu seinem Abt gehen und ihm angemessen, also im richtigen Ton, und vernünftig seine Gründe darlegen, warum er den Auftrag nicht ausführen kann. Zum Dialog rät Benedikt auch umgekehrt: Der Abt soll, wenn ein Mitbruder etwas unvernünftig fordert, diesem vernünftig darlegen, warum er seinen Wunsch nicht erfüllen kann. Man soll also die Gründe benennen. Und, so schreibt Benedikt über den Cellerar des Klosters, wenn er nichts geben kann, dann gebe er wenigstens dem Mönch ein gutes Wort, denn ein gutes Wort geht über die beste Gabe. Natürlich ist das mit dem guten Wort manchmal nicht so leicht. Aber Benedikt unterstreicht damit die Wichtigkeit, positiv zu motivieren, zu loben, zu danken, die Gründe darzustellen, warum etwas nicht geht. Und erst im äußersten Konfliktfall stehen dann die Anliegen der Gemeinschaft über jenen des Einzelnen. – Hören im Dialog.

Dritter Schritt: die Tat als Antwort des Hörens, die Konsequenzen.

„Schnellen Fußes folgen sie gehorsam dem Ruf des Befehlenden mit der Tat", schreibt Benedikt. Zugegebenermaßen, schnellen Fußes geht es nicht immer, aber was Benedikt damit meint, ist, dass man das eben jetzt im Dialog Gefundene, das Gemeinsame, auch zur eigenen Sache machen und es zur Umsetzung kommen soll, gerade weil das Tätigsein, *labora!*, für uns auch so wichtig ist, weil das Kloster eine „Werkstatt" bleiben soll.

Dieser Dreischritt hat meines Erachtens zutiefst etwas mit Mitarbeiterorientierung in einem Unternehmen zu tun. Eigentlich stellt dieser Dreischritt einen Zielvereinbarungsprozess dar. Wenn eine Führungskraft über Ziele führen will und damit auch wirklich den Mitarbeiter ernst nehmen und nicht nur eigene Ziele durchsetzen will, dann wird sie diesen Dreischritt anwenden. Dann wird vor dem Mitarbeitergespräch zunächst eine Zeit der Reflexion, der Vorbereitung auf das Gespräch stehen: Was sind die Ziele des Unternehmens, der Abteilung? Die Führungskraft wird sich aber auch auf den Mitarbeiter einstellen. Und auch der Mitarbeiter überlegt, was sind Ziele meines Unternehmens, meiner Abteilung bzw. was sind auch Ziele, die ich einbringen will? Das Zielvereinbarungsgespräch wäre im Sinne des beschriebenen Dreischritts das Hören im Dialog. Es kommt zur Zielvereinbarung, also zur Frage der Umsetzung, und schließlich wieder zur Evaluation. – Wir haben diesen Prozess genau so vorgeschrieben in der Benediktregel, in Hinblick auf die Fastenzeit.

Die Fastenzeit ist die „Haupttrainingszeit" des Mönchs, in der er das wieder einüben soll, was eigentlich sein ganzes Leben prägen sollte. Aber Benedikt ist realistisch genug zu wissen, das schafft niemand. Deswegen soll der Mönch wenigstens in der Fastenzeit wieder auf die Lebensqualität schauen. Damit dabei niemand hochmütig wird, empfiehlt Benedikt den Mönchen, dass sie sich ihre Fastenvorsätze nicht für sich selbst nehmen, sondern sie dem Abt unterbreiten. Benedikt weiß, dass es in einem Kloster auch Mönche gibt, die sozusagen alles können, die dann hochmütig werden und den anderen das Leben schwer machen, und das will Benedikt verhindern. Wie läuft das also ab? Benedikt beschreibt es so: Zu Beginn bzw. vor der Fastenzeit bekommt jeder Mitbruder die sogenannte *schedula*, die verschiedene Bereiche umfasst: Verzicht in Speise und Trank, besondere Lektüre, Gebete und schließlich besondere Werke. Jeder Mitbruder füllt die *schedula* für sich aus, er macht also eine Standortbestimmung, etwa: Wo muss ich wieder mehr aufpassen, wo gilt es das Leben wieder neu einzuüben? Wenn ich in der Fastenzeit auf Fleisch verzichte, dann wird mir an Ostern der Lammbraten wieder ganz anders schmecken, und ich werde vielleicht in der Fastenzeit lernen, auch wieder die Beilagen mehr zu schätzen. Das wäre ein Vorsatz. Oder: Wie muss ich mich geistlich nähren? Welcher Autor, welcher geistliche Autor wäre für mich etwas? Die *schedula* wird dem Abt abgegeben, und der Abt führt mit jedem Mitbruder ein Gespräch darüber. Es kommt also zur Zielvereinbarung. Der Abt kann dabei auch die Anliegen der Gemeinschaft einbringen, er kann auch seiner geistlichen Führung gerecht werden, indem er dem Mitbruder Vorschläge macht. Die *schedula* wird von beiden unterzeichnet und am Aschermittwoch in der Früh dem Mönch zurückgegeben. Die Fastenzeit ist dann die Umsetzungsphase, die bis in die Osterzeit hineinführt. Die Fastenzeit kann also verstanden werden als ein Zielvereinbarungsprozess.

Noch ein anderes Beispiel zur Mitarbeiterorientierung: Im Qualitätsmanagement gibt es das Instrument der flächendeckenden Mitarbeiterbefragung. Mitarbeiter befragen ihren Arbeitsbereich, und das geschieht flächendeckend im ganzen Werk, mit der Hilfe von externen Beratern und hinsichtlich verschiedener Qualitätsmerkmale, wie sie z. B. die EFQM („European Foundation for Quality Management") vorgibt. Am Beginn steht auch hier die Selbstreflexion: Jeder Mitarbeiter bewertet seinen Standort, seinen Arbeitsplatz. Diese Fragebögen werden abgegeben, und es kommt zur Ausarbeitungsphase, nach der die Verbesserungsvorschläge wieder an Projektteams, also an die Arbeitsbereiche, zurückgegeben werden – dies entspricht dem Hören im Dialog. Dann folgt die Umsetzungsphase, in der es darum geht, welche Vorschläge realisiert werden können und was die Möglichkeiten übersteigt. Schließlich kommt es zur Evaluation. Eines der Unternehmen, in denen ich tätig war, hat dies unter dem Titel „Kommunikationsoffensive" im Zyklus von drei Jahren immer wieder durchgeführt.

Dasselbe Instrument kennen wir in unseren Klöstern seit circa 1000 Jahren seit der Reform von Cîteaux: es ist das System der Visitation, die genau nach diesem

Muster abläuft. In der Regel alle vier Jahre kommt ein Abt oder ein Mönch eines anderen Klosters zu Gast in ein Haus. Im Vorfeld erhält jeder Mitbruder einen Fragebogen, der genau nach den Satzungen strukturiert ist; die Satzungen sind die zeitgemäße Interpretation der Regel. Das Leitbild wird geprüft. Jeder Mitbruder füllt diesen Fragebogen aus, die Fragebögen werden an die Visitatoren abgegeben. Die Visitatoren können sich so schon einmal ein Bild machen über das Kloster. Dann kommen sie ins Haus und führen mit jedem Mitbruder ein Einzelgespräch – Hören im Dialog. Sie erstellen daraufhin einen Bericht, den sogenannten Rezess. Dieser wird in jenen Teilen, in denen es um Personalia geht, nur dem Abt vorgelegt, ansonsten aber mit Lob und Tadel der ganzen Gemeinschaft verkündet. Nach drei Monaten sollte dann der Stellvertreter des Abtes, der Prior, wieder an die Visitatoren berichten, was geschehen und was nicht geschehen ist. Wir sehen genau wieder diesen Dreischritt, um Qualität sicherzustellen, freilich unter verschiedenen Zielsetzungen.

Nun noch ein Beispiel zur Kundenorientierung, die meines Erachtens ebenfalls nach diesem Dreischritt geprägt ist. Kundenorientierung heißt ja nicht, dass man dem Kunden jeden Wunsch erfüllt. Kundenorientierung heißt zunächst, dass ein Unternehmen wissen muss, wofür es steht – im Falle eines Automobilherstellers zum Beispiel für sportliches Design. Kundenorientierung heißt auch, den Dialog mit dem Kunden zu pflegen, die Wünsche des Kunden herauszufinden. In diesem Dialog mit dem Kunden kann es auch zu Konflikten kommen. Sportliches Design zum Beispiel kann einen engen Fahrgastraum bedeuten, weil das Ergebnis eben keine große Limousine ist. Der Kunde fühlt sich dann, wenn er die ganze Familie unterbringen will, vielleicht etwas beengt. Kundenorientierung heißt auch, sich mit verschiedenen Fragen und Themen auseinanderzusetzen, zum Beispiel mit Sicherheit und Sehvermögen. Ich selbst habe mich zum Beispiel interessiert für breite oder schmale Fahrzeugsäulen. Schmale Säulen bedeuten bessere Sicht, breite Säulen mehr Sicherheit bei einem Überschlag – ein klassischer Ziel-Konflikt im Dialog. Kundenorientierung heißt auch sich auseinanderzusetzen mit Heck- oder Frontantrieb. Kundenorientierung heißt, Hybridantriebe zu hinterfragen. Zu fragen, was ist der gesellschaftliche Kontext, was macht die Konkurrenz, was fordert die Politik? All das heißt Hören im Dialog, man muss dabei aber auch immer den Blick auf den eigenen Standort, auf die eigene Selbstreflexion richten. Kundenorientierung bedeutet also auch immer, Konflikte auszutragen und doch Umsetzung anzustreben. Meines Erachtens findet sich hier wieder dieser Dreischritt: Selbstreflexion – Konsens – Konsequenzen.

Ich möchte es noch an einem letzten Beispiel festmachen. Mit unserem Kloster verbunden ist die Herstellung verschiedener Bierspezialitäten. Das Kloster Andechs ist 1455 gegründet worden zur Wallfahrtsseelsorge. Es ist übrigens die älteste bayrische Wallfahrt, die wir hier betreuen. Wir haben heute noch wachsende

Zahlen an Wallfahrern, und sehr viele Wallfahrer kommen zu Fuß zu uns. Früher hatte Andechs das Privileg, nicht nur in der Fastenzeit, sondern das ganze Jahr über Starkbier zu brauen. Starkbier bezeichnet ein Bier mit einem höheren Malzcharakter, man braut es, vereinfacht gesagt, um sich mehr Nährstoffe zuzufügen, etwa in der Fastenzeit, wenn man auf Fleisch und Wurst verzichtet. – Es geht in der Fastenzeit ja nicht darum, Gewicht zu reduzieren, sondern darum, sich sein Leben bewusst zu machen. Flüssiges bricht das Fasten nicht, daher ist Fastenzeit Starkbierzeit. – Aufgrund dieses Privilegs ist unsere Brauerei vor allem bekannt durch ihre Starkbierprodukte, das ist quasi unsere Premiumklasse. Allerdings hat sich das Konsumverhalten in den letzten beiden Jahrzehnten verändert. Natürlich muss eine Brauerei, die im Starkbier den Schwerpunkt setzt und hier, auch im speziellen Brauverfahren, ihre Kernkompetenz sieht, sich trotzdem auch ihren Kunden öffnen. – In den letzten drei Jahrzehnten ist das Weißbier immer mehr in Mode gekommen. Bis vor 15 Jahren hatten wir in unserer Produktpalette kein Weißbier. Wir haben zunächst den Dialog mit unserer Hauptabsatzquelle, unserem Bräustüberl in Andechs gesucht, und dort löste die Aussicht auf ein eigenes Weißbier Begeisterung aus. Wir haben dann den Dialog intern weiter gepflegt, ein Braumeister hat eine Möglichkeit gefunden, stillgelegte Anlagen zum Weißbierbrauen zu nutzen. Es gab natürlich auch Kritik: Wenn Andechs Weißbier braut, dann kommt auch bald das Pils, dann kommt noch das Alkoholfreie und dann wäre es nicht mehr Andechs. – Auch dem mussten wir uns stellen. Es kam dann zur Umsetzungsphase, und wir haben jetzt seit 15 Jahren ein helles und ein dunkles Weißbier, und es macht ca. 20 % unseres Ausstoßes aus. Also wieder dieser Dreischritt: Standortbestimmung durch Hören im Schweigen, Hören im Dialog, die Tat als Antwort des Hörens.

Es kann aber auch sein, dass die Standortbestimmung zu Maßnahmen führt, die ökonomisch nicht vertretbar sind. Auch das gibt es in Andechs: Wir schenken in unserem Bräustüberl abends bis 20 Uhr aus, und um 21 Uhr wird geschlossen. Das ist nicht sehr kundenorientiert. Wir könnten um diese Uhrzeit noch sehr viele Kunden haben. Aus ökonomischer Sicht ist es ein Unsinn. Aber laut Standortbestimmung sind wir ein Kloster mit Brauerei und nicht eine Brauerei, die aus PR-Gründen ein Kloster hat. Somit muss in irgendeiner Weise auch der klösterliche Charakter spürbar werden, auch auf diesem Berg, wo beides so konzentriert beieinanderliegt. Und deswegen ist es uns wichtig, dass am Abend dann auch Ruhe einkehrt. Das mag nicht kundenorientiert sein, aber es ist wichtig für unser Selbstverständnis.

Zusammengefasst: Der Dreischritt besteht also erstens im Hören im Schweigen – zweitens im aufmerksamen Horchen, im Hören im Dialog – und drittens in den konkreten Taten der Umsetzung. All dies bedeutet auch immer wieder, sich Konflikten zu stellen und Konflikte auszutragen. Und es ist meines Erachtens die

Voraussetzung dafür, einen kommunikativen Führungsstil zu pflegen, mit allen Stärken und allen Schwächen. Kommunikation bedeutet eben auch, Zeit und Ort dafür zu reservieren. Das sind Kosten, und das ist ein Wert.

Und damit danke ich Ihnen für Ihre Aufmerksamkeit.

(Es handelt sich beim vorliegenden Text um eine Transkription des frei gehaltenen Vortrags vom 14. April 2010.)

Helmut Kramer

Der ethische Gehalt der Nachhaltigkeit

Sehr geehrte Damen und Herren!

Wenn wirtschaftswissenschaftliche Argumentation in Berührung oder – häufig – in Konflikt gerät mit Fragen der Ethik, dann rührt das in der Regel von der Ethikferne der ökonomischen Modelle, ihrer üblichen klassischen Annahmen darüber, welche Motive Menschen bei ihren wirtschaftlichen Entscheidungen bewegen, ja determinieren; vor allem gilt das für die Annahme, dass sich Preise auf Märkten bilden, auf welchen freies Spiel von Angebot und Nachfrage herrscht und deren Verhältnis den Preis ergibt, und dass die Akteure das Ziel ihrer materiellen und individuellen Nutzenmaximierung anstreben.

Auf diese Weise entsteht leicht eine Spannung zwischen Ökonomie und einer realistischen Psychologie, aber auch zwischen ökonomischen und ethischen Gesetzen. Das muss gar nicht bis zum Extremfall gehen, welchen Aufwand die Rettung oder die Verlängerung eines Menschenlebens wert wäre, wie viel Wert etwa ein Familienerhalter für die Hinterbliebenen, in Euro ausgedrückt, dargestellt hätte. Dennoch sind solche Bewertungen oft notwendig, um zum Beispiel Versicherungsschutz anbieten zu können, was ja nicht unethisch ist.

Ökonomie und Ethik müssen nicht Gegenpole sein. Das kann man aus der bemerkenswerten Historie ableiten, dass der Vater der modernen Wirtschaftswissenschaft, der Schotte Adam Smith, von Beruf Moralphilosoph war. Sein erstes Werk war die „Theory of Moral Sentiments“ (Theorie der ethischen Gefühle, 1759). Er befasste sich dort mit den Beziehungen der menschlichen Natur zur Gesellschaft. Sein Hauptwerk „An Inquiry into the Nature and Causes of the Wealth of Nations“ (1776) wird als die Geburtsurkunde der klassischen Ökonomie angesehen, indem sie eine konsistente Markttheorie und gleichzeitig eine ethische Theorie entwickelt. Das allgemeine gesellschaftliche Glück werde maximiert, wenn jedes Individuum im Rahmen seiner ethischen Gefühle sein persönliches Glück verfolge. Durch die „unsichtbare Hand“ werde auf einem freien Markt gleichzeitig auch das Glück der Gesellschaft, der Nation erhöht. Das kennen Sie alles, und ich muss die Gedanken nicht weiter verfolgen.

Ich möchte mich heute nicht so sehr mit den möglichen Konflikten der Bewertung von Aktivitäten durch den Markt einerseits und durch die Ethik andererseits beschäftigen, sondern einige Überlegungen anstellen, die durch das relative moderne Postulat der Nachhaltigkeit an den Schnittstellen zwischen Ökonomie und Ethik aufgeworfen werden. Der Begriff Nachhaltigkeit, der nicht nur in die allgemein politische Diskussion Eingang gefunden hat, sondern auch in spezielle wirtschaftspolitische Fragen von außerordentlicher Tragweite, ist ohne die essentielle Rolle der Ethik gar nicht zu behandeln.

Hier aber bewegen wir uns nicht im Bereich von Konflikten zwischen Markt und Ethik, sondern gerade im Bereich solcher Konflikte, in denen der Markt überhaupt versagt, die aber dennoch wirtschaftlich sehr relevante Entscheidungen verlangen. Ich möchte das auf sehr unterschiedlichen Ebenen behandeln: einmal auf den Ebenen globaler, internationaler oder langfristig intertemporaler, Generationen übergreifender Fragestellungen, zum anderen im Mikromaßstab, auf der Ebene von individuellen Entscheidungen für oder gegen Nachhaltigkeit.

Nachhaltigkeit ist zu einem schon sehr abgegriffenen Begriff geworden, nicht zuletzt, weil er bis zum Überdruss im wirtschaftlichen und politischen Marketing, oft gedankenlos, eingesetzt wird. Er ist den Überlegungen der Forstwirte über die nachhaltige Bewirtschaftung der Wälder entnommen, die ja sehr lange Planungshorizonte aufweisen. In den siebziger und achtziger Jahren drang er ganz allgemein in die Ökologie ein, wurde dort mit den Bestimmungsgründen der langfristigen Entwicklung von Volkswirtschaften und der Weltwirtschaft konfrontiert, und schließlich konnten sich auch die Betriebswirtschaft und die Managementlehren sowie die Tagespolitik der Gültigkeit und den Konsequenzen dieses erstaunlich lange kaum beachteten Begriffs nicht mehr entziehen.

Der Begriff hat drei charakteristische Wurzeln: erstens die Systembetrachtung, das Postulat, alle wechselseitigen Einflüsse gleich welcher Art als Entwicklungsprozesse zu begreifen und sich daher auch häufig nicht auf den Wissensbereich einer wissenschaftlichen Disziplin zu beschränken. Nachhaltigkeit fordert in vielen Fällen die multidiziplinäre, wenn nicht die interdisziplinäre Betrachtung.

Zweitens setzt der Begriff einen langen zeitlichen Horizont voraus, Langfristigkeit über Generationen, die Frage nach den Konsequenzen heutiger Verhaltensweisen oder Entscheidungen über viele Jahre und Jahrzehnte.

Und drittens geht er vom Vorliegen einer wesentlichen Begrenztheit aus: etwa der Begrenztheit natürlicher Rohstoffe, oder der Begrenztheit der Absorptionskapazität der Umweltmedien für Emissionen, oder auch von der Begrenztheit der menschlichen Voraussicht auf die Zukunft.

Er basiert auf der Begrenztheit von Raum, von natürlicher Umwelt und Ressourcen, von materiellen Erwerbsmöglichkeiten und Wertschöpfung und teilt damit die Anlässe der Ökonomie, nämlich Begrenztheit und Knappheit. Daher ist ja auch die prinzipielle Vereinbarkeit von ökologischen und ökonomischen Ansätzen beiden Seiten mittlerweile klar geworden.

Tatsächliche oder vermeintliche „limits to growth“ legen Änderungen der herkömmlichen Wirtschafts- und Verbrauchsformen nahe, um dauerhaften Wohlstand erhalten oder steigern zu können. Ich komme hier an Albert Einsteins berühmtem Diktum nicht vorbei, der meinte: „Es gibt nur zwei Dinge, die unendlich sind: das Weltall und die menschliche Dummheit. Bei Ersterem bin ich mir nicht so ganz sicher.“ Daraus können Ökonomen schließen, dass das materielle Wachstum zwar zweifellos Grenzen hat, nicht aber die Möglichkeiten des Abbaus der geistigen Beschränktheit der Menschen. Die sind unendlich groß und erlauben unbegrenzt Steigerungen des materiellen und geistigen Wohlstands. Dies setzt allerdings auch grundsätzliche Veränderungs- und Verbesserungsbereitschaft, also Kursabweichungen von gewohnten Entwicklungspfaden voraus. Viele von uns haben in den letzten Jahren den Eindruck gewonnen, dass eine solche Kursänderung des seit der Industrialisierung eingeschlagenen Wirtschaftswachstums, und zwar eine recht signifikante, in Gang gekommen ist. Sinkender Rohstoff- und Energieeinsatz, sinkende CO_2-Emissionen bei gleichzeitiger Steigerung der wirtschaftlichen Leistung sind grundsätzlich denkbar, nur müsste dann nicht in erster Linie Materieumsatz, sondern geistige und kulturelle Entwicklung an Wert gewinnen und entsprechende Preise und Einkommen gewähren.

Das ist, wie gesagt, denkbar. Es gibt darüber eine ausführliche Debatte zwischen pessimistischen Ökologen und optimistischen Ökonomen, ob eine solche Entwicklung „nachhaltig“ sein kann, ob es also wegen Erschöpfung der materiellen Ressourcen und Abbau der Qualität der Umwelt zu schleichenden oder plötzlichen Rückschlägen des Wohlstandsniveaus kommt. Manche Ökonomen machten es sich dabei ein wenig leicht: Sie sehen die Entstofflichung eins zu eins im überdurchschnittlichen Wachstum der Dienstleistungen in der Wirtschaft. Ihnen gab William Nordhaus von der Yale University schon in den siebziger Jahren zu bedenken: „Die drei größten Stromverbraucher im Staate Massachusetts sind das MIT, die Harvard University und das District Clinical Hospital von Boston.“

Die Entstofflichung des globalen Wirtschaftswachstums unterliegt der Wirkung der Marktmechanismen: die knapper werdenden natürlichen Rohstoffe, Energie und Umweltmedien werden relativ teurer und veranlassen zu alternativen Konsumpräferenzen, alternativen Technologien und Organisationsformen. Ob diese Vorgänge, die zweifellos vielfach anzunehmen sind, ausreichend rasch gehen könnten, um Umweltkatastrophen globaler Dimension zu vermeiden – so argumentierten manche Ökonomen bis vor kurzem –, wird mittlerweile überwiegend verneint oder zumindest sehr angezweifelt. Die „unsichtbare Hand“ reagiert nicht rasch genug, Adam Smith hat die Dimension Zeit weitgehend aus seinem Modell hinausdefiniert.

Auf der Ebene der Weltwirtschaft hängt das erstens mit dem gewaltig wachsenden Materie-Einsatz und Materie-Umsatz zusammen, den die rapide Entwicklung großer Weltregionen vor allem in Asien mit sich bringt, zweitens aber auch damit, dass die bisher wirtschaftlich hoch entwickelten Regionen nicht rasch genug Abschied vom bisherigen Charakter oder den herkömmlichen Modellen ihrer Wirtschaftsentwicklung nehmen können oder eigentlich wollen; weil die Preismechanismen durch Beharrungsvermögen aller Art nicht rasch genug wirken und die Brems- und Struktureffekte sich nicht rasch genug durchsetzen, weil eben eine Ethik der Nachhaltigkeit sich eher in der Menge bedruckten Papiers und in der Menge von Konferenzstunden in Kopenhagen und anderswo manifestiert als in der täglichen Praxis von Abermillionen Einzelentscheidungen von Individuen.

Das bedeutet, dass der unzureichend reagierende Markt zumindest ergänzt, oft aber ersetzt werden muss durch bewusste Entscheidungen und Maßnahmen der Gesellschaft, der Politik von Nationen oder, wie wir neuerdings zur Kenntnis zu nehmen haben, der Weltgemeinschaft, welche jeden einzelnen Menschen und sein Verhalten verändern. Woran orientieren sich diese Entscheidungen, wenn wirtschaftliche Anhaltspunkte entweder zu kurzsichtig sind oder überhaupt fehlen? Die Antwort lautet: an ethischen Kriterien!

Ich betrachte das, was folgt, am Beispiel der Klimapolitik. Sie ist nicht der einzige, wohl aber der gravierendste Fall von globalem Marktversagen. Andere sind etwa die Nahrungsmittel- und Wasserversorgung in Afrika und anderen von Hunger betroffenen Teilen der Erde, oder die Friedens- und die Abrüstungspolitik, oder auch die kulturelle und die humanitäre Höherentwicklung der Menschheit.

Die Veränderungen des Weltklimas und ihre Perspektiven in diesem Jahrhundert stellen den historisch wahrscheinlich entscheidenden, weil dringlichsten Anlass für die Entwicklung neuer politischer Mechanismen und für Veränderungen in den Werteskalen dar, weil sonst mit unvermeidlich eintretenden, wahrscheinlich katastrophalen Risiken für die Erhaltung menschenwürdiger Verhältnisse zu rechnen ist, und nicht etwa Übel, an die sich die Menschheit längst gewöhnt hat, die irgendwie schon zu unserer Zivilisation gehören, oder wie die Börse sagen würde, „in den Bewertungen bereits eingepreist sind", etwa: Konflikte mit Waffengewalt, Unterernährung und Unterentwicklung. Derzeit können Treibhausgase emittiert werden, zu so geringen Kosten, dass ein Umstieg auf andere Technologien oder Energieträger oder Verhaltensweisen wirtschaftlich nicht sinnvoll erscheint.

Nicholas Stern, der Autor des viel diskutierten „Stern-Reviews" (2007), und Cameron Hepburn nennen diese Situation im neuen Sammelband über die politischen und ökonomischen Aspekte des Klimawandels (Helm, Hepburn 2009) „The Inescapability of Ethics" (S. 37) in der Klimapolitik.

Nicholas Stern und seine Arbeitsgruppe haben in ihrem Report die Kosten einer Stabilisierung der Emissionen aus der Verbrennung oder Verwendung von Kohlenwasserstoffen und in Erwartung einer daraus resultierenden Stabilisierung der Temperatur der Atmosphäre den Schäden gegenübergestellt, die weltweit durch eine weitere ungebremste Erwärmung zu erwarten sind. Daraus ergibt sich, berühmte Schlussfolgerung des Stern-Reviews, dass mit einem Aufwand von wenigen Prozent des Welt-Sozialprodukts heute oder jedenfalls in naher Zukunft Schäden in der vielfachen Höhe dieses Aufwands vermieden werden können. Also eine attraktive Investition, ein starkes Argument, mit Klimapolitik sofort Ernst zu machen. In den zu erwartenden, teils katastrophalen Schäden enthalten sind nicht nur materielle Verluste und Zerstörungen, sondern auch Menschenleben und Zerstörung von Lebensräumen und von Kultur ganzer Regionen und Völker, was an sich schon einen hohen Aufwand rechtfertigen würde.

Um den momentanen oder kurzfristig erforderlichen Aufwand und künftige Erträge oder Schäden auf lange Sicht einander gegenüberstellen zu können, werden in jedem wirtschaftlichen Kalkül Zukunftswerte auf den Gegenwartswert abgezinst. Ein Aufwand von 1000 Euro heute ist in wirtschaftlicher Betrachtung gewichtiger als ein Ertrag von 1000 Euro in fünf oder zehn oder in fünfzig Jahren. Weil der heutige Aufwand ja ab sofort Erträge (Zinsen) abwirft. Daher wird der Zukunftswert auf die Gegenwart abgezinst. Wie wir alle aus der Zinseszinsrechnung wissen, machen selbst kleine Unterschiede der Zinssätze auf lange Sicht gewaltige Differenzen in den Zinserträgen aus. Die Kosten-Nutzen-Analyse auf Zeiträume bis zum Ende dieses Jahrhunderts lässt daher eine hohe Abhängigkeit der Ergebnisse vom gewählten Zinssatz erwarten. Wählt man für den langfristigen Zinssatz zum Beispiel die langfristige Wachstumsrate des Sozialprodukts, die ja etwas mit künftigen Erträgen zu tun hat, dann erscheinen die auf den heutigen Wert abgezinsten künftigen Schäden deutlich kleiner, als sie tatsächlich nominell sein werden. Je höher man den Zinssatz annimmt, desto ungünstiger erscheint heutiger Aufwand im Vergleich zu den vermiedenen Schäden. Je niedriger der Zinssatz ist, desto eher zahlt sich heutiger Aufwand aus.

Der Zusammenhang zwischen Aufwand und vermiedenem Klimaanstieg ist überdies nicht linear, weil die Katastrophen, die ein Anstieg um mehr als 5 Grad Celsius erwarten ließe, nach den Stern-Projektionen weit schwerere Folgen hätten als das Doppelte der Schäden, wenn der Anstieg nur 2½ Grad Celsius erreichen würde.

Der Stern-Report wählt einen Abzinsungsfaktor von nahe null. Erstaunlich! Die Kritik der Ökonomie ließ nicht lange auf sich warten. Sie wird von William D. Nordhaus angeführt (2007). Er argumentiert für einen Abzinsungsfaktor, etwa einen Realzins, der heutigen Erfahrungen und heutiger Praxis langfristiger Kredite entspricht, also etwa 2½ Prozent pro Jahr. So berechnet erscheint der Gegenwartsaufwand gemessen an den zu erwartenden Schäden schon sehr viel weniger attraktiv. Nordhaus plädiert dennoch auch für klimapolitische Investitionen. Aber er argumentiert, dass man diese Aufwendungen an alternativen Verwendungen der eingesetzten Mittel messen müsse. Da trifft er sich mit dem brillanten Kritiker der Klimainitiativen der UNO, dem Dänen Björn Lomborg, der eine Liste von vorteilhafteren Verwendungen mit größerem Nutzen bei gleichem Aufwand vorlegt: etwa die Bekämpfung von Malaria und AIDS, die Wasserversorgung für große Bevölkerungsteile in Afrika und in Indien, der Ausbau des Schulsystems und so weiter.

Wie lautet die Begründung Sterns? Erstens: Heute zu beobachtende Zinsen für langfristiges Kapital ergeben sich aus dem Kalkül privatwirtschaftlicher Investitionen, sie stellen private rates for return dar, Maße für die Effizienz von privaten Investitionen, zum Unterschied von gesellschaftlichen Ertragsraten (social rates of return on capital), die nichts mit Effizienz, sondern eben mit Ethik zu tun hätten. Und je länger der Horizont, desto eher. Auf lange Sicht ändern sich die gesellschaftlichen Verhältnisse, die Bewertungen, das Funktionieren der Märkte so tief greifend, dass Zinssätze von heute für verlässliche Aussagen keinerlei Information böten, also keinerlei Bedeutung hätten. Außerdem dürfe nicht angenommen werden, dass künftige Generationen oder unterschiedlich betroffene Weltregionen gleiche Wertvorstellungen hätten wie die heutigen globalen Kapitalmärkte. Solche Gegenwarts-Aufwendungen seien daher nach Kriterien der Ethik und nicht der Wirtschaftlichkeit zu entscheiden. Umso mehr, als es so langfristige Marktzinsen überhaupt nicht gibt.

“The fact that an economic assessment of climate-change policy must incorporate an explicit ethical analysis does not mean that we should insist on a particular ethical route. A number of explicit ethical perspectives can, and should, be brought to bear.” (Hepburn, Stern, 2009, S. 39). Solche sehen diese Autoren in einer ethischen Kosten-Nutzen-Analyse mit Faktoren wie Sozialtechniken, prozeduralen Regeln, Freiheitsrechten, Asymmetrie zwischen Nutzen und vermiedenem Schaden, needs and virtues, Bedarf und ethischen Werten.

Die Debatte ist unentschieden. Sie hat deshalb solches Gewicht, weil es um die großen Fragen der Gerechtigkeit zwischen aufeinander folgenden Generationen und zwischen Kulturen und Regionen geht. Durch Emission von Treibhausgasen haben bisher Teile der Menschheit gestern und heute andere Teile der Menschheit, spätere Generationen und wirtschaftlich weniger entwickelte Erdteile etwa in Afrika geschädigt. Und die heutige Generation müsste Teile ihrer materiellen Leistungsfähigkeit einsetzen, um nicht nur die eigenen Kinder und Enkelkinder weniger zu belasten, sondern auch andere Regionen, die bisher wenig Schäden angerichtet haben.

Ich akzeptiere, dass auf lange und auf globale Sicht die üblichen ökonomischen Kalküle weitgehend versagen. Das gilt auch, ohne darauf eingehen zu können, für die langfristige Verteilung der Lasten aus dem Generationenvertrag durch öffentliche Haushalte. Hier geht es nicht nur um knappe Mittel, sondern auch um Mängel der Informationen und grundsätzliches Nicht-Vorliegen von Voraussicht. Ich halte daher aus grundsätzlichen Erwägungen nicht sehr viel von der Methode des generational accounting, das von einer neueren Richtung der Ökonomie (etwa von Auerbach, Gokhale, Kotlikoff, 1994) entwickelt wurde. Das Modell erlaubt zwar Erkenntnisse über die Konsequenzen marginaler Änderungen der Annahmen, aber es verführt auch zu scheingültigen und scheinpräzisen Aussagen im Fundamentalen.

Das – als kleine politische Anmerkung – bedeutet nicht, dass die Beziehungen zwischen aufeinander folgenden Generationen, deren quantitatives Verhältnis zueinander sich angesichts unserer demographischen und soziologischen Perspektiven gerade epochal zu verändern begonnen hat, nicht dringend einer systematischen Evaluierung der Optionen, die auch ein relativ kleines Land hat, bedürfen würden. Generationenpolitik gibt es in diesem Land noch nicht einmal in Ansätzen, wenn man darunter mehr versteht als die Wahrnehmung der Interessen der Senioren und Seniorinnen durch parteipolitische Interessenvertretungen gegenüber den Interessen der Jugendlichen und vice versa. Bei dieser Gelegenheit noch ein Hinweis: Nachhaltigkeit als Verpflichtung, die Lebensgrundlagen den nachfolgenden Generationen so zu übergeben, dass deren Möglichkeiten der materiellen und geistigen Entfaltung gewahrt bleiben, ist als Aufgabe des Staates in modernen Verfassungen niedergelegt. Das Parlament hat sich auch als Sachwalter der noch nicht Wahlberechtigten und der Ungeborenen zu begreifen. Darüber enthält unsere schon sehr dringend überholungsbedürftige Bundesverfassung nichts, was natürlich dem Stand der Politik zur Zeit ihres Entstehens zuzuschreiben ist. Aber zum Beispiel das Deutsche Grundgesetz oder die neue Schweizer Verfassung enthalten dazu grundsätzliche Verfassungsbefehle.

Steigen wir nun von den Höhen der globalen Problemsicht und der mehrere Generationen erfassenden Betrachtungsweise herunter auf die Ebene des Individuums hier und jetzt. Die Maßnahmen der Klimapolitik oder auch einer Generationenpolitik, deren Fehlen ich gerade beklagte, sollen ja das Verhalten von Einzelmenschen in eine gewünschte Richtung beeinflussen. Die Menschen müssen sich ändern, damit sich nicht die Umwelt ändert in einer Richtung, die die Lebensweise der Menschen beeinträchtigt. Durch schrankenlose Emissionen wird ja nicht die Natur als solche geschädigt. Die Natur bleibt, vielleicht als giftige Steinwüste oder als Salzwasserkloake. Was nicht bleiben würde, ist ihre Qualität für den Menschen, den sie umgibt. Klimapolitik oder auch Umweltpolitik allgemein schützt die den Menschen umgebende Natur, seinen Lebensraum, nicht die Natur an sich.

Was bedeuten die Erkenntnisse der Klimaprojektionen für den Einzelnen, zum Beispiel in Österreich? Haben wir bisher ohne viel Nachdenken implizit die Klimaerwärmung durch unsere Lebens-und Wirtschaftsweise verursacht und in

Kauf genommen, so kann sich zunehmend niemand mehr darauf berufen, die Zusammenhänge zwischen den Werteskalen, die seine täglichen und auch die nicht alltäglichen Entscheidungen leiten, und der Degradation der Umweltqualität und dem steigenden Risiko von langfristig katastrophalen Folgen nicht zu wissen oder auch nicht zu glauben. Dafür ist die Informationsdichte und die Relevanz naturwissenschaftlicher Aussagen doch zu hoch.

Wenn man daher zum Beispiel Österreicherinnen und Österreicher fragt, ob sie zu Veränderungen ihrer Lebensweise als Vorbeugung gegen Klimakatastrophen bereit wären, wird man eine überwältigende Mehrheit von Ja-Stimmen erhalten. Die Schwierigkeit ist jedoch, dass Fortschritt im klimarelevanten Verhalten sehr häufig Rückschritt gemessen an bisherigen Erfolgsmaßstäben impliziert. „Eine entsprechende Umwertung der Werte läßt sich nicht einfach verordnen oder pädagogisch vermitteln. Und weil das individuelle Verhalten die entscheidende Variable für eine Wende ist, muß es eine intrinsische Motivation zu umweltsensiblem Verhalten geben." (Häußermann, Siebel, 2000, S. 310). Am Beispiel des Städtebaus: An die Stelle der bisherigen Urbanisierungslogik, die dem Häuschen im Grünen – in der „Natur" – eine hohe Präferenz gab und gerade dadurch die dem Menschen dienende Natur schwer beeinträchtigte, weil sie zur Zersiedlung des Umlandes der Zentren führte, was durch die Individualmotorisierung erst möglich wurde, muss eine Rückentwicklung zu dichterer Siedlungsweise treten. Die städtebauliche Aufgabe besteht darin, diese Verdichtung ohne wesentliche Abstriche an gesundheitlichen und Freizeitwerten und mit Gewinn an mitmenschlicher Kommunikation zu ermöglichen.

Eine solche Wende hat mehrere Voraussetzungen: erstens Einsicht in die Zusammenhänge und deren Außerstreitstellung, jedenfalls im Großen und Ganzen. Dazu sind Informationen, Medien und pädagogische Ansätze in den Schulen und in der Öffentlichkeit sicher unerlässlich.

Zweitens die Einsicht, dass sich Mitmenschen in vergleichbarer Situation den gleichen Veränderungen unterziehen, damit man nicht allein die Anstrengung der Umstellung zu tragen hat oder gar zum Spott der Umgebung wird. Die Neigung zum Trittbrett-Fahren ist für Einzelne ebenso wie für kleine Nationen (etwa Österreich) sehr groß. „Ein präventives Lernen, das verinnerlichte Verhaltensweisen ändert, damit es beim Klima, beim Hochwasser oder dem Flächenverbrauch nicht schlimmer wird, verlangt viel ohne große Belohnungen. Belohnungen sind wenig greifbar, verbessern die Situation der Nachkommen, aber kaum die eigene, sind wenig greifbar und kaum so motivierend wie die Bequemlichkeit des modernen Lebens." (Häußermann, Siebel, 2000, S. 311).

Drittens, die Entwicklung des Gefühls der Solidarität mit den vom Klimawandel negativ Betroffenen. Diese gibt es vielleicht in Mitteleuropa nur als kleine Minderheit, während sich der Lebensraum der Mehrheit vielleicht sogar verbessern könnte. Die Solidarität darf nicht nur auf die eigenen Nachkommen oder auf Generationen unserer eigenen Nachkommen gerichtet sein, sie muss global sein und sich vor allem auf jene erstrecken, die von unseren – teilweise schon lange zurückliegenden – Emissionen den Schaden haben, also überwiegend auf die Armen dieser Welt. Denn das Klimaproblem ist global.

Viertens sind die ökonomischen Mechanismen – ich lasse die Wirtschaft nicht außer Obligo –, also die Preis- und Kostensignale, zu nutzen, um auch ohne Ethos, dafür mit Kalkül Verhaltensänderungen zuwege zu bringen. Umweltnutzung muss einen die Kosten deckenden Preis haben, auch wenn sie einen solchen bisher nicht hatte. Die wirtschaftlichen Signale dürfen möglichst nicht gegen eine umweltsensible Entscheidung sprechen. Das haben wir noch lange nicht verwirklicht. Klimaorientierte Investitionen rechnen sich häufig nicht. Oder Fehlverhalten gegen klimapolitische Perspektiven hat überhaupt noch keinen Preis. Wenn Märkte dafür nicht automatisch entstehen, muss sie die Politik substituieren, zum Beispiel mit einem Handelssystem für Emissionsrechte oder durch Lenkungsabgaben. Einen Ansatz dafür gibt es auf Basis des Kyoto-Protokolls besonders in der EU. Angesichts des bisherigen Abseitsstehens der größten Emittenten, der USA, Chinas und Indiens, könnte man einwenden, Europas Sparziele seien nahezu bedeutungslos angesichts der globalen Tendenzen. Man soll jedoch diesen Vorsprung nicht unterschätzen, denn er sichert auch ein weltpolitisches Asset und möglicherweise einen technischen, organisatorischen und kulturellen Vorsprung und hat damit Beispielswirkung.

Immerhin sind moderne Politiker bereits darauf trainiert, die richtigen Antworten auf umweltpolitische Fragen zu geben: erneuerbare Energiequellen, Wärmedämmung der Bauten, öffentlicher Nahverkehr, Steigerung der Energieeffizienz, sogar mit dem Karbon-Fußabdruck sind sie überwiegend schon vertraut. Peinlich ist dann nur recht häufig, wenn der Politiker gefragt wird, welche Konsequenzen er höchstselbst aus diesen Erkenntnissen auf sich nimmt. Ob er etwa mit dem Fahrrad zum Amt fährt oder zu Fuß einige Stationen des Nahverkehrs zurücklegt und so weiter. Da kommt dann in der Regel die ehrliche Antwort: Für solche Verhaltensänderungen fehlten einem ohnehin gestressten Staatsmann einfach die Zeit, oder die notwendige Sicherheit sei nicht gegeben, oder die eigene Wählerschicht sähe das als merkwürdig, oder es fehlten vielleicht auch die notwendigen Mittel für den Einbau teurer Umwelttechnik.

Ich bekenne hier ganz offen, ich bin zwar kein Politiker, glaube aber auch über die nötige Einsicht zu verfügen: Ich bin ebenso unkonsequent und bequem wie die gerade von mir Gerügten. Das ist das Problem. Wir müssen das alles erst lernen. Meine vier Voraussetzungen sind noch nicht gegeben. Das wird Zeit kosten. Die Änderung unserer Lebensweise ist ein epochaler Prozess, hoffentlich haben wir genug Zeit, diesen an ethischen Kriterien orientiert, sozial ausgewogen oder fair, mit Lösungen ohne Komforteinbuße, auch ästhetisch, und ohne Rückschläge an wirtschaftlicher Leistung, nicht zuletzt ohne wesentliche Einbußen an individueller Autonomie und ohne Verzicht auf demokratische Entscheidungen zu bewältigen.

Es ist sehr ermutigend, dass neben der Wissenschaft auch die Vertreter der Wirtschaft mit dieser Tagung manifestieren, dass die Marktwirtschaft dem Menschen dient. Meine Überlegungen bezogen sich auch auf den Menschen, gar nicht so sehr auf die Natur. Die Menschen brauchen Betätigungsfelder und Lebensräume, die Nachhaltigkeit gewährleisten, in ökologischer, sozialer und wirtschaftlicher Hinsicht. Wenn Sie und ich Defizite in unseren persönlichen Motivationen und in unserer Bereitschaft zu Verhaltensänderungen feststellen können, dann dürfen wir vielleicht annehmen, dass unser Interesse an den ethischen Fragen des Wirtschaftens, die uns heute hier zusammengeführt haben, unser Gedankenaustausch und unsere Ideen letztlich für unsere Gesellschaft mehr bringen, als wenn wir mit dem Fahrrad nach Urstein geradelt wären.

Zitierte Literatur

Häußermann, H., Siebel, W.: Soziologie des Wohnens. Weinheim-München, 2. Aufl. 2000.

Helm, D., Hepburn, C.: The Economics and Politics of Climate Change. Oxford 2009.

Hepburn, C., Stern, N.: The Global Deal on Climate Change. In: Helm-Hepburn (2009), p. 36–57.

Nordhaus, W.: A Review of the Stern Review on the Economics of Climate Change. Journal of Economic Literature, 45(3) 2007, p. 686–702.

Stern, N.: The Economics of Climate Change. The Stern Review. Cambridge 2007.

Literaturangaben

Auerbach, A., Gokhale, J., Kotlikoff, L.: Generational Accounting: A Meaningful Way to Evaluate Fiscal Policy. In: Journal of Economic Perspectives, 1994, Vol. 8, p. 73–94.

Giorgetti, A.: A Discussion on Decoupling Economic Growth from the Emissions of Carbon Dioxide. Environment Waikato, Wellington (N.Z.), 14 Feb. 2007.

Häußermann, H., Siebel, W.: Soziologie des Wohnens. Eine Einführung in Wandel und Ausdifferenzierung des Wohnens. 2. Auflage, Weinheim und München 2000.

Helm, D., Hepburn C. (ed.): The Economics and Politics of Climate Change. Oxford 2009.

Jamieson, D.: Ethics and the Environment: An Introduction. Cambridge 2008.

Ders.: Sustainability and Beyond. In: Ecological Economics, 1998, Vol. 24 (2-3), p. 183–192.

Jorgenson, D. W., Goettle, R. J., Wilcoxen, P. J., Ho, M. S.: The Economic Costs of a Market-based Climate Policy. White Paper, Pew Center on Global Climate Change, Harvard, June 2008.

Lomborg, B.: The Skeptical Environmentalist (dän., Köbenhavn 1998), engl.: Cambridge 2001.

Nordhaus, W. D.: A Question of Balance: Weighing the Options on Global Warming Policies. Yale, New Haven 2008.

Stern, N.: The Economics of Climate Change. The Stern Review. Cambridge 2007. Available on-line from www.hm-treasury.gov.uk

Ders.: The Economics of Climate Change. In: American Economic Review, 2008, Vol. 98 (2), p. 1–37.

Georg Adam Starhemberg

Umdenken – Verantwortung für nachhaltiges Handeln!

Sehr geehrte Damen und Herren, geschätzte Gastgeber, Referenten und Ehrengäste!

Umdenken, Verantwortung übernehmen, nachhaltig handeln, die Wirtschaft für den Menschen gestalten (und nicht umgekehrt), sich ehrenamtlich für das Gemeinwohl engagieren: Sind das bloß Floskeln, die wir oft zu hören bekommen, beschreiben diese Schlagworte eine schon gelebte Realität, oder zeigen sie ein Defizit und damit die Notwendigkeit auf, endlich zu handeln? Auch fragt man sich, was es da zu überlegen gibt!? Was kann ein Nicht-Gelehrter und Nicht-Intellektueller wie ich dazu überhaupt ausführen? Wieso werde ich trotzdem immer wieder eingeladen, zu Fragen der sozialen und unternehmerischen Verantwortung und zu dem komplexen Thema des nachhaltigen Handelns meine Überlegungen zum Besten zu geben, zumal sich diese von Mal zu Mal ja nicht wesentlich verändern! Und das alles in einer Zeit, in der das Handeln und nicht das Reden gefragt ist und wir zur Kenntnis nehmen müssen, dass selbst Experten ständig ihre Meinungen und Überzeugungen revidieren.

Vieles ist gegenwärtig im Umbruch, viele von uns sind – insbesondere bei unternehmerischen Entscheidungen – verunsichert, und die mediale Diskussion wird, so scheint mir, von Themen beherrscht, die eigentlich selbstverständlich sein sollten und keiner Debatte bedürften. Ist es nicht bedauerlich, dass es so lange dauert, um etwas zur Erkenntnis reifen zu lassen, was eigentlich seit Jahren klar sein müsste?

Genau genommen befinden wir uns ja schon länger in einer ökonomischen und gesellschaftlichen Krise, nur wollte dies kaum jemand wahrhaben. Die aktuell so große Sehnsucht nach einem Wandel hin zu Beständigkeit und Nachhaltigkeit scheint mir ein deutlicher Hinweis darauf. Wo wären wir denn heute, gerade hier in Österreich, ohne die auf ein langfristiges Bestehen ausgerichteten Institutionen, die auf der Grundlage der Freiwilligkeit des Ehrenamts und der gesellschaftlichen Verantwortung so viele Aufgaben unseres Alltagslebens erfolgreich wahrnehmen? Die „Spaßgesellschaft" mit ihren vielfältigen Egoismen dagegen ist schon nach kurzer Zeit wieder am Ende, die „Party" ist vorbei! Trotzdem haben wir lange genug auf Kosten der Zukunft gelebt.

Die gegenwärtigen gesellschaftlichen und wirtschaftlichen Verhältnisse, die wir als Krise wahrnehmen, sind unter anderem dadurch verursacht, dass zuvor viele von uns ihre Gelegenheiten und Vorteile nützten, ohne an morgen und an andere zu denken, dass sich kaum Widerstand dagegen etabliert hat – oder etablieren konnte, und dass die Maßlosigkeit keine Grenzen zu kennen schien. Wir erleben nun die Auswirkungen einer primär nicht wirtschaftlichen, sondern vielmehr kulturellen Krise, die zunächst nur von wenigen ernst genommen wurde. Man wollte die Gunst der Stunde so lange wie möglich nützen und den „Lauf" nicht vorzeitig unterbrechen. Der momentane Erfolg schien einem Recht zu geben. Also hat kaum jemand die Stimme erhoben. Das große Pyramidenspiel musste weitergehen, und keiner fragte sich ernsthaft, wie lange das so bleiben könnte und schon gar nicht: „Wie viel ist eigentlich genug?" Welch großer Irrweg! Jetzt wünschen wir uns dauerhafte Werte, Sicherheit, stabile Strukturen, langfristig tragfähige Orientierungshilfen und Mut machende Ausblicke, verbunden mit der Frage, ob die jüngsten Fehlentwicklungen ein Wendepunkt hin zu einer wieder menschen- und gesellschaftsgerechteren Ordnung sein könnten.

Kann das überhaupt eine Frage sein, haben wir nicht geradezu die Verpflichtung, uns spätestens jetzt für eine solche „neue" Ordnung einzusetzen, und zwar durch verstärktes ehrenamtliches und bürgerschaftliches, nachhaltiges Engagement?

Das zuletzt praktizierte System des momentanen persönlichen Vorteils ist an seinen Auswüchsen gescheitert und hat dadurch seine Glaubwürdigkeit verloren. Es darf nicht sein, dass bei Versagen nicht der Schuldige, also der sich maßlos Bereichernde, zur Verantwortung gezogen wird, sondern die Masse, der viel zitierte „kleine Mann", der, wenn Sie so wollen, jetzt der Dumme ist und mehrfach zum Handkuss kommt: einerseits als braver Steuerzahler und andererseits als Inhaber eines oder mehrerer Sparbücher, mit denen er sein Erspartes vorsichtig und konservativ veranlagt hat. Er hat nicht bei den hohen Erträgen mitgemacht, muss jetzt mit seinem Geld herhalten, wofür er wenig bekommt, und wird im Falle einer Inflation weitere Verluste tragen müssen. Freilich haben auch die Reichen verloren, aber von einem sehr hohen Niveau aus, und außerdem meist im Rahmen des bewusst eingegangenen Risikos sowie unter Ausnützung aller steuerlichen Vorteile und Tricks.

Jetzt kann es nicht mehr darum gehen, weiterhin im ausschließlich eigenen Interesse alles und noch wesentlich mehr zu tun, sondern wir müssen mehr vom Wesentlichen tun. Grundvoraussetzung dafür ist, der Realität unserer Lebensumwelt, schlicht „der Wahrheit" ins Gesicht zu schauen und uns nicht weiter etwas vorzumachen. Das Schüren von Ängsten ist dabei genauso wenig sinnvoll wie das Veranstalten von „Krisenevents". Vernunft walten zu lassen, zusammenzurücken und in gemeinsamer Verantwortung engagiert zu handeln, scheint mir das Gebot der Stunde. Bei allen anstehenden Entscheidungen sollten wir uns einer „Zukunfts-Verträglichkeitsprüfung“ bzw. „Menschen-Verträglichkeitsprüfung“ unterziehen und alle unsere Überlegungen vom Ende her betrachten. Wir könnten dann deutlicher sehen, ob eine Entscheidung „wertvoll“ oder „wertlos“ war, ob sie nur auf momentane Vorteile bedacht oder tatsächlich nachhaltig gedacht war.

Hemmungslos die voraussichtlichen, aber noch keineswegs gesicherten Einnahmen der Zukunft in die Sanierungsmaßnahmen der Gegenwart zu stecken, darf und muss genauso hinterfragt werden wie der Ruf nach dem Staat, bevor alle eigenen Möglichkeiten ausgeschöpft sind. Kaum jemand gründet ein Unternehmen in der selbstlosen Absicht, ausschließlich Arbeitsplätze schaffen zu wollen. In der Not aber, wenn das Unternehmen und mit ihm die „benefits“ für den Unternehmer gefährdet sind, ist gerade das Argument der Erhaltung von Arbeitsplätzen das große Druckmittel. Das gar nicht so dumme Volk wundert sich, zweifelt an der Gerechtigkeit und fragt sich, wie das am Ende bezahlt werden soll, wenn nicht einmal mehr durch die Allgemeinheit. Müssen wir uns nicht schämen, wenn wir an die jetzt angehäuften Schuldenberge denken, mit denen noch unsere Kinder und Kindeskinder konfrontiert sein werden?

Für viele Bereiche des Alltagslebens, aber auch der Politik wird wohl zutreffen, dass, wenn sich an den Strukturen nicht jetzt etwas ändert, wir weiterhin Mittel, die wir nicht haben, in ein System fließen lassen, von dem wir heute schon wissen, dass es sich nicht bewährt hat. Spätestens jetzt müssen wir daher eine Art Drehzahlmesser für die Maßlosigkeit einbauen bzw. die Leitplanken für unser Zusammenwirken festmachen und unser Handeln danach ausrichten. Diesbezüglich gilt es zu beachten, dass „Regeln“ wichtig, aber „Werte“ entscheidend sind für den Bestand nicht nur von persönlichen Beziehungen, sondern auch von Gesellschaften, insbesondere der Weltgemeinschaft. Dabei brauchen wir auf niemanden und nichts zu warten, sondern sind aufgerufen, nachzudenken, neu zu denken bzw. umzudenken und uns entsprechend auch persönlich zu engagieren.

Keiner von uns wird trotz seines Bemühens die ganze Welt ändern können, aber jeder hat die Chance und letztlich auch die Verantwortung, seine kleine Welt zu ändern. Was dies zur Folge haben kann, können wir möglicherweise nicht immer in seiner Gesamtheit erfassen, aber mit Mutter Teresa wissen wir: „Jeder Tropfen macht den Ozean größer.“ Dieser Ozean besteht nun einmal aus vielen kleinen Tropfen und jeder einzelne schlägt seine Wellen. Bewegungen dieser Art sind der Beitrag jedes Einzelnen von uns zur Veränderung der Gesellschaft. Aus dem einzelnen Tropfen, aus der kleinen Welle besteht das bürgerschaftliche Engagement, das die ehrenamtliche Tätigkeit zur Grundlage hat.

Vergessen wir nicht: Bloß durch Geburt gehören wir hier in Österreich zu den Privilegierten dieser Welt. Schon allein deshalb haben wir die Verantwortung, in Demut und Dankbarkeit andere an unseren Möglichkeiten teilhaben zu lassen.

Solange wir eine Arbeit und ein ausreichendes Einkommen haben, sind wir in der Lage, in der Gesellschaft mitzuwirken. Das gilt im besonderen Maße für jemanden wie mich, der ohne besondere Verdienste in seine Rolle gerutscht ist und deshalb auch „leicht reden" hat.

Woraus beziehe ich nun meine Überzeugung, dass sich gerade jemand wie ich auch als Unternehmer aktiv engagieren und ehrenamtliche Aufgaben übernehmen muss?

Nun: Wie labil unsere Welt heute ist, zeigen Verunsicherungen und Radikalisierungen aller Art, denken Sie an die vielen Tausenden von Demonstranten auf den Straßen, an umzingelte Konzernzentralen, an persönlich bedrohte Manager, aber auch an Bootsflüchtlinge und Asylanten und an Transparente mit der Aufschrift „Wir zahlen nicht für eure Schulden!". Man wehrt sich gegen die ungerechte Verteilung von Ressourcen und Gewinnen, gegen dramatisch steigende Arbeitslosigkeit, Armut und Hunger, gegen die Ausweglosigkeit des eigenen Lebens. Auch in Europa, und das sollten wir sehr ernst nehmen, ist der soziale Friede gefährdet, dabei sind wir bislang von den noch gar nicht erwähnten Veränderungen des Weltklimas und den damit verbundenen Auswirkungen auf die Lebensgrundlagen unserer Erde vergleichsweise wenig betroffen. Trotz der vorerst noch geringen, unmittelbaren Betroffenheit sind wir gefordert uns einzubringen, uns für Ausgleich, Verständigung und Fairness einzusetzen, Hoffnung zu vermitteln und neues (!) Vertrauen zu schaffen. Denn, wie immer Sie die Krise bezeichnen wollen und wer immer daran mehr oder weniger Schuld trägt – in erster Linie ist es eine Vertrauenskrise. Im Moment vertraut keiner dem anderen und schon gar nicht den Expertisen und Prognosen.

Dies lässt sich nicht einmal durch Zahlungen in unvorstellbaren Dimensionen und durch – ohnehin irreal klingende – Garantieerklärungen ändern, sondern nur durch Taten, die von Werthaltungen der Aufrichtigkeit, des Anstands und der Weitsicht getragen sind. Ohne solche Werte, da sind wir uns wohl einig, ist sozialer Konsens nicht möglich. Vertrauen ist unverändert ein kostbares Gut. Aber wie darf ich Vertrauen für mich erwarten, wenn ich selber nicht bereit bin, anderen zu vertrauen? Als Kinder unserer Zeit sind wir ständig versucht, überall mitzumachen, um nur ja nichts zu verpassen. So sind die guten Vorsätze zur Krisenbewältigung schon wieder der neuerlich aufkommenden Gier an den Börsen gewichen, das Spekulantentum breitet sich wieder aus, Bonuszahlungen in unvorstellbarer Höhe werden unter Berufung auf die Einhaltung von Verträgen sogar an ganz offensichtlich gescheiterte Manager ausbezahlt, und wir sind unverändert Botschaften ausgesetzt, die uns in unserem Verhalten beeinflussen sollen, aber häufig nicht ganz wahr sind.

Wo bleibt da unsere Eigenverantwortung und das nachhaltige Handeln? Haben wir die Überzeugung verloren, dass wir verantwortlich sind, für eine neue

Vertrauensbasis zu sorgen, indem wir bei uns selbst anfangen? Die Welt braucht wieder konkrete Menschen, nicht nur eine Menschheit als anonyme Masse. Wir müssen das, was wir denken, auch sagen. Wir müssen das, was wir sagen, auch tun. Wir müssen das, was wir tun, auch sein. Nicht nur unser Handeln braucht Werte; diese Werte brauchen vor allem unser Handeln! – Das alles, ohne auf das nächste Quartalsergebnis oder etwaige Wahlausgänge zu schielen, sondern aus ehrlicher Überzeugung, langfristig das Richtige für sich und die Welt tun zu wollen. Nur so ist es möglich, neues Vertrauen aufzubauen, denn vergessen wir nie: Wenn man einem Menschen trauen kann, erübrigt sich jeder Vertrag. Wenn man ihm nicht trauen kann, ist selbst ein Vertrag nutzlos.

Nach Halt und Orientierung verlangt die heutige Zeit, Leitideen und ebensolche Persönlichkeiten sind gesucht. Nicht um das Herrschen und Festigen von Machtpositionen wird es dabei gehen, sondern um das „Dienen", wozu wir aufgerufen sind. Auch Staaten müssen sich zu modernen Dienstleistungsunternehmen entwickeln und den „Gewinn", den Vorteil und Nutzen des Zusammenlebens, an die einzelnen Bürger „ausschütten". Dies alles aber nicht in einer „Stimmungs"-Gesellschaft, die sich an Meinungsumfragen orientiert, sondern in einer „Werte"-Gemeinschaft, in der die Werte durch konkretes Handeln jedes Einzelnen verwirklicht werden. Dafür brauchen wir charakterfeste Menschen, denen wir in ihrem Engagement für das Gemeinwohl vertrauen können und die wir deshalb auch unterstützen müssen. Um verlässliche Rahmenbedingungen in unserer Welt zu schaffen, brauchen wir gute, von Werten getragene politische Köpfe, die auf selber Augenhöhe mit den Wirtschaftskapitänen und Lobbyisten agieren können. Dabei scheint mir wichtig darauf hinzuweisen, dass sich die Autoritäten unserer Welt wieder verstärkt einem größeren Ideal unterordnen, dem Ideal des vom Menschen nicht beeinflussbaren Göttlichen, sonst verdienen sie das Vertrauen nicht.

Gemeinsam haben Politik, Wirtschaft und Medien, haben also letztlich wir alle Verantwortung für die durch die Globalisierung entstandene Weltgesellschaft zu übernehmen. Die Kriterien einer komplex zu verstehenden Nachhaltigkeit werden und müssen dabei handlungsanleitend sein. Das Bemühen um das Erreichen dieses Ideals der Nachhaltigkeit sollte getragen sein von einem ausgeprägten Sinn für Solidarität, was nichts anderes bedeutet als die Verantwortung des Stärkeren für den Schwächeren. In einem funktionierenden Gemeinwesen müssen stets alle aufeinander bezogen bleiben.

Ohne diese Einstellung könnte vieles nicht funktionieren und es gäbe z. B. keine „Freiwillige" Feuerwehr, keine Caritas und kein Rotes Kreuz. Ein funktionierendes Gemeinwesen gibt es nicht ohne Solidarität und wechselseitige Verantwortung! „Was du willst, dass man dir tut, das tue auch dem anderen." Das muss die Grundlage unseres Miteinanders sein und die Voraussetzung für einen fairen Leistungsaustausch. Es wird wohl nie so sein, dass alle das Gleiche haben, es ist aber sehr wohl möglich, dass alle mit ihren Fähigkeiten und ihrem Einsatz das Auskommen finden und zufrieden sind. Wettbewerb kann und soll nicht verhindert werden, aber unfaire Methoden müssen abgestellt werden. Ein Markt funktioniert nur so lange, als der Austausch von Gütern einigermaßen gerecht ist, nur dann ist er auch Frieden stiftend, ansonsten gefährdet er ihn. Gerade wir, die wir in Freiheit und Sicherheit leben dürfen, sollten nicht alles tun, was möglich ist, sondern alles, was wertvoll und damit richtig im Sinne von „nachhaltig" ist! Es geht also auch um eine besondere Kultivierung von Märkten. Wo nämlich alles möglich ist, besteht die Gefahr, dass man sich selbst unmöglich macht. Die schrankenlose Freiheit birgt auch die Gefahr der Zerstörung in sich.

In derselben Geschlossenheit, in der wir es uns in den letzten Jahren gut gehen haben lassen, gilt es jetzt, die Augen zu öffnen, umzudenken und uns nicht weiter wie „tote Körper im Strom treiben zu lassen". Unser „nachhaltiges" Handeln müssen wir nach den Bedürfnissen unserer Kindeskinder ausrichten, sonst verspielen wir nicht nur ihre Zukunft, sondern auch unsere eigene. Versündigen wir uns also nicht weiter an den nächsten Generationen, indem wir keine Werte vorleben, sondern leben wir diese Werte, auch aus eigenem Interesse an Vorbeugung und Selbstschutz.

Unsere Gesellschaft braucht eine klare werteorientierte Neuausrichtung! Dabei ist es nicht notwendig, sich über alte und neue Werte den Kopf zu zerbrechen, genauso wenig wie über die vermeintlich unterschiedlichen Werte in der Politik, Wirtschaft, Familie oder dem Sport. Was unsere Familien, unsere Unternehmen, unsere Gesellschaft, unsere Welt „im Innersten zusammenhält", nämlich die gegenseitige Wertschätzung und Rücksichtnahme, ist seit alters her bekannt und im besten Sinn des Wortes „Weltkulturerbe". Wir müssen uns verbindlich an dieses Wertesystem der gegenseitigen Achtung und Rücksichtnahme halten. Nur wenn dieses Wertesystem gelebt wird und wir darauf vertrauen können, ist ein für alle auskömmliches Zusammenleben möglich.

Ein System permanenter Relativierungen und Ausnahmeregelungen, in dem wir wie in einem Kessel festsitzen, aus dem wir nicht entkommen können, wird uns nicht weiterbringen! Ähnlich wie in der Straßenverkehrsordnung brauchen wir Regeln, unter denen alle dasselbe verstehen. Grün muss grün und rot rot sein, sonst kracht es! Was es dabei, wie schon gesagt, ständig zu überprüfen gilt, ist, ob etwas richtig und verantwortungsvoll gedacht, von guter Absicht getragen und damit anständig und wertvoll ist. Beinahe zwangsläufig werden wir dabei jede Entscheidung anhand unseres Gewissens prüfen und hinterfragen, warum wir etwas tun oder sagen.

Lassen wir uns von diesen Vorgaben leiten, schreiben wir Vermögen nicht ständig groß, sondern klein: was ich „vermag", was ich tun kann, nicht nur für das große Geld, sondern vor allem auch für das Gemeinwohl. Das „Vermögen" des Menschen besteht für mich in der tugendhaften Fähigkeit, dass er etwas einbringt und Gutes tut. Darüber, ob er dieses Vermögen auch einsetzt, kann der Mensch frei entscheiden. Indem er über das Geben erfährt, wie man innerlich reich werden kann, wird er hoffentlich dazu ermutigt und bestärkt, sein Vermögen einzusetzen und seinen eigenen inneren Reichtum durch das Bemühen um das Wohlergehen anderer zu vermehren. Dabei ist nicht zu unterschätzen, welchen Wert die Dankbarkeit des Empfängers für einen selbst darstellt.

Die Fehlhaltung, die den Finanzkollaps verursacht hat, war wohl, dass wir nur mehr vom Geld und dessen Vermehrung gesprochen haben. Dabei wissen wir, dass Habsucht nicht nur Sünde ist, sie macht auch nicht glücklich. Wozu also haben wir sie so eifrig gelebt?

Um noch einmal auf das Vertrauen, das mir so wichtig erscheint für die Zukunft und Zukunftsfähigkeit unserer Gesellschaft, zurückzukommen: Nur von unstrittigen Werten geprägtes Handeln und Wirtschaften schafft Vertrauen und ist damit Voraussetzung für dauerhaften Erfolg. Denn langfristig bestimmt doch immer die Geisteshaltung über materiellen Erfolg und Misserfolg, oder?

Je umfangreicher die Möglichkeiten und je umfassender die Auswahl, desto öfter müssen wir uns gegen etwas entscheiden. Das schafft Unzufriedenheit und Unsicherheit, weil man ja meist alles und sofort haben und nichts verpassen will. Das alles, ohne Danke zu sagen, weil jeder glaubt, er hat es sich selbst zu verdanken. Genauso, wie keiner sich mehr für etwas entschuldigt. Wahrscheinlich, weil wir in unserer Gesellschaft auch nicht mehr verzeihen. Die Entwicklung von der Überflussgesellschaft zur Überdrussgesellschaft hat spürbare Mängel zu Tage gebracht. Nun gilt es, unsere Intelligenzressourcen zu mobilisieren, um sparsam und weitblickend, also wiederum nachhaltig zu agieren.

Das Ende der Selbstverständlichkeit ist der Beginn der Bescheidenheit, dominieren sollten wieder Gebrauch statt Verbrauch und Vernunft statt Verschwendung. Dazu und um auf diesem Wege die Welt zukunftsfähig zu gestalten, müssen wir uns einerseits ehrenamtlich bzw. gemeinnützig engagieren und andererseits stets vom Geist der bereits angesprochenen Werte leiten lassen. Man könnte etwas oberflächlich auch sagen: Wer die Zeichen der Zeit nicht erkennen will, immer nur mit der Zeit geht, muss mit der Zeit selbst gehen. Ermutigen wir uns gegenseitig zu Hausverstand und Zivilcourage, nehmen wir unsere kulturelle Krise ernst und sichern wir gemeinsam unsere Zukunft ab durch verantwortungs- und rücksichtsvolles Handeln, gefestigt durch dauerhafte Werte, klare Standpunkte und ein deutliches Bekenntnis zur Solidarität, die sich besonders Europa zu Herzen nehmen sollte. Denn wenn wir nicht mehr zu sagen haben als Botschaften im Sinne von weltweiter wirtschaftlicher Globalisierung, dann wird Europa gerade jetzt in der Krise versagen. Wir müssen uns vielmehr fragen, ob wir auch eine

Globalisierung der gelebten Solidarität, Nächstenliebe und Menschenrechte erreichen können, oder wollen wir, dass in zwanzig, dreißig Jahren stattdessen andere Wertvorstellungen die Globalisierung bestimmen?

Wie wir diese globale gesellschaftliche Herausforderung meistern werden, das gilt es zu erarbeiten. Dabei müssen wir vom Denken und Reden schnellstmöglich zum Handeln übergehen. Unser Bemühen und unsere Entscheidungen müssen wir auf ihre „Werthaltigkeit", auf ihre „Nachhaltigkeit" überprüfen. Und durch aufrichtiges, breites, ehrenamtliches Engagement werden wir zu einer Bürgergesellschaft, die „Hilfe zur Selbsthilfe" nicht nur predigt, sondern tatsächlich praktiziert. Wie sonst, wenn nicht auch auf uneigennützige Weise und damit in nachhaltigem Sinn haben unsere Väter für Wohlstand und sozialen Frieden gesorgt? Vereine, Genossenschaften, Verbände und gemeinnützige Einrichtungen, aber auch die Familien und insbesondere die Frauen und Mütter spielten dabei eine große Rolle. Wollen wir diesen Erfolg erhalten und fortsetzen, so müssen wir vieles vom Altbewährten wieder beherzigen und uns entsprechend einbringen. Nachhaltigkeit und Ehrenamt dürfen keine Floskeln sein. Die Realität der Gegenwart zeigt uns, dass sie Notwendigkeiten sind, die in unserem Leben als „Selbstverständnis" fest verankert sein müssen. Das ist unser Auftrag, denn wenn sich im Engagement für das Gemeinwohl immer weniger um immer mehr kümmern müssen, kann das langfristig nicht funktionieren.

In einer lebensfähigen und lebenswerten Gesellschaft ist nicht alles bezahlbar und wir sind voneinander abhängig. Für dieses Verständnis von Gesellschaft braucht es den „richtigen gemeinschaftlichen Geist", ein hohes Verantwortungsgefühl und das ständige Bemühen um Zusammenhalt. Werte also, die eine Gemeinschaft schon bisher stark gemacht haben und für eine erfolgreiche Fortführung wieder verstärkt eingefordert werden müssen. In diesem Sinne ist auch jedem Einzelnen von uns alles Gute für sein weiteres Bemühen zu wünschen. Gott gebe es, dass auch wir dabei für andere eine Orientierungshilfe sein können, indem jeder seinen Platz und seinen Auftrag in der Bürgergesellschaft findet und ausfüllt.

Als Begünstigte und Gäste eines privilegierten Lebens sollten wir uns auf intelligente Weise bescheiden und bei jeder Aufgabe immer wieder fragen, was sollen wir tun und was tut man eigentlich nicht? Nur ganzheitliches Denken, vor allem auch in der Wirtschaft, geprägt von Aufrichtigkeit und Anstand, wird zur nachhaltigen Veränderung und damit zum Fortbestand unserer Gesellschaft führen. Jetzt gilt es, sich schnell, umsichtig und intelligent auf die Schwierigkeiten einer sehr komplexen Lebenssituation einzustellen und eine neue Basis für die Zukunft zu schaffen. Das gilt für den Einzelnen, die Staaten und Kirchen in gleicher Weise.

Relativierend darf ich anmerken, dass sich auch schon die Generationen vor uns mit Herausforderungen konfrontiert sahen, die zur jeweiligen Zeit als die schwierigsten und komplexesten je da gewesenen wahrgenommen wurden. Es ist also nicht alles neu, was uns gegenwärtig Sorgen bereitet und unseren Einsatz erfordert.

Meine Überlegungen abschließend und meine Aufforderungen zusammenfassend sehe ich unsere Verantwortung vor allem darin, die uns heute gestellten Herausforderungen anzunehmen und, gestützt auf altbewährte und mitunter sehr einfach anmutende Lebensweisheiten, langfristig tragfähige Gestaltungskonzepte für Politik, Wirtschaft und Gesellschaft zu entwickeln – und dabei von kurzlebigen „Soforthilfemaßnahmen", die wenig mehr als Effekthaschereien sind, Abstand zu nehmen.

Herzlichen Dank für Ihre Aufmerksamkeit und bitte verzeihen Sie, wenn einiges vom Gesagten der gegenwärtigen politischen Korrektheit nicht entsprochen haben sollte. Aber ich gehe davon aus, dass Sie meine Meinung hören wollten und nicht, was aktuell von anderen zu denken vorgegeben wird.

Clemens Sedmak

My Lai und die Wallstreet: Konturen ignatianischer Führungsethik für ein Wirtschaften mit Maß

1. Im Dschungel

Am 16. März 1968 haben 120 amerikanische Infanteriesoldaten unter dem Kommando von Ernest Medina in vier Stunden fünfhundert Bewohnerinnen und Bewohner eines vietnamesischen Dorfes hingeschlachtet, im Blutrausch und mit unbeschreiblicher Grausamkeit. Jonathan Glover charakterisiert das Massaker von My Lai in moralphilosophischer Absicht mit folgenden Stichwörtern: fehlender moralischer Bezugsrahmen, Verlust eines Sinnes von Normalität, Konformität und Gruppendruck, moralische Kluft zwischen „innen" und „außen", Erosion moralischer Ressourcen mit einem Verlust von Empathie und einer Aushöhlung des Charakters mit seinen moralischen Bindungen.[1] Es wird nicht von der Hand zu weisen sein, dass diese Aspekte auch in der Finanzwelt mit ihren Krisen eine entscheidende Rolle spielen. Der Sinn für Maß, Proportion und Normalität ist in erschreckender Weise verloren gegangen – der Verlust von „Maß" wird oftmals beklagt; moralische Bezugsrahmen können mit dem Hinweis auf Shareholder-Values außer Kraft gesetzt werden, es entsteht eine Binnenwelt fernab von alltagsweltlichen Kontexten der Mehrzahl der Bevölkerung; das Konformitätsargument und den Hinweis auf Gruppendruck haben wir in den Monaten der Finanzkrise oft zu hören bekommen („Es gibt branchenübliche Remunerationserwartungen"; „Man kann nicht aus dem Spiel, das alle spielen, aussteigen und allein ein neues Spiel beginnen"; „Das machen alle so"); der Verlust von Empathie („Was haben die Zahlen, mit denen an der Wallstreet und im Canary Wharf jongliert wird, mit steigenden Rohstoffpreisen oder mit Familien zu tun, die von Arbeitslosigkeit betroffen sind?") hat sich deutlich in einer Diskussion gezeigt, die vor allem Bezug auf Rechte, Ansprüche und Verträge („Die Bonuszahlungen wurden vertraglich zugesichert") genommen hat.

[1] J. Glover, Humanity. A moral history of the Twentieth Century. London 2001, 58–63.

Ich will damit auf Gesichter der Gewalt hinweisen, die auf den Verlust moralischer Bezugspunkte zurückzuführen sind. Wollte man My Lai als „rote Gewalt" (Einsatz physischer Kraft, Blutvergießen, direkte Schädigung oder Destruktion von Menschen) bezeichnen, die durch Empathieverlust und einen Verlust an moralischen Referenzpunkten gekennzeichnet ist, so könnte man bestimmte Entwicklungen am Finanzsektor als „weiße Gewalt" bezeichnen: Einsatz intellektueller Kraft, Papier und PC-Operationen, indirekte Schädigung von Menschen. Der Übergang von weißer Gewalt zu roter Gewalt ist fließend, wie uns die bekannten Experimente Stanley Milgrams gezeigt haben. Philip Zimbardo hat in seiner Analyse der vielfach wiederholten und variierten Experimentanordnungen Milgrams auf Faktoren aufmerksam gemacht, die Extremverhalten motivieren, das unter gewöhnlichen Umständen undenkbar wäre: Wenn man eine geeignete Rechtfertigung präsentiert, entsprechende vertragliche Rahmenbedingungen und damit ein Geflecht von Verpflichtungen herstellt, wenn man entsprechende Rollenmodelle präsentiert, wenn man den Teilhabenden „meaningful roles" ermöglicht, wenn man die Semantik verändert (etwa nicht von „Folter", sondern von „Lernunterstützung" spricht, nicht von „Spekulation", sondern von „Vermögensoptimierung"), wenn man Verantwortung so verteilt, dass es zu Dynamiken diffuser Verantwortung kommt, wenn man mit je kleinen Schritten die Größenordnungen steigert und wenn man die Ausstiegskosten hoch macht, ist die Wahrscheinlichkeit, dass sich jemand auf ein gewalttätiges Verhaltensmuster einlässt, sehr hoch.[2] Die Eskalationen von roter Gewalt und von weißer Gewalt sind vergleichbar. Man möge Zimbardos Liste mit Blick auf die Entstehung der Finanzkrise studieren. Über die Aura der Investment Banker (Stichwort „meaningful roles") haben wir ebenso viel gehört wie über Rollenmodelle erfolgreicher Spekulanten und die Unleistbarkeit des Ausstiegs. Der Niedergang der BAWAG in Österreich kann plausiblerweise mit dieser Dynamik wachsender Eskalation interpretiert werden.

Nun stimmen die meisten Menschen überein, dass My Lai ein Szenario ist, das nie wieder stattfinden soll; wenn man diese Aussage macht, wird man auch entscheidende Faktoren, die zu My Lai geführt haben, ablehnen und abbauen müssen. Und damit sollte auch die Möglichkeit geschaffen sein, Substantielles über die Finanzkrise zu sagen. Die Wirtschafts- und Finanzkrise hat in ihrer Entstehung, in den Versuchen der Bewältigung und in ihren Konsequenzen moralische Defizite gerade auch auf Ebene der Führungsethik offenkundig gemacht. Auf diese Punkte will ich mich im Folgenden konzentrieren. Ich will also die Parallelisierung zwischen My Lai und Wallstreet nicht ins provokative Extrem führen, aber auf diesem Hintergrund die Frage stellen: Wo finden wir einen moralischen Be-

2 Ph. Zimbardo, A Situationist Perspective on the Psychology of Evil. In: A. G. Miller, ed., The Social Psychology of Good and Evil. New York 2004, 21–50, hier 28.

zugsrahmen, der wie ein Kompass gerade auch in neuen Situationen für Orientierung sorgen kann?

Zur Beantwortung dieser Frage will ich einen Gesprächspartner konsultieren. Ich möchte im Folgenden Konturen der Führungsethik von Ignatius von Loyola nachzeichnen. Ignatius von Loyola (1491–1556) hat im 16. Jahrhundert eine weltweit tätige Ordensgemeinschaft gegründet. Die Jesuiten zählen heute noch um die 20.000 Mitglieder. Sie sind bereits zu Lebzeiten des Ignatius, der mit einer Handvoll Gefährten begonnen hat, auf eine beachtliche Zahl angewachsen und waren schon in der ersten Hälfte des 16. Jahrhunderts international tätig. Ignatius hat eine Führungsstruktur geschaffen, die im Großen und Ganzen heute noch besteht. Hier finden wir Instrumente für und Einsichten in die Führungsethik, die auch für die heutige Welt mit ihren moralischen Defiziten in der Wirtschaftspolitik relevant sind.

2. Konturen ignatianischer Führungsethik

Ignatius von Loyola hat den Jesuitenorden mit seinen Briefen geführt. Wichtige Hinweise über ignatianisches Führen können diesen Briefen entnommen werden. Eine zweite Quelle für das Verständnis der ignatianischen Führungsstruktur sind die Satzungen der Gesellschaft Jesu. Ich werde mich auf diese beiden Quellen stützen und die Konturen ignatianischer Führungsethik nach folgenden Stichwörtern nachzeichnen: Leitung und Amtsführung von Obrigen (2.1); Kommunikationsstrukturen (2.2); Aufnahme und Entlassung (2.3); Führung und Gehorsam (2.4); Arbeitsethos und Gesundheit (2.5).[3]

2.1 Leitung und Amtsführung von Oberen

Eine Institution wird in ihrem Erfolg wesentlich durch die Führungsstrukturen und die Besetzung der Führungsämter bestimmt. Führung und Leitung sind vor allem: Arbeit an der Einheit der Institution. Aus diesem Kriterium des Blicks auf

[3] Ich greife dabei auf die Fassung B der Satzung der Gesellschaft Jesu zurück, die 1556 zum Zeitpunkt des Todes von Ignatius vorlag (Ignatius von Loyola. Deutsche Werkausgabe II. Gründungstexte der Gesellschaft Jesu, Herausgegeben und übersetzt von Peter Knauer. Würzburg 1998, 580–827); des Weiteren ziehe ich die mit den Satzungen verbundenen „Regeln" heran, die sich in der genannten Ausgabe pp. 828–885 finden. In Bezug auf die Briefe des Ignatius verwende ich den ersten Band der deutschen Werkausgabe (ebenfalls herausgegeben und übersetzt von Peter Knauer. Würzburg 1993). Die verwendeten Abkürzungen: „S" für die Satzungen, „R" für die Regeln, „B" für die Briefe.

das Ganze und des Einsatzes für die Einheit können sich auch die Verpflichtung für harte Entscheidungen ergeben: „Bei wem man sähe, dass er Urheber von Spaltung für die Zusammenlebenden untereinander oder gegenüber ihrem Haupt ist, der soll mit großer Sorgfalt aus der Gemeinschaft entfernt werden wie eine Pest, die sehr anstecken kann, wenn man nicht schnell abhilft" (S VIII, 1, 664). Die mit Leitungsaufgaben betraute Persönlichkeit muss denn auch die innere Stärke haben, solche Entscheidungen treffen und umsetzen zu können. Leitungsämter dienen der Wahrung der Einheit. Aus diesem Grund ist der Inhaber eines Leitungsamtes auf einen „Sinn für das Ganze" verwiesen. Er muss eine „Entschiedenheit" mit Blick auf „vision" und „mission" an den Tag legen.[4] Er muss das Ganze der ihm anvertrauten Institution im Blick haben, was gleichzeitig bedeutet, dass er sich nicht um Kleinigkeiten und Details kümmern kann. Dies wird etwa in einem Brief vom 17. Dezember 1552 an den neuen Provinzoberen für die portugiesische Provinz, Diego Mirón, deutlich. Diego Mirón hat sich verzettelt und in Detailfragen verstrickt. Ignatius ermahnt ihn: „Es ist nicht Aufgabe des Provinzials noch des Generals, sich so im einzelnen um die Angelegenheiten zu kümmern" (B 448). Er solle sich mit dem Ganzen der Provinz befassen und möglichst viel Verantwortung delegieren. Ignatius zieht sogar den Vergleich eines universalen Bewegers heran, der die einzelnen Beweger bewegt. Und es kommt die pragmatische wie psychologisch feinsinnige Bemerkung über diejenigen, an die Verantwortung delegiert worden ist: „Und wenn sie sich bei etwas falsch verhalten, ist es ein geringerer Nachteil, als wenn Ihr selbst Euch falsch verhaltet; und es steht Euch besser an, daß ihr berichtigt, was Eure Untergebenen falsch gemacht haben, als ihnen, noch Euch, daß sie Euch verbessern in dem, was Ihr falsch gemacht habt, was sehr gewöhnlich geschähe, wenn Ihr Euch mehr als recht in die Einzelheiten mischt" (B 448). Eine Grundfähigkeit eines Oberen besteht also im „Sinn für das Ganze" und damit auch in der Fähigkeit zum Delegieren von Verantwortung.

Führungspositionen sind auch deswegen im Sinne der Einheit entscheidend, weil sie Vorbildwirkung haben. Das Amt des Generaloberen ist deswegen von grundlegender Bedeutung, „weil der gute oder schlechte Stand des Hauptes auf den ganzen Leib übergeht" (S X, 820). Der Obere und alle übrigen Priester sollten auch das eine oder andere Mal im Jahr aufgrund der entsprechenden Vorbildwirkung den Dienst der Dienenden verrichten (S III, 1, 276).[5]

Am vielleicht deutlichsten wird das ignatianische Verständnis von Leitung in seiner Darstellung des Generaloberen. Im neunten Hauptteil der Satzungen geht

---

[4] Vgl. J. G. Gerhartz, Über die Haltung der Entschiedenheit. Geist und Leben 68,4 (1995) 246–255.

[5] Zur ignatianischen Führungsethik vgl. Chr. Lowney, Heroic Leadership. Best Practices from a 450-Year-Old Company. Chicago 2003.

es explizit um diese Leitungsposition: Es solle einen Generaloberen auf Lebenszeit geben, dessen Ziel die gute Leitung, Bewahrung und Mehrung des ganzen Leibes der Gesellschaft ist (S IX, 1, 719). Damit werden die Grundstrukturen von Leitungsverantwortung (Bewahrung und Mehrung: Einheit und Wachstum) deutlich. Der Generalobere muss bestimmte Voraussetzungen haben. Er muss über Vertrauenswürdigkeit und das Ansehen bei den Untergebenen verfügen (S VIII, 1, 667). Anzeichen für Amtsanstrebung – also Äußerungen von Ambitionen, das Amt des Generaloberen anzustreben oder zu begehren – sind ein Hinderungsgrund für etwaige Wahl (S VIII, 6, 695). Dieser Punkt ist in Bezug auf die Bestimmung hoher politischer Posten mindestens ebenso interessant wie in Bezug auf Kriterien für die Besetzung hoher kirchlicher Ämter. Im zweiten Kapitel des neunten Hauptteils wird explizit festgehalten, wie der Generalobere sein soll: Er soll ein gottverbundener Mann, ein Mann des Gebets sein (723); er soll ein Mann der Tugend und der Nächstenliebe sein (725), er muss von allen Leidenschaften frei sein (726), er soll die notwendige Geradheit und Strenge verbinden mit Güte und Milde (727), er braucht Großmut und Tapferkeit des Herzens, um die Schwächen der anderen zu ertragen (728), er braucht großen Verstand und Urteil (729) – wichtiger als Gelehrtheit freilich sind Klugheit und Erfahrung in den inneren Dingen, um die verschiedenen Geister unterscheiden zu können; er muss wachsam und sorgfältig sein und die Fähigkeit haben, Dinge zu ihrem Ziel und zu ihrer Vollendung zu führen (730), er braucht entsprechende körperliche Kräfte und eine entsprechende Schicklichkeit des Alters (731), er braucht Vertrauenswürdigkeit und guten Ruf (733). Im vierten Kapitel werden auch Hinweise über die Vollmacht gegeben, welche die Gesellschaft Jesu gegenüber dem Generaloberen hat. Im sechsten Kapitel des neunten Hauptteils ist die Rede von den Dingen, die dem Generaloberen helfen werden, sein Amt gut auszuführen: Er braucht Helfer, muss aber auch diese im Blick haben, „denn es ist seine Sache, die Mängel der untergeordneten Oberen auszugleichen und mit der göttlichen Gunst und Hilfe zu vervollkommnen, was bei ihnen nicht vollkommen wäre" (791); die Provinziäle sollen Männer seines Vertrauens sein – wenn er sich auf sie verlassen kann, bleibt ihm mehr Zeit, um sich mit den allgemeinen Dingen zu beschäftigen, die allein er tun kann (797) – wenn er sich mit vielen kleinen und einzelnen Dingen beschäftigen muss, wird der Verstand erdrückt und schwächer für die allgemeinen Dinge (797). Der Generalobere muss die entsprechende Unterstützung erfahren und einen Sekretär haben, der ihm zur Seite steht – von diesem wiederum sind Sorgsamkeit und Urteil (802) und Blick für das Wesentliche (801) gefragt.

Fragen zu den Eigenschaften von Führungspersönlichkeiten und zur Unterstützung von Leitungsfunktionen beschäftigen Ignatius auch in Bezug auf die Rektoren von Kollegien. Der Rektor eines Kollegs soll vorbildlich, erbauend und in allen untergeordneten Neigungen beherrscht sein; besonders erprobt in Gehorsam und Demut; in praktischen Dingen geübt und in geistlichen erfahren; streng und gütig, sorgfältig, ausdauernd in Mühe (423); er setze in kluger Weise die Amtsträger ein (424); soll auf Ordnung und auf Satzungen achten; soll im Kolleg mit Ehrfurcht behandelt werden, man soll ihm nicht widerstreben und ihm nicht entgegenreden (424); den einzelnen Amtsträgern gebe er klare Regeln (428) – „Und allgemein müssen diejenigen, die für andere verantwortlich sind, die ihnen zu gehorchen haben, ihnen ein Beispiel in dem Gehorsam geben, den sie selbst gegenüber denen leisten werden, die für sie an Stelle Christi unseres Herrn Obere sein werden" (434) – wiederum stoßen wir auf das Moment der Vorbildverantwortung. Ähnlich wie der Generalobere, der auf entsprechende Unterstützung und Beratung angewiesen ist, soll auch ein Rektor vier Berater haben (S IV, 16, 490). Damit wird klargestellt, dass Entscheidungen unter Berücksichtigung einer Vielfalt von Aspekten getroffen werden. Es ist allgemein bekannt, dass Ignatius eine Kultur von Entscheidungsfindung eingeführt hat, die heute noch gelehrt wird. Gerade Führungskultur kann nicht von einer Kultur der guten Entscheidung getrennt werden.[6]

Obere müssen neben dem angesprochenen Sinn für das Ganze mit den Fähigkeiten zur Delegation von Verantwortung und zur Vorbildwirkung sowie neben dem genannten Eigenschaftsprofil auch einen „Sinn für die anvertrauten Untergebenen" und einen „Sinn für sich selbst" haben. In Bezug auf das Verständnis der Untergebenen – heute würde man sagen: Mitarbeiter/-innen – soll der Verantwortungsträger einen klaren Blick auf die Stärken und Schwächen der jeweiligen Mitbrüder haben. Der Hirte muss sozusagen seine Herde kennen. Am 22. November 1547 lässt Ignatius an Luis Gonçalves da Câmara schreiben. Der Adressat ist erst seit 1545 Mitglied der Gesellschaft Jesu und Oberer in einer großen Jesuitenkommunität in der portugiesischen Provinz. Ignatius gibt dem offensichtlich und verständlicherweise unsicheren Mitbruder Hinweise für die Ausübung des Leitungsamtes – er solle für die entsprechende Zucht sorgen, auch wenn man denjenigen, die stärker und verlässlicher sind, einen größeren Freiraum ermöglichen könne (B 215), sie weiter fort schicken könne als diejenigen, die schwächer sind und daher möglichst im unterstützenden Umfeld bleiben sollten. Das bedarf der Einschätzung von Stärken und Schwächen. Weiters: Jedem dürfe nur so viel aufgegeben werden, wie er zu tragen imstande sei. Juan de Polanco, der damalige Sekretär des Ignatius, artikuliert mit Blick auf das Gespür für Stärken und Schwächen deutlich: „Und gewiß wünscht P. Ignatius, daß Ihr dies erkennt: Ihm ist lieber, daß diejenigen, die sich unserer Gesellschaft anschließen, eine ganz ge-

[6] Vgl. J. M. Steinke, Wege zu einer guten Entscheidung. Geist und Leben 75,4 (2002) 293–297.

ringe, aber sichere Frucht aus ihren Mühen ernten, als daß sie sehr reiche Früchte erreichen unter Gefahr einer Schädigung für sich und andere" (B 215). An dieser Stelle wird deutlich, dass auch die schwächeren Mitglieder, die in kleinen Schritten vorgehen, ihren wichtigen Platz haben. Hier wird auch deutlich, dass „Stärke" und „Schwäche" durchaus subtile Begriffe sind und sich „Stärke" nicht allein aus Begabung und Belastbarkeit ergibt. Verlässlich mag gerade derjenige sein, der weniger begabt und wenig ambitioniert ist, sich dafür leiten lässt und Gehorsam zeigt.

Neben dem Sinn für die anderen in ihren Stärken und Schwächen braucht der Obere auch einen „Sinn für sich selbst". Er muss sich selbst gut einschätzen können. Dies wurde bereits in den Eigenschaftskatalogen von Generaloberen und Rektoren deutlich. Explizit wird dieses Anliegen in einem Brief vom 30. Dezember 1553 an Peter Faber, der das Amt eines Rektors des Kollegs von Modena ausübt. Faber hält sich für überfordert und wird von Ignatius angewiesen, nicht in den Geist der Kleinmut zu verfallen (B 531). „Die Gaben Gottes [lies: mit denen Sie ausgestattet worden sind] dürfen nicht geringgeschätzt werden" (B 531). Ignatius warnt seinen entmutigten Mitbruder davor, sich zu unterschätzen, und erinnert ihn an die Vorsehung Gottes. Gleichzeitig verweist er darauf, dass Peter Faber in seiner Amtsführung nicht isoliert ist, sondern einen Magister an seiner Seite hat. Damit wird der „Sinn für die eigene Situation" rückgebunden an Selbst-Vertrauen, Gott-Vertrauen und Vertrauen in die Beratung und Begleitung.

Halten wir fest: Um für ein Leitungsamt geeignet zu sein, ist ein Oberer auf einen „Sinn für das Ganze", einen „Sinn für die anderen", einen „Sinn für sich selbst" und ein bestimmtes Eigenschaftsprofil angewiesen, das Ignatius explizit und umfassend entfaltet hat. Damit ist auch gesagt, dass nicht jeder Mensch für Leitungsaufgaben geeignet ist, dass die Besetzung von Leitungspositionen eine Schlüsselfrage innerhalb einer Institution ist und mit entsprechender Sorgfalt zu geschehen hat und dass Leitung – siehe die auf Lebenszeit erfolgende Wahl des Generaloberen – langfristige Perspektiven und Stabilität braucht.

2.2 Kommunikationsstrukturen

Breiten Raum widmet Ignatius in seinen Überlegungen dem Thema Kommunikation: Er hat die Kommunikationsstruktur des Ordens im 16. Jahrhundert auf das Medium des Briefes und die Einrichtung einer systematischen Briefkultur gestellt und großen Wert auf das geschriebene Wort gelegt. Ignatius selbst hat etwa 7000 Briefe verfasst, die – als größtes erhaltenes Briefkorpus aus dem 16. Jahrhundert – archiviert sind. Die Schriftkultur wird von Ignatius unter der Rücksicht der Klarheit und Verbindlichkeit hochgehalten: „Wohin auch immer der Obere sendet, soll er eine vollständige und im Regelfall schriftliche Anleitung geben über die

Weise vorzugehen" (S VII, 2, 629). Das Medium der Schrift erlaubt Verbindlichkeit und einen stabilen Bezugspunkt; es ermöglicht Klarheit und Explizitheit; es ermöglicht Vollständigkeit.[7]

In einer Reihe von Texten beschäftigt sich Ignatius mit der Bedeutung der Briefkultur für den Zusammenhalt und die Leitung des Ordens. Ortsobere sollen ihrem Provinzial einmal wöchentlich schreiben, die Provinziäle sind angehalten, ebenfalls wöchentlich (zumindest aber einmal monatlich) ein informatives Schreiben an den Generaloberen zu senden (S VIII, 1, 674). In einem Brief an Simão Rodrigues im Jahr 1542 bittet Ignatius seinen Mitbruder, seine Wünsche klar und schriftlich kundzutun und bittet ihn wiederholt darum, häufiger und lang zu schreiben (B 42, pp. 73ff). In einem Brief an Peter Faber vom 10. Dezember 1542 hält Ignatius an, innerhalb des Ordens Briefe in zwei Teilen zu schreiben (B 82ff) – in Form eines Hauptbriefes, der von allgemeinem Interesse ist; und in Form eines Beibriefs, der „aus der Überfülle des Herzens" geschrieben werden kann. Dieses System hat Ignatius etabliert und immer wieder daran erinnert – der Hauptbrief, selbst wenn er von einer Provinz an das Generalat geschickt wird, ist von allgemeinem Interesse auch für die anderen Provinzen wie auch für die Gönner des Ordens. Hier sind Grundideen von Informationsfluss und transparente Berichterstattung festgelegt. Es ist auffallend, wie viel Energie Ignatius in die Etablierung dieser Briefkultur fließen lässt. In besagtem Brief an Peter Faber weist Ignatius weiters (in offensichtlicher Betonung des Zusammenhangs von Schriftkultur, Zeit und Sorgfalt) darauf hin, dass ein Brief klarer wird, wenn er zweimal geschrieben wird. Briefe haben dabei neben dem Sinn der Information auch den Sinn der Erbauung. Dies betrifft vor allem die Hauptbriefe. Ignatius weist auch – in Anwendung des oben genannten Vorbildprinzips – darauf hin, wie viel Mühe er sich selbst mit den Briefen gibt, die er zu schreiben hat. Das Thema „Briefkultur" ist explizites Thema zweier Briefe, die Sekretär Juan de Polanco am 27. Juli 1547 im Auftrag von Ignatius verfasst. Im einen dieser Briefe an die gesamte Gesellschaft Jesu werden zwanzig Vorteile aufgelistet, die sich aus der Pflege einer umfassenden Briefkultur ergeben (B 160ff). Die Briefe dienen dem Aufbau von Einheit, der wechselseitigen Bestärkung, der Liebe, der gegenseitigen Ermutigung und der Förderung eines heiligen Wetteifers in den Tugenden. Sie dienen der Stärkung gegen den Geist der Unbeständigkeit, tragen dazu bei, dass die Mitbrüder in Hoffnung und Liebe wachsen können, haben einen Demut erzeugenden Effekt ob der Kenntnisnahme der Leistungen anderer. Durch die Hauptbriefe wächst das, was Ignatius den „Wohlgeruch" der Gesellschaft

---

7 Zur Kommunikationsstruktur insgesamt vgl. M. Friedrich, Government and Information-Management in Early Modern Europe: The Case of the Society of Jesus. Journal of Early Modern History 12 (2008) 539–563.

Jesu nennt; es wächst die Mitgliederzahl, Trost und Freude und auch Sorgfalt nehmen zu. Die Hauptbriefe dienen der Ermunterung durch gute Nachrichten, nicht zuletzt wird der Ruhm Gottes gemehrt. Ignatius leugnet nicht, dass mit der Briefkultur Mühen und Anstrengungen verbunden sind. „Laßt uns diese Mühe alle fröhlich und sorgfältig auf uns nehmen" (B 165). In dem anderen der beiden Briefe erfolgt die eigentliche systematische Unterweisung über die Briefkultur. In diesem Schreiben (Brief 180) finden sich detaillierte Angaben darüber, welche Themen von allgemeinem Interesse sind, vor allem Fragen der Fruchtbarkeit des Werks und Personalien. Was die Art und Weise der Briefkultur angeht, solle man maßvoll im Lob und im Tadel sein (die Mäßigung sei im Tadel noch größer) und darauf achten, dass die Briefe die Ehre Gottes wachsen lassen. Damit werden die Briefschreiber angehalten, ihren je persönlichen Standpunkt auch im notwendigerweise durch die Verschriftlichung gegebenen Prozess der Distanzierung unterzuordnen. Hier zeigt sich die Idee eines Zusammenhangs zwischen Objektivierung und Schriftkultur (B 166–174).

Die Einrichtung einer Briefkultur dürfte auf gewissen Widerstand gestoßen sein. Am 15. Januar 1550 ermahnt Ignatius in einem Schreiben an die Oberen der gesamten Gesellschaft Jesu die Pflege dieser Kultur einer ordensinternen Öffentlichkeit. „Ermahnen" ist dabei ein zu schwacher Ausdruck: Ignatius verpflichtet die Oberen unter Aufbietung einer Gehorsamsanordnung, die Wahrung der Briefkultur zu respektieren. Sein Argument sind die Hinweise auf Einheit und Erbauung. Beide sind notwendig angesichts der Gesellschaft, die an vielen Orten der Welt verstreut ist.

Freilich, nicht nur im Rahmen der Briefkultur zeigt sich das ignatianische Ringen um die Einrichtung einer Kommunikationskultur. Er hat auch Regeln für die Face-to-Face-Kommunikation angegeben. Im Brief 33 vom September 1542 an seine beiden Mitbrüder Paschase Broët und Alonso Salmerón, die zu Nuntien für Irland ernannt worden waren, teilt Ignatius Regeln über den guten Umgang mit anderen Menschen mit (B 62ff) – dies sind damit auch Hinweise für den rechten diplomatischen Dienst: Man solle wenig und spät reden und lange und gern zuhören. Man solle den Abschied jeweils rasch und freundlich gestalten. Wenn man mit wichtigen Menschen und Vorgesetzten verkehre, solle man sich an die Eigenart des Gesprächspartners anpassen, dem Choleriker anders begegnen als dem Phlegmatiker etc. Ein gutes Gespräch gleicht einem Eintreten beim Anderen.[8] Bei denjenigen, die versucht sind oder der Traurigkeit verfallen, sind Erbauung und Tröstung, Gefallen und Fröhlichkeit besonders wichtig. Explizit bringt Ignatius den Aspekt von Transparenz und Integrität ein, der gerade in Konfliktsituationen

[8] Vgl. F.-J. Steinmetz, „durch die Türe des anderen herein". Ignatianische Kommunikationsregeln. Geist und Leben 64,4 (1991) 306–313.

und im Umgang mit Konfliktparteien entscheidend ist: „In allen Unterredungen, vor allem, wenn man Frieden stiftet und in geistlichen Gesprächen, darauf achten und damit rechnen, daß alles, was geredet wird, an die Öffentlichkeit kommen kann oder wird" (B 64). Dies hat selbstredend Auswirkungen auf die Gestaltung von Vertraulichkeit, der Ignatius innerhalb des Ordens mit einiger Reserve begegnet, weil sie die Einheit bedroht. Neben dem Hinweis auf Transparenz und Integrität findet sich auch ein Hinweis zum „Promise management": „Bei der Ausführung von Angelegenheiten großzügig mit Zeit sein, nämlich: Was man für morgen verspricht, sei, wenn möglich heute getan" (B 64). Hier zeigt sich der Zusammenhang zwischen Integrität und Eifer.

Ähnliche Hinweise für die Gesprächskultur finden sich in einem Schreiben des Ignatius vom 29. Mai 1555, Brief 5400a, eine „Unterweisung über den Umgang mit Oberen" (B 736ff). Man bringe Dinge vor den Vorgesetzten, wenn man sie selbst schon sorgsam bedacht hat (B 737). Man bringe die eigene Position in gebührend vorsichtiger (und nicht etwa thesenhafter) Form vor und lasse dem Oberen Entscheidungsspielraum und Zeit. Die getroffene Entscheidung ist zu respektieren, kann aber im Hinblick auf Erfahrungen nach einem Monat oder längerer Zeit wieder zur Sprache gebracht werden. Damit werden Argumente, Erfahrungswerte und die Position des Oberen geehrt.

Strukturen ignatianischer Kommunikation werden auch deutlich in einem bekannten Schreiben des Ignatius (Brief 123), das Anfang 1546 entstanden ist – an die Mitbrüder Jay, Laínez und Salmerón, die am Konzil von Trient teilnehmen (B 112ff). Ignatius gibt seinen Mitbrüdern Hinweise für die Gestaltung ihrer Teilhabe am Konzil. Die Ausführungen erinnern an den eben erwähnten Brief 33 mit seinen Hinweisen zum diplomatischen Dienst. Er mahnt seine Mitbrüder, langsam im Sprechen zu sein; zuzuhören und Gefühle und Willen der Gesprächspartner zu erspüren; Gründe für beide Seiten anzugeben. Wenn man nicht mehr schweigen könne, solle man mit größtmöglicher Ruhe und Demut die eigene Meinung kundtun. Abends sollen die Mitbrüder – wohl im Sinne von Beratung und im Sinne von Einheit und Erbauung – sich eine Stunde Zeit nehmen, um sich darüber auszutauschen, was tagsüber geschehen ist. Diplomatie mögen sie auch im seelsorglichen Wirken zeigen und etwa bei Predigten „keine Punkte berühren, wo die Protestanten von den Katholiken abweichen" (B 113). Wieder stoßen wir auf Hinweise zu einer Redekultur der Bedachtsamkeit, der Schweigsamkeit und der einheitsstiftenden Beratung. Dies sind gewissermaßen Hinweise vom Schreibtisch aus.

Praktisch erleben wir Ignatius in Konfliktsituationen, die er brieflich bewältigt. Sehen wir uns dazu drei Beispiele an. Eindrucksvoll ist – unser erstes Beispiel – der lange Brief des Ignatius an Nicolás Alonso de Bobadilla aus dem Jahr 1543 (Brief 74, B 93ff). Pater Bobadilla hatte sich beschwert, dass es ihn zu viel wertvolle Zeit koste, den Kommunikationswünschen des Ignatius Genüge zu tun. Ignatius stellt sich dem doch durchaus gravierenden Vorwurf, der an der Grenze zur Illoyalität anzusiedeln ist, mit Argumenten: Ein Argument besteht im Appell an den größeren sozialen Kontext, in dem das „Unternehmen" des Ignatius operiert: „Viele Freunde und Bekannte von uns, die erfahren, daß wir Briefe von einigen von der Gesellschaft haben, wollen diese haben und freuen sich, sie zu lesen. Wenn wir sie nicht zeigen, obwohl sie bitten, befremden wir sie. Wenn wir sie zeigen, obwohl sie ohne jede Ordnung kommen, werden sie mißerbaut" (B 96). Hier wird also auch die Informationspflicht gegenüber interessierten Außenstehenden („Stakeholders") angesprochen. Der zitierte Brief ist auch ein gutes Beispiel für den Führungsstil des Ignatius, der mit Argumenten wirbt und auch deutlich macht, dass es ihm nicht um die eigene Person, sondern um das Ganze der Gesellschaft Jesu geht; gleichzeitig verpflichtet er sich selbst, mit gutem Beispiel voranzugehen und die eingeforderten Standards der Kommunikationsmittel selbst anzuwenden. Dem Vorwurf Bobadillas, dass Briefeschreiben wie das Briefelesen eine Zeitverschwendung sei, entgegnet er mit dem schlagenden Argument: „Und daß Ihr Euch nicht würdigt, meine Briefe zu lesen, da Euch die Zeit dafür fehle: Ich habe durch die Gnade Gottes unseres Herrn Zeit und Lust genug, alle Eure Briefe zu lesen und wieder zu lesen" (B 97). Hier wird auch klar das Interesse an dem, was innerhalb des Ordens geschieht, ausgedrückt. Ignatius bittet – im Sinne eines Bekenntnisses zu Führung nach objektivierter Perspektive – den Adressaten des Briefes um Hinweise, wo ignatianische Briefe nicht den Vorstellungen entsprochen haben. Abschließend wird Bobadilla mit schlagender Demut und in Erinnerung an das höchste Gut und den gemeinsamen Rahmen in die Pflicht genommen: „Deshalb bitte ich Euch um der Liebe und Ehrfurcht gegenüber Gott unserem Herrn willen, schreibt mir die Weise, in der es Euch am besten scheint, daß ich Euch – selber oder durch einen anderen – schreiben soll, damit ich mich nicht irre" (B 97). Führen verlangt nach einer Form der Glaubwürdigkeit im Sinne der Selbsteinbindung und im Sinne der Selbstanwendung des Geforderten.

Das zweite Beispiel betrifft einen Konflikt mit dem Jesuiten Juan Alvarez. Juan de Polanco schreibt ihm im Auftrag des Ignatius am 18. Juli 1549 (B 264ff). Alvarez ist mit der Verteidigungsstrategie des Ignatius gegenüber den Verleumdungen des Dominikaners Melchior Cano nicht einverstanden, der den ignatianischen geistlichen Übungen Schwärmerei, Subjektivismus und Nähe zum Baalskult vorwirft. Er erhält den Hinweis: „Sie gehen den Stoff so geistlich an, daß es scheint, Sie würden das wahre Verständnis der Sache verlieren" (B 266). Hier mahnt Ignatius also zu einer nüchternen und praktischen Sicht der Dinge. Mit seinen Bemerkungen habe er nicht nur den Weg der Nüchternheit verlassen, sondern auch gegen die gebotene Höflichkeit verstoßen („Man sieht, daß Sie Ihren Oberen beurteilen und verurteilen"; B 267). Darauf hin folgt eine Argumentation betreffend Alvarez' Vergleich mit dem Baalskult. Am Ende des Briefes findet sich – wie auch zu Beginn – ein impliziter Hinweis auf den Starkmut des Empfängers: „Ebensowenig wie Entschuldigungen am Anfang werden am Schluß Komplimente notwendig sein" (B 270). Auch hier sind das Mühen um Argumente, das Mühen um geistliche Weisung, das Mühen um je spezifische Berücksichtigung des Gegenübers und das Mühen um Strenge im Sinne der Ordnung ersichtlich.

Das dritte Beispiel betrifft einen Konflikt mit Francisco Jiménez de Miranda, dem Abt von Salas. Der Konflikt wird deutlich in einem Brief (Brief 5525), den Juan de Polanco im Auftrag von Ignatius am 11. Juli 1555 versendet (B 761ff). „Der in Rom lebende Francisco Jiménez de Miranda hat ein Haus und Geld für die Gründung eines Kollegs in Burgos versprochen. Einer seiner Brüder sorgt dafür, daß sich die das Kolleg betreffenden Dinge verzögern."[9] Ignatius reagiert mit Sorge um das geistliche Wohl des Abtes, der in unsaubere Geschäfte verwickelt ist. Sehen wir uns gleich den Einleitungssatz des Schreibens an: „Da ich keine Audienz erlange, obwohl ich es mit Botschaften, Empfehlungsschreiben und indem ich selbst kam, bei Euer Gnaden versucht habe, hätte ich leicht müde werden können, wenn ich das Meinige gesucht hätte. Aber da ich aufrichtig das suche, was den göttlichen Dienst und die Rettung Euer Gnaden betrifft, dürfte ich – wenn es etwas Liebe in mir gibt – nicht müde werden noch es unterlassen, schriftlich zu versuchen, was ich mündlich nicht habe tun können" (B 761f). Ignatius verweist konkret auf seine Bemühungen, hält sich im Tonfall an den Respekt vor dem kirchlichen Würdenträger, liefert Argumente für die „Verständlichkeit von Frustration" und gibt den Standpunkt an, um den es gehen soll: den Dienst an Gott und das Seelenheil des Adressaten. Mit diesem schlichten Satz wird ein Rahmen geschaffen, der die Kommunikationssituation prägen wird – ein geschichtlicher Rahmen (Verweis auf das, was sich zugetragen hat), ein theologischer Rahmen (Verweis auf das höchste Gut, um das es geht), ein Perspektivenrahmen (Verweis auf Nachordnung des persönlichen Standpunktes und Ausweis eines Argumentationswillens). Im nächsten Satz macht Ignatius klar, dass es ihm nicht um das Projekt geht, das ihn und den Abt ursprünglich zusammengeführt haben („Herr, was mich drängt, ist nicht die Errichtung des Kollegs von Burgos; denn da es sich um ein Werk von großem göttlichen Dienst handelt, wird Gott es selbst durch die eine oder andere Hand errichten, wenn es Zeit ist"), sondern dass der Gegenstand der Kommunikationssituation wesentlich wichtiger und größer ist als das ursprüngliche Geschäftsanliegen. Ohne falscher Demut wird jenes Selbstbewusstsein gezeigt, das Menschen eigen ist, die ein höchstes Gut erkannt haben und ihr Leben in den Dienst dieses *summum bonum* stellen. Nun geht es direkt

[9] Einleitung zum Brief durch Peter Knauer, B 761.

um das Seelenheil des Abtes, der fortgeschrittenen Alters und nicht bei bester Gesundheit ist und einen Lebenswandel pflegt, der Buße notwendig macht. Die Worte sind deutlich: „halten Sie nicht für einen Freund oder Diener, sondern für einen Hauptfeind Ihrer Seele, wer Ihnen mit Schmeicheleien kommt, vor allem mit solchen, die Sie in Sicherheit wiegen und in Ihren Sünden festhalten“ (B 762). Und dann noch deutlicher: „Für Euer Gnaden ist Buße notwendig, und keine geringe“ (ebd.). Ignatius weist auf die Rechenschaftspflicht des Menschen vor Gott und das baldige endgültige Gericht hin. Hier sind moralische Referenzpunkte, die klar zwischen „wesentlich“ und „unwesentlich“ unterscheiden lassen. Das Sprachspiel, das dieser Brief unternimmt, ist nicht die Bitte um das Einhalten eines Versprechens; es ist nicht einmal die Diskussion über die Beziehung zwischen der von Ignatius geleiteten Institution und der vom Abt geleiteten Einrichtung mit ihren Besitztümern. Es geht um die Beziehung zwischen „zwei Seelen vor Gott“, um es einmal so auszudrücken. Ignatius ist sich dessen wohl bewusst, dass hier nicht die Rede hin zum kirchlichen Würdenträger erfolgt: „Euer Gnaden mögen mir verzeihen, daß ich klar zu Ihnen spreche. Aber die Liebe nötigt mich…“ (B 763). Ignatius deutet auch durchaus an, was das Leben des Abtes anstößig macht – Nepotismus, ein Leben in Luxus, ein Leben ohne Blick für die Armen, ein unredlicher Umgang mit anvertrautem Kirchenvermögen. Die Worte sind deutlich – und wohl durchaus nicht geeignet, um den Geschäftsabschluss zu erzielen. Es geht aber um etwas je Größeres. Damit wird auch deutlich, dass Ignatius den Dienst an der Einheit der Gesellschaft Jesu als Teil eines je größeren Dienstes sieht, den die Gesellschaft Jesu für das Reich Gottes leistet. Einzelne Geschäfte können nicht so wichtig sein und diesen theozentrischen Blick auf das höchste Gut außer Kraft setzen. Ebenso wie die Diplomatie ihre Grenzen hat, stoßen Fragen des guten Geschäfts an Grenzen, wenn die entscheidenden Punkte im menschlichen Leben, der Dienst an Gott und das menschliche Seelenheil, berührt sind.

Halten wir fest: Ignatius betont mit Blick auf die Kommunikationsstrukturen der Gesellschaft Jesu die Schriftkultur, die zu Klarheit, Sorgfalt, objektiver Bindung und Achtung verpflichtet. Die Briefkultur dient dem Aufbau einer ordensinternen Öffentlichkeit zur Information wie auch Erbauung und Stärkung der Einheit. In Gesprächssituationen betont Ignatius das Zuhören, das Einfühlen in die Wesensart des Gegenübers und die argumentationsgeleitete Rede. Höflichkeit erscheint als Gebot von Demut und Vernunft. Dies ist im Gespräch mit Oberen nicht anders. Umgekehrt haben Obere im Umgang mit Mitarbeitern eine Kultur der Begründung zu pflegen. Sämtliche Kommunikationsanstrengungen stehen im Rahmen der höchsten Güter – oder auch: Kommunikation ist so zu gestalten, dass die Ehre Gottes gemehrt und das Seelenheil von Menschen gesichert sei.

2.3 Aufnahme und Entlassung

In jedem Betrieb sind Aufnahme und Entlassung neuralgische Punkte der Unternehmenskultur: Nach welchen Kriterien und mit welchen Verfahren werden Mitarbeiterinnen und Mitarbeiter aufgenommen, nach welchen entlassen? Ignatius legt großen Wert auf die sorgsame Auswahl der Kandidaten für die Gesellschaft Jesu. Sie müssen sich bereits auf längere Zeit bewährt haben (S Ex I, 12), da ja auch die Idee der Aufnahme auf Dauer ausgerichtet ist. Diese Bewährung hat zwar auch mit Begabung und Fähigkeit, mehr aber noch mit moralischen Standards zu tun. Fähigkeiten können angeeignet und gefördert werden, die sittliche Ausrichtung ist jedoch das Fundament, von dem aus dies möglich ist. Diejenigen, die mit Entscheidungen über Aufnahme betraut sind, sind angehalten, in dem Verlangen, jemanden aufzunehmen, zurückhaltend zu sein (S I, 1, 142). Es gilt, nüchtern zu sein und nicht nach Sympathie oder freundschaftlicher oder verwandtschaftlicher Verbundenheit zu entscheiden. Diejenigen, die über Aufnahme entscheiden, müssen Menschenkenntnis und Weltläufigkeit haben – sie müssen mit der Art und dem Stand nach verschiedenen Menschen umgehen können. Hier wird die Latte sowohl für die Eintretenden als auch für die Aufnehmenden sehr hoch gelegt. Das Kriterium für die Aufnahme ist das Gesamt der Gesellschaft Jesu mit ihrem Dienstauftrag, nicht die Förderung von einzelnen Männern – will heißen: schwierige Menschen sind nicht aufzunehmen, selbst wenn es für sie nützlich sein dürfte, aufgenommen zu werden (S I, 2, 152).

Das Aufnahmeverfahren in die Gesellschaft Jesu schildert Ignatius in einem Brief an Girolamo Croce vom 4. Dezember 1549 (Brief 958, B 308ff). Sorgfältige Prüfung und sorgfältige wissenschaftliche Ausbildung sind grundlegend für die endgültige Aufnahme in den Orden – „und auch ist er nicht in unsere Gesellschaft aufgenommen und soll auch acht oder zehn Jahre lang nicht in ihr Profess ablegen, selbst wenn er dies wollte, bis er wissenschaftlich ausgebildet ist" (310). Kandidaten müssen sich so entwickeln, dass sie kein anderes Interesse haben als den Dienst für Gott und Hilfe für die Seelen; damit sind wir wieder bei den oben angegebenen beiden Kriterien für die höchsten Güter, um die es geht. Hinweise auf Aufnahme und Ausbildung finden sich auch in Brief 1848 (B 341ff), den Juan de Polanco am 1. Juni 1551 an Urbano Fernandes verfasst hat. Urbano Fernandes ist neuer Rektor des Kollegs von Coimbra und erbittet sich Instruktionen. In besonderer Weise geht es um die Frage nach der rechten und geordneten Aufnahme. Juan de Polanco gibt den Willen des Ignatius wieder, wenn er festhält, dass es um Leute geht, „die zu etwas taugen, mit Kraft und natürlicher Fähigkeit" (B 342). Wissenschaftliche Begabung ist nicht notwendige Voraussetzung für die Aufnahme in die Gesellschaft Jesu, es ist hier also Raum für eine Vielfalt von Talenten und Betätigungen. In Aufnahmeverfahren kann bei seltenen Eigenschaften oder außerordentlichen Gründen auch eine Ausnahme gemacht werden. Hier bedarf es also nach wie vor des Blicks auf das Besondere und den Einzelfall.

Einigen Raum widmet Ignatius auch der Frage der guten Entlassung – einer Frage, die ja in der Wirtschaftswelt eine wichtige Rolle spielt. Wenn man in Fragen der Aufnahme entsprechend sorgfältig und streng vorgegangen ist, wird man dies auch in der Frage der Entlassung sein müssen (S II, 1, 204). Wenn sich jemand bereits verdient gemacht oder Fähigkeiten gezeigt hat, wird es schwieriger sein, ihn zu entlassen (S II, 1, 205). Wiederum kommt Entscheidungsträgern eine große Verantwortung zu: Die kluge Liebe des Oberen soll die Gründe, die für die Entlassung sprechen, sorgsam abwägen (S II, 2, 209). Auch bei Fragen der Entlassung ist das Wohl der Gesellschaft Jesu über das Wohl des Einzelnen zu stellen. Es wird dort gefährdet, wo jemand ein schlechtes Beispiel gibt, etwa in Fällen von Unruhe und Ärgernis durch Wort und Tat (S II, 2, 212). Bevor es freilich zu einer Entlassung kommt, sind die Mittel von Mahnung und Zurechtweisung einzusetzen. Ignatius hält in Bezug auf die Universitäten der Gesellschaft fest, dass es hier sinnvoll ist, einen Zuchtmeister von außerhalb der Gesellschaft zu haben, der diejenigen in Furcht hält und züchtigt, die es nötig haben (S IV, 16, 488). Wenn sich jemand als unverbesserlich erweist, ist es besser, ihn zu entlassen, wo er selbst keinen Nutzen zieht und andere Schaden nehmen (S IV, 16, 488). Freilich ist in diesen Fragen im Geist der Milde vorzugehen (S IV, 16, 489).

Ziel der guten Entlassung ist es, ein Mehr an Zufriedenstellung vor dem Herrn zu erzielen, sowohl mit Blick auf den Entlassenen, als auch mit Blick auf den Entlassenden und die verbleibende Gemeinschaft (218). Der Entlassende soll eine Schwierigkeit unter Wahrung der Anonymität ankündigen und um Gebet bitten (220); er soll sich mit geeigneten Mitbrüdern beraten (221); er soll sorgsam die Gründe erwägen (222). Gründe spielen bei der guten Entlassung eine wesentliche Rolle – niemand soll wegen seiner Entlassung in Verwirrung gehalten bleiben, er muss hinreichende Rechenschaft erhalten (227). Es ist darauf zu achten, dass der Entlassene ohne Beschämung und Schimpf aus dem Haus gehen kann und dass er alles, was sein ist, mitnimmt (223). Der Entlassene soll in möglichst großer Liebe zum Haus und getröstet im Herrn gehen (225), also mit einem geordneten Inneren. Auch die Hausgemeinschaft soll dem Entlassenen gegenüber nach Möglichkeit ohne schlechte Meinung verbleiben (229), sondern ihm Mitgefühl erweisen. Die Oberen haben auch darauf zu achten, dass diejenigen im Hause, die es nötig haben, aus dem Beispiel der Entlassung Nutzen ziehen (230). In Bezug auf die Zukunft des Entlassenen ist Sorge zu tragen, dass er ein anderes gutes Mittel ergreift, um Gott zu dienen (226). Wieder sehen wir den Blick auf das höchste Gut, dem einzelne Aktivitäten unterzuordnen sind.

Halten wir fest: Das Verfahren der guten Aufnahme ist mit Nüchternheit und nicht nach Sympathie abzuwickeln, mit einem Blick für den Einzelfall und der

Möglichkeit für den Einsatz vielfältiger Talente; der Nutzen, den die Institution aus dem Einzelnen zieht, hat Vorrang vor dem Nutzen, den der Einzelne durch die Institution gewinnt; erfolgte Bewährung und danach sorgfältige Vorbereitung sind Voraussetzung für endgültige Aufnahme, die lange tentativ bleibt. Entscheidend ist die Bereitschaft und Fähigkeit des Kandidaten, sein Interesse ganz an den höchsten Gütern auszurichten. Das Verfahren der guten Entlassung ist durch „kluge Liebe“ zu gestalten; es muss auf Beratung und Gründen basieren und auf dem Hintergrund von bereits erfolgten Mahnungen geschehen. Das Verfahren ist so zu gestalten, dass die Beteiligten zum „Magis“ der Ehre Gottes beitragen. Eine gute Entlassung ist eine solche, bei der beide Seiten Trost und Liebe und Ordnung erfahren.

2.4 Führung und Gehorsam

Führung und Leitung, wie schon unter 2.1 angedeutet, bedürfen des Blicks auf die Einheit und die Fruchtbarkeit der Gemeinschaft. Im Brief 182 vom 29. Juli 1547 an die Scholastiker in Gandía (B 174ff) weist Ignatius auf die Notwendigkeit einer Ordnung hin: „Wo immer sich eine Anzahl von Personen der Gesellschaft befindet, die eine Zeitlang zusammenleben sollen, soll es unter ihnen ein Haupt oder einen Oberen geben, durch den sich die übrigen leiten und lenken lassen wie sie es durch den Generaloberen tun würden, wenn er gegenwärtig wäre“ (B 175). Damit sind ein Einheitsprinzip und ein Ordnungsprinzip ausgesprochen: Das Ordnungsprinzip erfordert Regeln und Regelwerk zur Koordination eines Zusammenlebens, das Einheitsprinzip eine kongruente Führungsweise („wie sie es durch den Generaloberen tun würden ...“) zur Wahrung der Einheit. Leitung wird „gemeinhin auf die Einheit eines Oberen zurückgeführt, um das Durcheinander und die Unordnung zu vermeiden und die Menge gut zu regieren“ (B 175). Dies wird im Folgenden durch biblische und frühchristliche Zeugnisse belegt. Die Notwendigkeit der Ordnung betont auch der Brief 295 (B 223ff), den Juan de Polanco am 27. März 1548 an Andrés de Oviedo schreibt. In diesem Brief, der uns noch weiter unten im Zusammenhang mit dem Gehorsamsbegriff beschäftigen wird, findet sich diese Begründung über Ordnung mit dem Hinweis auf Arbeitsteilung: „Da sich ... die Gesellschaft mehrt, ist es notwendig, daß auch die Sorge mehr wird. Und da es nicht möglich ist, daß ein einziger auf so viele Dinge achte, ist es notwendig, daß diese Sorge aufgeteilt werde, damit man besser der Leitung der Einzelnen gerecht werden kann und damit die Last für den, der sie trägt, erträglich und folglich von Dauer sein könne. Und weil es bei jeder Vielheit notwendig ist, daß es eine Ordnung gebe, um Durcheinander zu vermeiden, muß es, da es eine Vielheit von partikulären Oberen geben muß, zwischen ihnen eine Reihenfolge der Vor- und Unterordnung geben“ (B 224f). Führung von Menschen geschieht also im Rahmen einer Ordnung, die der Einheit dient.

Die Mitarbeiter sind nach Ignatius so zu führen, dass sie zum Wohl des Ganzen beitragen und selbst wachsen können. Dies ist gezielt anzugehen, „wenn man zum Beispiel merkt, dass jemand zum Hochmut neigt, übe man ihn in niederen Dingen, von denen man denkt, dass sie ihm helfen werden, ihn demütig zu machen" (S III, 1, 265). Ähnliches ist bei anderen verkehrten Neigungen zu beachten. Es gilt auch, eine Kultur der Zurechtweisung aufzubauen, und diese ist nach der Verfassung der Personen zu bemessen (S III, 1, 269). Ignatius setzt auf einen Dreischritt von erster, zweiter und dritter Zurechtweisung, wobei die erste mit Sanftmut vonstatten gehen soll, die zweite auf Beschämung und die dritte auf Furcht abzielt (S III, 1, 270). Die Kultur der Zurechtweisung ist getragen von der „verständigen Liebe" der Oberen (S IX, 3, 754). Mitarbeiter sind so zu führen, dass sie nicht mehr das je Ihre suchen, sondern das, was Jesu Christi ist.[10] Das hat gerade nicht damit zu tun, Menschen um die Frucht und Vermehrung ihrer Talente zu bringen, im Zusammenhang mit dem Studium macht Ignatius etwa deutlich: Es ist besser, jemanden auf einem Gebiet zu fördern, auf dem er Erfolgserlebnisse hat, als gleichzeitig auf vielen Gebieten Leistung zu verlangen; jeder soll die Möglichkeit haben, sich in einem Gebiet auszuzeichnen (S IV, 5, 354).

Ignatianische Kultur der Mitarbeiterführung kann exemplarisch an zwei Briefen aus dem Jahr 1552 gezeigt werden (Briefe 3002, 3065). Am 2. November 1552 schreibt Juan de Polanco im Auftrag an Diego Laínez (B 434ff). Laínez hatte sich Eigenmächtigkeiten geleistet und sich über Anweisungen des Generalats hinweggesetzt. Polanco schreibt: „Unser Vater ist nicht wenig betroffen über Euer Hochwürden, um so mehr, als die Fehler derer, die sehr geliebt werden, für den, der liebt, schwerwiegender werden" (B 435). Die drei Fehler, die Laínez begangen hat, werden dargestellt und als Verstöße ausführlich begründet. Darauf erfolgt ein klarer Hinweis, wie nun mit diesem Verweis umzugehen sei: „Diese Irrtümer möge Euer Hochwürden vor Gott unserem Herrn anschauen und drei Tage lang irgendein Gebet zu diesem Zwecke übernehmen; danach mögen Sie schreiben, ob es Ihnen scheint, daß es Irrtümer und Fehler sind. Und Sie mögen auch die Buße auswählen, von der Ihnen scheint, daß Sie sie verdienen, und sie schriftlich schicken. Und ehe Sie nicht Antwort von unserem Vater haben, sollen Sie für diese Rechnung keine Buße ausführen" (B 437). Das ist ein Hinweis auf die Notwendigkeit des eigenen Urteils im Lichte der gegebenen Argumente und im Lichte des

[10] B 355; es handelt sich um Brief 1899, den Ignatius am 13. Juni 1551 an Jean Pelletier geschrieben hat, um ihm Instruktionen für die Führung des neu gegründeten Kollegs in Ferrara zu geben (B 354ff). Interessant ist in diesem Brief auch der Hinweis auf die Mühen um das Wohlwollen des Kardinals und der Stadt (B 359): „Man soll ihnen in allem gefällig sein, was *Gott gemäß* möglich ist, und ihnen in denjenigen frommen Werken dienen, von denen sie am meisten wünschen, daß man sich in ihnen einsetze, wofern nicht der größere Dienst für Gott behindert wird" (B 359).

Gebets, auf das Zutrauen in die Urteilskraft des Adressaten, auch selbst eine geeignete Buße vorzuschlagen, und auf die Notwendigkeit der Ratifizierung dieses Vorschlags durch den Generaloberen selbst. Als historische Randbemerkung sei festgehalten, dass Diego Laínez auf diesen Brief hin um Verzeihung gebeten und die Entpflichtung von seinen Führungsaufgaben erbeten hat; er sei bereit, zu den niedersten Diensten nach Rom gerufen zu werden; im Jahr 1556, nur vier Jahre später, wurde Pater Laínez zum Nachfolger von Ignatius von Loyola in das Amt des Generaloberen gewählt. Hier zeigt sich die weiter unten noch herausgestellte ignatianische Symmetrie zwischen Führungsfähigkeit und Gehorsamsfähigkeit.

Der zweite Brief, der Aufschlüsse über die Mitarbeiterführung des Ignatius gibt, ist auch an einen seiner ersten Weggefährten, Simão Rodrigues, gerichtet (B 445ff vom 9. Dezember 1552). Der von seinem Provinzialsamt in Portugal abberufenen Pater Rodrigues ist verunsichert und gequält, desorientiert und stellenweise verzweifelt. Er sollte neuer Oberer der Provinz in Aragón werden, erfüllt aber diese Weisung nicht. Er bittet Ignatius darum, aus Spanien nach Portugal zurückkehren und sein Amt niederlegen zu dürfen. Ignatius reagiert auf zwei Briefe vom 22. September und 26. Oktober. Er fasst die Bitte seines Mitbruders in fünf Zeilen zusammen und repliziert auf die Bitte um Entbindung vom Führungsamt mit unverhohlener Wärme und Sorge: „Meinerseits finde ich mich so geneigt, Euch einen Gefallen zu tun und Euch zufriedenzustellen in allem, worin ich es in unserem Herrn vermag, daß wenig getan werden muß, um mich zu dem zu überreden, wovon ich verspüre, es werde Euch zufriedenstellen. Und um so mehr scheint mir, ich solle Euch darin befriedigen, je größer Eure Unpäßlichkeiten sind und je weniger äußere Mühe sie Euch ertragen lassen" (B 446). Ignatius gestattet Rodrigues, „in die heimatliche und für Eure Gesundheit gute Luft" zurückzukehren, das Amt niederzulegen und verschafft ihm auch einen Spielraum: „Und auch die Zeit, die Ihr erbittet, um Euch um Euch selbst zu kümmern, ohne mit anderen Verpflichtungen belastet zu werden, denke ich Euch auf diese Weise zu Eurer Zufriedenheit zuzugestehen" (B 446). Ignatius erkennt offensichtlich die drohende „Akedie" – heute würde man sagen: den drohenden Burn-out – seines Mitbruders und nimmt Druck weg und eröffnet Räume der Ruhe. Gleichzeitig macht Ignatius einen wohlbegründeten praktischen Vorschlag und schlägt ihm im Lichte des oben Gesagten Sanfins als Ort vor – „wo es, wie ich vernehme, alle Vorteile von Luft, Wasser und Aussichten gibt, die man wünschen kann. Und indem Ihr für Eure geistliche Tröstung die Zeit habt, die Ihr wünschen werdet, wird es auch, wenn Ihr den Nächsten werdet helfen wollen, gute Gelegenheiten in den Nachbarorten geben" (B 446). Ignatius teilt mit, dass er den zuständigen portugiesischen Oberen anweisen wird, dieses Arrangement zu ermöglichen und Pater Rodrigues die entsprechende Freiheit zu gewähren. Ein interessanter letzter Punkt – Rodrigues ist aufgewühlt wegen der Kritik aus Portugal und möchte von Ignatius wissen, was hier alles gesprochen wurde. Die Antwort des Ignatius: „Mir scheint, es sei angebrachter, auf diese Dinge nicht einzugehen, sondern alles Vergangene zu begraben" (B 447). Hier zeigt sich der Wille, dem Mitbruder einen Neuanfang zu ermöglichen. Es zeigt sich der Blick auf das Besondere und das Bemühen um eine gute Lösung für die Situation und Person, um die es geht. Dieser Blick auf das Besondere und Dialogische wird auch in den Satzungen deutlich: Die jeweilige Sendung ist von Seiten des Entsendenden wie von Seiten des Entsandten so zu gestalten, dass sie zu größerem göttlichen Dienst und zum allgemeinen Wohl geschieht (S VII, 2, 618). Ein Kriterium für die Wahl der Sendung ist das Kriterium der größeren Fruchtbarkeit (S VII, 2, 622).

Ein Kernstück der ignatianischen Führungsethik ist unbestreitbarerweise das Verständnis des Gehorsams. In vielen Texten hat sich Ignatius mit diesem für ihn zentralen Begriff auseinandergesetzt. Ignatius verlangt, dass die Mitglieder der Gesellschaft Jesu auch in ihrem Inneren sich Mühe geben und mit Tapferkeit und Demut an die Ausführung von Anweisungen herangehen (S III, 1, 284) - ohne Murren und Ausreden. Die Kultur des Gehorsams ist wie ein rotes Band, das sich durch die Ebenen und Strukturen des Ordens zieht: „Um sich mehr im Gehorsam zu üben, ist es gut und ebenfalls höchst notwendig, dass sie auch den untergeordneten Amtsträgern gehorchen in allem, was deren Vollmacht einschließt" (S III, 1, 286). Gehorsam ist auch das Thema einer Reihe von Briefen. Im bereits erwähnten Brief an die Scholastiker von Gandía von 1547 (B 174ff) betont Ignatius die Bedeutung des Gehorsams auf dem Weg zur Entwicklung von Tugenden und den geistlichen Vorteil des Gehorsams, der Ruhe schenkt. In aller Deutlichkeit wird der Gehorsam als Grundlage der die Einheit der Gemeinschaft erhaltenden Ordnung genannt (B 179). Gehorsam ist eine Einstellung, die über die jeweilige Führungspersönlichkeit mit ihren Eigenarten in einer gewissen Objektivierung hinwegsehen lässt. Interessant ist der Hinweis auf den Zusammenhang von Führungskompetenz und Gehorsamsfähigkeit: „Auch ist es notwendig, um anderen vorsitzen und sie leiten zu können, daß man ein guter Meister im Gehorchen geworden ist" (B 180).[11] Die Fähigkeit, nach Gründen zu handeln und Gründe für Entscheidungen angeben zu können, ist eine der Grundfähigkeiten eines Verantwortungsträgers. So entsprechen sich Führen und Geführtwerden in der Ausrichtung an den höchsten Gütern sowie am Einheits- und Ordnungsprinzip und in der Orientierung an Gründen.

[11] Vgl. Chr. Rutishauser, Aufmerksamkeit, Gehorsam und Freiheit. Für eine spirituelle Leitungskultur in der Kirche. Geist und Leben 80,3 (2007) 161–171; siehe auch N. Bauer, Three Perspectives on Obedience: Benedict of Nursia, Ignatius of Loyola and the 1983 Code of Canon Law. The Jurist 65,1 (2005) 55–98, v. a. 73ff.

Die Gehorsamsbereitschaft ist nicht zuletzt der Lackmustest für die Gemeinschaftseignung. So heißt es in besagtem Schreiben von 1547, nachdem die Struktur des Gehorsams mit ihren geistlichen Vorteilen und institutionellen Gründen deutlich gemacht wurde: „Wer nicht bereit wäre, auf die genannte Weise zu gehorchen und sich leiten zu lassen ... der bereite sich, einen anderen Weg einzuschlagen und Eure Gemeinschaft und das gemeinsame Leben in ihr zu verlassen; denn es ist nicht angebracht, daß jemand in ihr ist, der sich in dem so erläuterten Gehorsam nicht unterwerfen kann oder will" (B 181).

Was bedeutet nun aber „Gehorsamsfähigkeit"? Dies wird etwa in dem bereits erwähnten Brief an Andrés de Oviedo vom März 1548 deutlich (Brief 295, B 223ff). Der Adressat des Briefes hat darum gebeten, ein eremitisches Leben führen zu dürfen. Die Antwort, die ihm zuteil wird, prüft seine innere Einstellung: Ist er tatsächlich innerlich indifferent und auf Weisung hin offen? Der Brief ist umfangreich, in 35 Abschnitte gegliedert. Das sagt viel über den Stellenwert aus, den Ignatius der Frage der Gehorsamsfähigkeit in persönlichen Grundentscheidungen beimisst, die als Präzedenzfälle die Gemeinschaft auch als ganze betreffen. Der Gehorsam, der mit der Haltung der Indifferenz korrespondiert, erfolgt ohne „Unzufriedenheit, Kummer, Säumen, Lauheit, Murren, Entschuldigungen" (B 230). Gehorsamsbereitschaft erstreckt sich auf den Verstand und auf das Wollen; es gilt, die Gründe des Oberen einzusehen, in bestimmter Weise zu entscheiden, und sich diese Gründe zu eigen zu machen, aber auch, sich den Willen anzueignen, der aus diesen Gründen eine Entscheidung geformt hat. Somit ist Gehorsamsfähigkeit: Indifferenz und Bereitschaft, mit Verstand und Willen zu gehorchen. Grundlage des Gehorsams ist die schlichte Grundentscheidung, sich nicht selbst gehören zu wollen (B 932: „Überhaupt darf ich nicht mir selber gehören, sondern dem, der mich geschaffen hat").[12]

Gehorsamsfähigkeit ist nicht nur eine Frage der Bereitschaft, sondern auch eine Fähigkeit. Sie ist entscheidend für die Eignung für den Dienst im Orden. Diese Fähigkeit ist mit Blick auf Ordnung und Einheit der Institution hochzuhalten – so hoch, dass sie über anderen Begabungen steht. In einem Brief an Diego Mirón vom 17. Dezember 1552 (Brief 3105, B 449ff) weist Ignatius darauf hin, dass ein mittelmäßig Begabter, der aber gehorsamsfähig ist, mehr Frucht und Gewinn bringt als ein hochbegabter, der nur bedingt die Gehorsamsfähigkeit aufweist.[13]

[12] Es handelt sich bei diesem Text um eine Unterweisung über den Gehorsam aus dem Jahr 1555.

[13] „Denn aus Erfahrung sehen wir, daß mittelmäßige Talente und solche von der Mitte abwärts oft Werkzeuge von sehr beachtlicher und sehr übernatürlicher Frucht sind, weil sie vollständig gehorsam sind und sich mittels dieser Tugend von der mächtigen Hand des Urhebers alles Guten bewegen und besitzen lassen" (B 451). Wenn die Ausrichtung auf das Wesentliche erfolgt ist, kann auch das mäßigere Talent Großes schaffen.

Explizit wird der Gehorsam in einem langen Brief an die Mitbrüder in Portugal behandelt (Brief 3304 vom 26. März 1553, B 458ff). Die Autorität des Oberen hängt nicht vom subjektiven Urteil über seine intellektuellen oder moralischen Qualitäten ab (B 461). Der Gehorsam ist in drei Stufen strukturiert: Auf der ersten Stufe werden bloß Weisungen ausgeführt; auf der zweiten Stufe wird die eigene Freiheit im Sinne des Willensgehorsams übergeben; auf der dritten Stufe schließlich wird der Verstand durch eine nicht evident erkannte Wahrheit gebunden. Es sind drei Mittel, welche die Kultivierung des Gehorsams ermöglichen: erstens, eine klare Unterscheidung zwischen der Person des Oberen und dem, was er (wen er) repräsentiert; zweitens die Bereitschaft, selbst Gründe für Entscheidungen des Oberen zu suchen; und drittens das Bemühen, den Eigenwillen hintanzusetzen. Das bedeutet keinen intellektuellen Suizid. Sachgründe, die für oder gegen Entscheidungen sprechen, sind, wie wir in der Frage nach dem Umgang mit Oberen gesehen haben, zu äußern. Eindrücklich weist Ignatius Missverständnisse in Bezug auf den Gehorsam noch wenige Monate vor seinem Tod in einem Brief an Antonio de Soldevila vom 19. April 1556 zurück (Brief 6386, B 882ff). Soldevila war ein Gelehrter, der sich eher auf theologische Lehrbücher denn auf seine Oberen verließ und die Hintanstellung des eigenen Urteils ablehnte. Ignatius zitiert in diesem Brief das biblische Wort „Stütz dich nicht auf deine Klugheit" (Spr 3,5; B 883). Er warnt Soldevila davor, sich zum Deuter und Begrenzer des Gehorsams aufzuschwingen und lässt es im Ausdruck seiner Überzeugung, es hier mit einer grundlegenden Gefahr zu tun zu haben, nicht missen: „Dieser Geist ist im eigentlichen Sinn ein Geist des Hochmuts des Urteils, und er verheert alle Einfachheit und Großmut des Gehorsams; und sein Ende ist der freiwillige Abfall oder daß man entlassen wird, damit die anderen nicht angesteckt werden" (B 884). Denn die Gefahr der Ansteckung ist groß, da sich dieser Geist wie die Pest ausbreiten könne. Dazu der deutliche Nachsatz: „Wenn Sie nicht den Geist und die Vorgehensweise der Gesellschaft übernehmen, wäre es viel besser, außerhalb ihrer zu sein" (ebd.).

Halten wir fest: Mitarbeiterführung erfolgt in einem ignatianischen Paradigma mit Blick auf das Wohl des Ganzen und mit Blick auf das Wachstum des Einzelnen. „Leadership" folgt einem Einheits- und einem Ordnungsprinzip und wird mit „verständiger Liebe" als „reason-based leadership", die sich auf Gründe beruft, ausgeübt. Führung ist mit Blick auf den Einzelfall und das Besondere und besondere Räume für Menschen in Schwäche zu gestalten. Führungsfähigkeit und Gehorsamsfähigkeit gehören zusammen. Gehorsamsfähigkeit ist die Fähigkeit zur inneren Indifferenz und Offenheit gegenüber Entscheidungen von Oberen. Gehorsamsbereitschaft ist Lackmustest für die Gemeinschaftseignung. Die Kultur des Gehorsams erfolgt auf drei Stufen, vom Befolgen der Weisungen über den Gehorsam des Willens bis hin zum vertrauensvollen Gehorsam des Verstandes. Im Rahmen einer reason-based leadership, die sich an den höchsten Gütern „Dienst an Gott und an den Menschen“ orientiert, ist dieser Gehorsam keine törichte Selbstaufgabe.

2.5 Arbeitsethos: Gesundheit und Dienst

Ignatius legt großen Wert auf das, was man heute „Corporate Identity“ nennt, den Umstand einer gewissen Gleichgestaltigkeit in der Weise des Vorgehens. Gleichförmigkeit in Bezug auf Äußeres (Kleidung, Lebensrhythmus) und in Bezug auf Inneres (Lehre, Urteil, Willen) kann hier einen entscheidenden Beitrag leisten (S VIII, 1, 671). Damit steht ein bestimmtes Arbeitsethos in Verbindung, das mit bereits genannten Stichwörtern „Begründungen“, „Gehorsam“, „Gespür“ (Gespür für Regungen und Neigungen) zusammenhängt. Die Arbeit hat Dienstcharakter und ist im Sinne des Ganzen zu leisten. Aus diesem Grund ist mit Sorgfalt die Ehrsucht auszuschließen, „die Mutter aller Übel in jedweder Gemeinschaft oder Vereinigung“ (S X, 817). Wir haben bereits gesehen, dass Menschen, die ein Amt anstreben, nicht als dafür geeignet erscheinen sollen. Das Arbeitsethos, von dem Ignatius ausgeht, ist geprägt von einer Sorge um Tätigkeit: Die Arbeit ist so zu gestalten, dass sich kein Müßiggang herausbildet (S III, 1, 253). Denn Müßiggang ist der Ursprung aller Übel. Das Arbeitsethos beruht auf einer Grundhaltung der Dankbarkeit, auf einer Grundhaltung der Achtung vor den erhaltenen Gaben. Dies wurde im zitierten Schreiben an den verunsicherten Peter Faber deutlich. In einem Brief vom 18. März 1542 an den mittlerweile oft genannten Simão Rodrigues erinnert Ignatius an die Bedeutung der Dankbarkeit: Undankbarkeit ist eines der am meisten zu verabscheuenden Übel, „weil sie Nichtanerkennung der empfangenen Güter, Gnaden und Gaben ist“ (Brief 38, B 67ff, hier B 68). Neben Dienst, Tätigkeit und Dankbarkeit ist die Sorgfalt ein Aspekt, dem Ignatius große Bedeutung zuerkennt. Mit den anvertrauten Dingen ist sorgsam umzugehen, die „Betriebsmittel“ sind pfleglich zu behandeln – zu dieser Umsicht sind alle durch Liebe und Vernunft verpflichtet (S III, 2, 305), gleichzeitig sollte es aber jemanden geben, der dies in besonderer Weise im Auge hat. Die ganz kleinen Dinge gelten für nichts (S VI, 2, 559) – damit wendet sich Ignatius gegen eine übertrieben kleinliche und skrupulöse Haltung; es geht darum, den Dienst erfüllen und bestmöglich dienen zu können. Wenn dazu bestimmte Dinge erforderlich sind, so sind diese nach Maßgabe der Möglichkeiten anzuschaffen und bereitzustellen. Dienstfähigkeit ist das Kriterium und soll einen Geist der Kleinlichkeit verhindern. Neben Dienst, Tätigkeit, Dankbarkeit und Sorgfalt ist die Ausbildung entscheidend für das ignatianische Arbeitsethos. Ausbildung ist dabei mit einer bestimmten inneren Haltung zu gestalten. Die Bedeutung von Studium und Ausbildung wird etwa im „Humanismusbrief“ des Ignatius deutlich, einem mit 21.

Mai 1547 datierten Brief an Diego Laínez, in dem Ignatius zum Humanismus in der Ausbildung Stellung bezieht (Brief 174; B 153ff). Ignatius weist darauf hin, dass Ausbildung im Geist der humanistischen Literatur den Geist verwöhnen und empfindlich machen kann – „es bedeutet, verwöhnt zu sein, wenn man sich nur mit leichten und schmackhaften Dingen zu befassen pflegt und sich daran gewöhnt" (B 155). Ausbildung ist harte Arbeit und nicht ein Naschen an Inhalten. Entsprechend wichtig sind solide Grundlagen wie Sprachkenntnisse. Wer keine Sprachen beherrscht, wird nicht viel Autorität haben (B 157); Ignatius anerkennt die Bedeutung des Humanismus, weist aber auf die Bedeutung der inneren Haltung und Prägung hin.

Ein beredtes Zeugnis über das rechte Arbeitsethos gibt Ignatius' langer Brief über die Vollkommenheit an die Gemeinschaft der Jesuiten in Coimbra (Brief 169, B 138ff). Hintergrund des Briefes – in der Literatur als „Brief über die Vollkommenheit" bezeichnet – sind übertriebene spirituelle Praktiken in der Gemeinschaft von Coimbra. Ignatius stellt am Anfang des Briefes fest, dass viele Menschen angesichts der Zurüstungen Gottes zu Recht „eine sehr außerordentliche Frucht" von der Gemeinschaft erwarten (B 140). Diese Maximalformulierung findet sich bei Ignatius selten und deutet die Ernsthaftigkeit des Gesagten an. Ignatius mahnt zur Konzentration auf die bekannten höchsten Güter und fordert Eifer ein. Zur Überwindung von Schlaffheit und Lauheit nehme man sich „Vorbilder, um Mut zu gewinnen" (B 141). „Denn bei dem einen wie bei dem anderen ist ein intensiver Akt mehr wert als tausend nachlässige. Und was ein Schlaffer in vielen Jahren nicht erreicht, pflegt ein Eifriger in kurzer Zeit zu erreichen" (B 141). Zufriedenheit, die man in diesem Leben haben kann, zeigt sich bei den Eifrigen. Die Lauheit hingegen ist Ursache dafür, im Verdruss zu leben. Nach diesen Briefseiten, in denen es um die Ermunterung zur Tat ging, wendet sich Ignatius der Frage nach dem rechten Maß zu, die ja eigentlich den Anlass des Briefes bildet. Eifer muss vernünftig und maßvoll sein (B 145). Denn ähnlich wie ein Pferd nicht mehr als eine Tagesreise am Tag zurücklegen kann, kann man Gott nicht auf Dauer dienen, wenn man ständig den Bogen überspannt; weiters: „was man mit zu großer Eile gewinnt, pflegt nicht erhalten zu werden" (B 145); drittens: Ein Schiff, das zu voll beladen ist, kann sich nicht mehr fortbewegen. So ermahnt Ignatius die Gemeinschaft in Absprache mit dem Oberen nach dem rechten Maße zu suchen.

Diese Mahnungen reihen sich ein in eine Reihe von Weisungen in Bezug auf die Erhaltung der Gesundheit. Die Arbeit ist bei sachgemäßer Sorge um die Gesundheit zu verrichten (S III, 2, 292). Die geistlichen und körperlichen Anstrengungen sind auf ein Mittelmaß zu beschränken (S X, 822) – um die Extreme von Härte und Laxheit zu vermeiden. Es gilt, die Gesundheit auf Dauer aufrechtzuerhalten. Körperliche Arbeit ist im Regelfall für alle angebracht, auch für diejenigen, die sich geistigen Tätigkeiten widmen (S III, 2, 298). Die Gesundheit ist ein hohes Gut – aus diesem Grund setzt Ignatius auch fest, dass es in jedem Haus einen Gesundheitsoberen geben möge, der die Oberaufsicht über die Fragen der Gesundheitserhaltung hat (S III, 2, 303). Konkret wird die Gesundheitsfähigkeit in einem Schreiben an den holländischen Jesuiten Caspar Berse, der in Indien als Vizeprovinzial tätig war, ohne Rücksicht auf seine Gesundheit. Juan de Polanco teilt ihm im Auftrag des Ignatius in Brief 4193 vom 24. Februar 1554 (B 551ff) mit, dass ein gesundheitsschädigender Lebensstil keine Dauer ermögliche. Es fehle die entsprechende Vernünftigkeit. Es gebe zwei Nachteile, wenn jemand zu hart zu sich selbst ist: Erstens wird der Dienst nicht auf Dauer verrichtet werden können; zweitens: „Wenn Sie so hart gegen sich selbst sind, könnten Sie leicht dazu kommen, es zu sehr gegenüber denen zu sein, für die Sie Verantwortung haben" (B 552f). Ignatius lässt deswegen Mäßigung empfehlen – sollte Pater Berse aber nicht in der Lage sein, zu beurteilen, wo das Mittelmaß läge, wäre es sinnvoll, einen „Gesundheitsoberen" auszuwählen, der Pater Berse in Fragen der Gesundheit weisungsbefugt wäre. Ein paar Tage später verlässt ein weiterer Brief zum Thema der gesundheitlichen Einbuße das Generalat – diesmal ist das Schreiben, das der Sekretär im Auftrag des Ignatius verschickt, an Giovanni Battista Viola gerichtet (Brief 4251, B 563ff). Viola ist am Ende seiner Kräfte und muss pausieren; er hat Skrupel, dem Orden zur Last zu fallen. Ignatius lässt deutliche Worte im Sinne des Einheitsprinzips und auch im Sinne der Notwendigkeit, den Strukturen zu vertrauen, formulieren: „Euer Hochwürden möge die Beschwernis und den Überdruß verlieren, den Sie zu haben scheinen, indem Sie denken, sie unserer Gesellschaft zu bereiten. Und seien Sie gewiß, daß weder Ausgaben noch Mühen jemals der Gesellschaft leid sein werden. Und es wäre Kleinglaube ihr gegenüber oder aber wenig Vertrauen, einen solchen Zweifel an ihr zu haben" (B 563). Ignatius überantwortet den Mitbruder dem Rat der Ärzte und ermuntert ihn zur Rast. Geld kann in diesem Zusammenhang nicht das Thema sein: „Lassen Sie sich dienen, wie Sie wollen, und denken Sie nicht, weil es hier viele Schulden gibt, würden wir es daran fehlen lassen, alle notwendige Geldvorsorge zu treffen. Denn für diese Dinge fehlt Gott nie" (B 564). Konkret bietet ihm Ignatius an, sich Geld in der notwendigen Menge zu leihen, er selbst werde es nach acht Tagen zurückzahlen. Ignatius stellt es seinem gesundheitlich angeschlagenen Mitbruder auch frei, hinzugehen, wo es mit Blick auf seine Gesundheit am besten sei. Er entbindet ihn von Verpflichtungen – bis auf eine: „Nur von einer Verpflichtung würden wir wollen, daß sie eingehalten wird: Uns zuweilen davon zu informieren, wie es Ihnen geht. Und wenn es Ihnen Tröstung bereitet, Nachrichten von der Gesellschaft zu erfahren, werden sie immer von hier oder vom nahesten Ort gesandt werden" (B 565). Damit ist auch die von Viola geäußerte Sorge, er könne sich von der Gesellschaft Jesu entfernen, entgegengetreten. Wieder sehen wir – wie etwa auch im Fall von

Pater Rodrigues – einen besorgten Ignatius, der mit Güte und Umsicht und konkreter Tat an die Situation herantritt.

Halten wir fest: Das ignatianische Arbeitsethos betont den tätigen Dienst, die Dankbarkeit, die Sorgfalt, die Ausbildung und den maßvollen Eifer mit Blick auf erwartete reiche Frucht. Dabei ist auf die eigene Gesundheit und die Gesundheit der anvertrauten Mitarbeiter zu achten, damit der Dienst auf Dauer und im Ganzen geleistet werden könne.

3. Ignatius und die Wallstreet

Ignatius hätte keine Scheu gehabt, auch die Wallstreet zum Wirkgebiet seiner Organisation zu erklären und diesen Kontext mithilfe der Strukturen seines Ordens zu verändern. Ich möchte im Folgenden auch behaupten, dass sich aus der ignatianischen Vorgangsweise, wichtige wirtschafts- und führungsethische Einsichten ergeben, die nicht nur in einem religiösen Kontext Relevanz beanspruchen können. Nochmals soll betont sein, dass die Jesuiten auch als internationaler Konzern mit einer klaren „mission" und einer Corporate Identity und einem immensen Sinn für Corporate Social Responsibility verstanden werden können, der eine jahrhundertelange Wachstumsgeschichte aufweist. Ich möchte die Ergebnisse dieser Überlegungen in drei Schritten darstellen: Zunächst will ich das bisherige Ergebnis in wirtschaftsethischer Absicht darstellen (3.1); sodann möchte ich das ignatianische Modell in einigen Stichworten benennen (3.2); schließlich möchte ich in einigen Sätzen zu ignatianischem Denken und Wirtschaftskrise Stellung nehmen (3.3).

3.1 Ergebnissicherung in wirtschaftsethischer Absicht

Menschen mit Führungsverantwortung brauchen einen Sinn für das Ganze, einen Sinn für die anderen und einen Sinn für sich selbst. Leitung braucht Langfristigkeit und die Freiheit eines Gestaltungsrahmens. Entscheidender Punkt der Leitungsverantwortung ist die Sorge um eine rechte Kommunikationskultur. Diese hat in wichtigen Fragen um der Klarheit, Sorgfalt, objektiven Bindung und Achtung willen schriftlich zu erfolgen. Auch delikate Anweisungen sind schriftlich auszufertigen. Die Schriftkultur dient dem Aufbau einer organisationsinternen Öffentlichkeit, was Einheit, Informationsfluss und Motivationsniveau stärken soll. Die Kommunikationskultur in Gesprächen orientiert sich an Aspekten von Rationalität und Dialogizität und hat vor allem auch damit zu tun, dem Gegenüber Raum zu lassen und sich empathisch an den Gesprächspartner im Modus der Interaktion anzupassen. Neben der Fähigkeit des Zuhörens ist die Fähigkeit zur argumentationsgestützten Rede von entscheidender Bedeutung. An der Schnittstelle von Rationalität und Dialogizität könnte die gebotene Höflichkeit angesiedelt werden, der Ignatius – allerdings nicht auf Kosten der Klarheit in wichtigen Fragen – großen Stellenwert einräumt. Stets ist das höchste Gut, um das es geht, im Auge zu behalten, es gibt den Rahmen für sämtliche Aktionen, Reaktionen, Transaktionen und Interaktionen ab. Zum Aufbau einer Institutionenkultur in einem ignatianischen Sinn sind zwei kritische Punkte zu beachten: Aufnahme und Entlassung. Aufnahmeverfahren sind mit Nüchternheit und einem Willen zur Objektivierung abzuwickeln; die betreffende Person muss lange geprüft werden. Es gilt das Prinzip „Institutionennutzen vor Nutzen von Einzelnen". Anders gesagt: Der Nutzen, den die Institution aus dem Einzelnen zieht, hat Vorrang vor dem Nutzen, den der Einzelne durch die Institution gewinnt. Entscheidend für die Aufnahme ist die Bereitschaft und Fähigkeit des Kandidaten, sein Interesse ganz an den Grundwerten der Institution auszurichten und der „mission" gerecht zu werden. Eine gute Institution hat auch eine Kultur der guten Entlassung. Das Verfahren der guten Entlassung ist durch „kluge Liebe" zu gestalten; es muss auf Beratung und Gründen basieren und auf dem Hintergrund von bereits erfolgten Mahnungen geschehen. Eine gute Entlassung ist eine solche, bei der beide Seiten Trost und Ordnung erfahren und auf je bessere Weise weiterleben können.

Die Führung von Mitarbeiterinnen und Mitarbeitern erfolgt mit Blick auf das Wohl des Ganzen und mit Blick auf das Wachstum des Einzelnen. „Leadership" folgt zwei Prinzipien – einem Ordnungsprinzip und einem Einheitsprinzip. Das Ordnungsprinzip fordert Regeln und Regelwerk zur Koordination, das Einheitsprinzip fordert eine einheitliche Führungsweise. Das Leadership-Modell, das wir bei Ignatius finden, könnte man als „reason-based" bezeichnen. Gute Führung beruft sich auf Gründe und stellt diese Gründe zur Diskussion. Führung ist mit Blick auf den Einzelfall und das Besondere und besondere Räume für Menschen in Schwäche zu gestalten. Ein entscheidender Punkt sind die Verschränktheit von Führungsfähigkeit und Gehorsamsfähigkeit. Ein Mensch ist nur dann für Führungsaufgaben geeignet, wenn er Führungsverantwortung durch andere anerkennen und mittragen kann. „Gehorsamsfähigkeit" ist die Fähigkeit zur inneren Indifferenz und Offenheit gegenüber Entscheidungen durch Vorgesetzte. Diese innere Freiheit ermöglicht das flexible Handeln und rasche Entscheiden. Daraus ergibt sich ein bestimmtes Arbeitsethos, das im Bewusstsein von Dienst besteht. Sorglosigkeit und Undankbarkeit höhlen eine Institution aus. Die Arbeit ist mit maßvollem Eifer mit Blick auf die Erhaltung der Gesundheit aller Beteiligten zu organisieren. Kriterium ist der langfristige Blick auf eigene Fruchtbarkeit, die auf Dauer und im Ganzen erhalten und gemehrt werden soll.

3.2 Ignatius und Management

Ignatius kann Impulse für Management und Leadership geben. Auf Ebene der Mitarbeiterinnen und Mitarbeiter sind Einsichten in das Fähigkeitsmanagement zu sehen. Ignatius lässt seinen Sekretär in einem lateinischen Brief vom 25. Juni 1548 (Brief 380, B 238ff) schreiben, dass es die Sorge von Oberen zu sein pflegt, „daß er einen jeden nach Begabung und Kräften, Fähigkeit und Geistesneigung (wenn diese nicht auf etwas Böses geht) in den verschiedenen Aufgaben in der Bestellung des Weinbergs des Herrn einsetzt" (B 240). Auffällig ist die Unterscheidung zwischen Fähigkeiten („facultates"), Begabung („ingenium"), Kraft („vis") und Geistesneigung („propensio animi"). Diese vier Vermögen sind miteinander verwandt, vielleicht im Sinne einer „Familienähnlichkeit". Unter „ingenium" können wir die je individuelle Disposition zur Kultivierung von Fähigkeiten verstehen; „vis" steht für das Bündel an gesundheitlichen und auch moralischen Ressourcen, Vitalität und Orientierung, die einem Menschen zur Verfügung stehen, um für die Arbeit an Fähigkeiten gerüstet zu sein. „Propensio animi" meint ein Hingeneigtsein des Geistes, eine gewisse Vorliebe. Den Nährboden für die Kultivierung von Fähigkeiten bilden persönliche Begabung, Vitalität und moralische Orientierung, Neigungen und Interessen. Oder auch: Der rechte Umgang mit Begabungen muss auf diese Eigenarten einer Persönlichkeit Rücksicht nehmen. Auffallend ist auch, dass der Umgang mit Fähigkeiten eine Sorge („cura") darstellt. Sorge impliziert Aufmerksamkeit und Wachstum, genaues Zuhören (in diesem Sinne muss ein Oberer dem Anvertrauten gegenüber auch in einem ignatianischen Sinn gehorsam sein). Sorge impliziert innere Beteiligung, Interesse am Blühen des anvertrauten Menschen. Wir könnten es auch so ausdrücken: Die Förderung von Fähigkeiten verlangt „Generativität", verlangt die Fähigkeit, Vertrauen zu vermitteln und Freude am Blühen anderer zu haben. Die Förderung von Fähigkeiten ermöglicht die Einbettung eines menschlichen Lebens in einen größeren Zusammenhang, dem dieses Leben auch dienen kann. Dies deutet Ignatius mit der Rede vom „Weinberg" an, der den Kontext dafür bildet, dass die Kultivierung der Gaben eine Richtung und eine Tiefe bekommt. Schließlich: Die Förderung von Fähigkeiten hat auf Moral Rücksicht zu nehmen, da sich menschliches Vermögen auch, wie es hier heißt, „auf etwas Böses" („ad malum") richten kann. Gaben können missbraucht werden; sie können sich auf das unrechte Ziel richten, sie können aus unrechten Motivationen gespeist werden, sie können in unrechter Weise eingesetzt werden. Ignatius praktiziert also, so könnte man sagen, einen „einzelfallorientierten Führungsstil", „singular case based leadership". Dazu kommt, dass Ignatius im Umgang, wie wir gesehen haben, größten Wert auf die Kraft von Argumenten und Gründen legt – hier liegt also ein Fall von

„reason-based leadership“ vor, wie das in jüngerer Zeit etwa von Peter Ulrich als Managementmodell entwickelt wurde.[14]

Auf der Ebene der Institution können wir von Ignatius den Blick auf „mission“ and „vision“ lernen. Er praktiziert „vision-based leadership“, einen Führungsstil, der sich auf eine Idee der Organisation und ihres Wachstums gründet. Er hat die Organisation auf Dauer und im Ganzen im Blick. Die Organisation steht dabei nicht für sich, sondern wird im Rahmen eines Dienstes für die Welt gesehen, weswegen entsprechend gutes Auskommen mit kirchlichen und weltlichen Obrigkeiten für Ignatius ebenso notwendig ist wie der ersichtliche Dienst seiner Organisation für ethisch wertvolle Zwecke. Aus diesem Grund ist auch die Diplomatie ein wichtiges Instrument seiner Auffassung von Management – „leadership by diplomacy“ könnte das entsprechende neudeutsche Stichwort lauten. Dazu kommt, dass Ignatius von Anfang an eine „lernende Organisation“ geschaffen hat, die sich auf je neue Gegebenheiten kraft ihrer flexiblen Grundstruktur und ihrer Kommunikationskultur rasch einstellen konnte.[15] Was die Persönlichkeit der Führungskraft angeht, steht für Ignatius außer Streit, dass es gerade nicht um die Befriedigung des eigenen Ego gehen kann. Für Führungsaufgaben sind diejenigen geeignet, die gehorsamsfähig sind, die fähig sind, sich einzuordnen und einen Dienst zu erfüllen. Die Ambition richtet sich auf Höheres (in ignatianischer Sprache: „ad maiorem Dei gloriam“) und nicht auf die Selbstdarstellung. Daraus ergibt sich auch eine Ethik der Öffentlichkeit im Rahmen der institutioneninternen Öffentlichkeit. In theologischer Sprache könnte dies „kenotic leadership“, leadership durch Leerwerden, genannt werden. Auf diese Weise entsteht auch eine Kultur der Glaubwürdigkeit, wenn diejenigen, die mit Führungsaufgaben betraut sind, nicht sich selbst, sondern dem Ganzen dienen.

3.3 Wirtschaftskrise als Moralbarometer: ignatianische Lektionen

Was hätten ignatianische Strategien in My Lai und in der Wall Street bewirken können? Zunächst hätte Ignatius die Führungsstruktur in My Lai wohl nicht mit Leutnant Calley besetzt. Sodann hätten sich die entscheidenden Faktoren, die My Lai ermöglicht haben – Verlust eines moralischen Referenzsystems, Druck von außen, Konformität – durch die Kultivierung eines internalisierten Ethos nicht so ohne Weiteres herausbilden können. Ähnliches gilt für die Wallstreet. Wenn man Habsucht, Leichtsinn, kurzfristiges Denken und Maßlosigkeit als ethisch relevante Momente der Wirtschafts- und Finanzkrise ansieht, hätten die ignatianischen

---

[14] Vgl. Th. Beschorner, Ethical Theory and Business Practice: The Case of Discourse Ethics. Journal of Business Ethics 66 (2006) 127–139.

[15] Vgl. H. Geiselhart, Das Managementmodell der Jesuiten. Wiesbaden 1997, 26–51.

Hinweise auf „Kenosis“ und „Mäßigung“, auf die Suche nach der kleineren, aber sicheren Frucht, auf das Bedenken des Ganzen auf Dauer und auf den vernünftigen und maßvollen Eifer durchaus Gegenbotschaften bieten können. Man könnte den zitierten Brief über die Vollkommenheit durchaus auch als Brief an die Wallstreet lesen, ähnlich wie man den Brief an Casper Berse als Brief an einen Investmentbanker mit einer 90-Stunden-Woche lesen könnte. Gleichzeitig sehen wir in Ignatius einen nüchternen Denker, der auch einen sorgsamen Umgang mit Geld gepflegt und sich Gedanken über kluge Veranlagungen gemacht hat.

Was bleibt? Es bleiben (i) die Überzeugung, dass Ignatius für Management und Leadership heute Wesentliches zu sagen hat; (ii) die Überzeugung, dass Wirtschafts- und Finanzkrisen, weiße Gewalt und rote Gewalt, auch „Krisen von innen“ sind, die auf einen moralischen Kompass und ein moralisches Bezugssystem angewiesen sind, das in den Akteuren verankert sein muss; (iii) die Überzeugung, dass Wirtschafts- und Finanzkrisen mit dem zu tun haben, was man „intangible Infrastruktur“ nennen könnte, also jenes Gerüst an Werten und moralischen Orientierungen, die „mission“ und „vision“ bereitstellen.

Manfred Holztrattner

Verantwortung
Ein zentraler Moralbegriff in Politik und Wirtschaft

1. Wirtschaft und Gesellschaft

Wirtschaft und Gesellschaft sind untrennbar miteinander verbunden. Es gibt bekanntlich keine Wirtschaft ohne Gesellschaft und keine Gesellschaft ohne Wirtschaft, Wirtschaft ist nur ein Teilbereich des gesellschaftlichen Zusammenwirkens. Alles wirtschaftliche Handeln hat daher auch gesellschaftliche Wirkung, weshalb für die Wirtschaft auch die gesellschaftlichen „Spielregeln", d. h. nicht nur die jeweiligen gesetzlichen Rahmenbedingungen, sondern auch die von der Gesellschaft anerkannten und praktizierten moralischen Normen zu gelten haben.

Es ist also ein Trugschluss, wenn neoliberale Wirtschaftswissenschafter, Politiker und Konzernmanager glauben, wirtschaftliches Handeln könne von moralischen Grundwerten abgekoppelt, quasi moralisch „liberalisiert" werden. Wirtschaften ohne ethisch fundierte Bezugspunkte wie Ehrlichkeit, Verlässlichkeit, Vertrauenswürdigkeit, Verantwortungsbewusstsein etc. kann zwar vorübergehend sehr ertragreich – manche meinen damit auch erfolgreich – sein. Man kann durch Betrug, Korruption oder Spekulation – wie wir täglich sehen – auch zu größerem Vermögen gelangen als durch ehrliche Arbeit. Die geschichtliche Erfahrung zeigt aber, dass diese Wege auf Dauer in die Irre gehen, da ein geordnetes gesellschaftliches Zusammenleben auf un- oder amoralischer Basis nicht möglich ist und langfristig damit nur großer Schaden, aber keinerlei Nutzen gestiftet wird.

2. Die Finanz- und Wirtschaftskrise

Die Finanzinstitute (Geschäfts- und Investmentbanken, Institute mit speziellen Finanzierungsaufgaben wie Bausparkassen, Hypothekenbanken, Versicherungen etc.) haben innerhalb der Wirtschaft eine ganz besondere Stellung. Aufgrund ihrer Aufgabe, die Gelder der anlagesuchenden Kunden zu sammeln, diese in Form von Finanzierungen (im weitesten Sinne) an nachfragende öffentliche Institutionen, Unternehmen und Private weiterzugeben, ihre Kunden bei deren Veranlagungswünschen zu beraten, den Zahlungsverkehr abzuwickeln etc., sind diese die finanzielle Drehscheibe des marktwirtschaftlichen Systems und damit eine ganz wesentliche Säule der Gesamtwirtschaft.

In dieser wichtigen Funktion müssen daher Banken auch ein besonderer Hort des Vertrauens und der Verantwortung sein. Da Vertrauen und Verantwortung moralische Begriffe sind, haben Führungskräfte in einer Bank auch ein besonderes Maß an moralischen Grundwerten zu beachten, was man gemeinhin mit Begriffen wie „Führungsethik" oder „Berufsethos" umschreiben kann.

In den vergangenen Jahren scheint sich aber ein Paradigmenwechsel in den weltweit agierenden Finanzkonzernen vollzogen zu haben. Waren vor 30 Jahren Bankpleiten fast undenkbar, so gehören Konkurse, Sanierungsaktionen und Skandale im Bereich der Großbanken inzwischen zur täglichen Berichterstattung in den Medien. An die Stelle der Bankkaufleute sind die „Banker" getreten, die von Berufsethos offensichtlich keine Ahnung mehr haben, dafür aber bei ihren Gehältern, Provisionen, Bonifikationen und Aktienoptionen keinerlei Zurückhaltung kennen und deren „Führungs"qualifikation darin zu bestehen scheint, ihre Banken mit spekulativer Maßlosigkeit und fachlicher Inkompetenz in die Pleite zu „führen". Gerichtliche und finanzaufsichtliche Verfahren wegen Betrugs an ihren Anlegern, dubioser Geschäftspraktiken oder Bilanzfälschung gehören bei den größten Banken der Welt ohnehin bereits zu einem fixen Bestandteil ihrer Unternehmensgeschichte.

Diese fatale Entwicklung, in der die Großbanken vom unverzichtbaren Rückgrat zur fast untragbaren Belastung der Wirtschaft mutierten, brachte Mervyn King, der Gouverneur der Bank von England, Anfang 2008 bei seinen Bemühungen für die umfangreichen staatlichen Rettungspakete auf den deprimierenden Punkt: „Wir müssen die übrige Volkswirtschaft vor den Banken schützen."

Dieser Wandel im unternehmerischen Verhalten der „elitären" Führungsspitzen gilt aber keineswegs nur für die Großen der Finanzbranche, sondern – von Ausnahmen abgesehen – für die gesamte Konzernwirtschaft. Vor zwei oder drei Jahrzehnten wäre es einem Konzernchef gar nicht in den Sinn gekommen, ein Jahreseinkommen in der Höhe des 500- oder 1000-Fachen (und mehr!) eines durchschnittlich verdienenden Mitarbeiters zu verlangen oder bei der öffentlichen Bekanntgabe des größten Unternehmensgewinnes aller Zeiten gleichzeitig den Abbau von tausenden Mitarbeitern zu verkünden.

In der öffentlichen Diskussion stehen vor allem die großen Finanzinstitute mit ihren überdimensionalen Spekulationen als die angeblichen *Verursacher* der nunmehrigen Wirtschaftskrise am Pranger. Manche wollen überhaupt ein Versagen der Marktwirtschaft erkennen – wir sollten aber bei der Schuldzuweisung etwas subtiler vorgehen und zwischen *Ursache* und *Auslöser* unterscheiden.

Die Finanzkonzerne (keineswegs aber die vielen kleinen und mittleren Banken, die nun selbst die Leidtragenden dieser Entwicklung sind!), das heißt ihre Führungs-„Eliten" und deren Klientel von Börsenspekulanten, waren zwar mit ihren maßlosen Wertpapier-, Rohstoff- und Immobilienspekulationen die *Auslöser* für das Platzen dieser sich seit Jahren aufbauenden Finanzblase; die *Ursache* dieser katastrophalen Fehlentwicklung liegt aber tiefer: Es war das Festhalten an einem liberalistisch-kapitalistischen Wirtschaftssystem anglo-amerikanischer Prägung, das seit den 1970er-Jahren in den USA (Ronald Reagan) und Großbritannien (Margaret Thatcher) praktiziert wurde und dann auch von den meisten Industrienationen in unterschiedlicher Ausprägung übernommen wurde. Erst diese liberalistische Wirtschaftspolitik mit dem laufenden und unbeirrbaren Beiseiteräumen aller vorher bestehenden Ordnungsschranken hat den *Global Players* die Spielwiesen für ihre weltweiten und durch nichts gehemmten Spekulationen eröffnet.

Die *Verursacher* dieser Misere sind also völlig eindeutig alle jene „elitären" Politiker und deren Umfeld, die die bestehenden „Spielregeln", also den für die Wirtschaft bestehenden Ordnungsrahmen, durch aktive Gesetzgebung – denn auch die Aufhebung von Gesetzen ist ein Akt der Gesetzgebung – beseitigt und diese neue liberalistische Wirtschaftsstruktur bis zuletzt ausdrücklich gefördert haben. Die dezidierte Verweigerung der zuständigen Politiker, z. B. eine Spekulationssteuer – die sogenannte „Tobin-Steuer" – auf alle Devisentransaktionen einzuführen oder die Hedgefonds, die allen erfahrenen Wirtschaftsfachleuten schon seit Jahren suspekt waren, ausreichend zu kontrollieren, sind nur zwei Musterbeispiele für die Unfähigkeit und Unwilligkeit der Spitzenpolitiker, zeitgerecht Ordnung in das bereits seit langem ausufernde Spiel der Spekulanten zu bringen.

3. Die Lehrbeispiele

Die derzeitige Wirtschaftskrise ist absolut nichts Neues, vielmehr sind ähnliche Schwächephasen in den vergangenen 200 Jahren wirtschaftsgeschichtlich exakt nachweisbar (z. B. bei Joseph A. Schumpeter, Konjunkturzyklen, 2 Bände, Göttingen 1939).

Abgesehen von den üblichen Konjunkturschwankungen wurden *alle* großen Wirtschaftskrisen der Vergangenheit *nicht* durch die Realwirtschaft, sondern durch die Spekulationen der Finanzwirtschaft ausgelöst, *verursacht* von einer jeweils viel zu liberalen Wirtschaftspolitik (so z. B. 1815 in England, Mitte des 19. Jahrhunderts mehrmals in den USA, 1873 der Börsenkrach in Wien, 1907 wiederum in den USA und schließlich 1929 der Börsenkrach in den USA mit der anschließenden Weltwirtschaftskrise). Aber auch jüngere Ereignisse hätten den verantwortlichen Wirtschaftspolitikern zeigen müssen, dass der seit den 1970er-Jahren eingeschlagene Weg eines liberalen Kapitalismus völlig in die Irre führt: die Bankenkrisen Mitte der 1980er-Jahre in den USA, in Skandinavien und in Japan, die Asien- und Russlandkrisen 1997/98, die erste große Pleite eines Hedgefonds 1998 in den USA, der Zusammenbruch der New Economy mit riesigen Vermögensschäden an den hiefür geschaffenen Börsen 2000/01 (z. B. am „Neuen Markt" in Frankfurt, auf dem rund 200 Milliarden Euro vernichtet wurden). Die Politik hat aber keinerlei Lehren daraus gezogen und auch die Gefährlichkeit der Hedgefonds, der vielen Derivate und der immer größer werdenden Spekulationen auf den Rohstoff- und Immobilienmärkten nicht erkannt.

4. Die politische Verantwortung

Die für diese weltweite Fehlentwicklung verantwortlichen Politiker – und damit meine ich ganz ausdrücklich nicht die Politiker auf der lokalen und regionalen Ebene, die ihren Wählern noch nahe sind und deren Interessen oft mit großem Einsatz und Idealismus vertreten – haben ganz offensichtlich nach dem Motto operiert: „Wir können alles, aber nichts dafür!"

Als „Alleskönner" präsentierten sie sich der staunenden Öffentlichkeit Arm in Arm mit den großen Konzernlenkern, verbrachten ihre Urlaube auf deren Luxusjachten und ließen sich ihre Wahlkämpfe von ihnen finanzieren. Das führt natürlich zu Abhängigkeiten, die sich in den politischen Handlungsweisen – z. B. bei der beharrlichen Verweigerung zur Lösung der immer dramatischer werdenden Umweltfragen – täglich widerspiegeln. Wenn es aber um die Verantwortung für vermeidbare Fehlentwicklungen geht (die dann ohnehin vom Steuerzahler auszugleichen sind), „können sie nichts dafür": z. B. wenn Industrie und Transportwesen immer mehr Schadstoffe emittieren, wenn Devisen- und Wertpapierspekulanten freie Fahrt für ihre Spiele in einem weltweiten Casino bekommen und damit Spekulationsblasen erzeugen, die gesamtwirtschaftlich inzwischen verheerende Ausmaße angenommen haben. Diejenigen, die diese Schleusen geöffnet haben, hätten die Verpflichtung, diese ganz rasch so weit zu schließen, dass wieder Ordnung in die Wirtschaft einzieht. Die derzeit nach wie vor praktizierte „freie", möglichst ungebundene und im Interesse der großen Spieler möglichst ungeordnete „Marktwirtschaft" ist jedenfalls keine akzeptable „Wirtschaftsordnung" und sollte so schnell wie möglich von dem System einer weltweit akzeptierten ökosozialen Marktwirtschaft abgelöst werden.

So wie einzelne Politiker die oben erwähnten Schleusen nicht alleine hätten öffnen können, sondern dies nur in einem einträchtigen Konzert möglich gemacht wurde, so verschanzen sich die jetzigen Akteure bei dieser Frage der Verantwortlichkeit stets hinter der vordergründigen „Unbeeinflussbarkeit globaler Abläufe". Die USA, Europa, Japan und China als die derzeit großen Industriegruppen zeigen mit ihren inzwischen leeren Brieftaschen aufeinander und schieben sich den „Schwarzen Peter" des Handlungsbeginns gegenseitig zu. Niemand will im Interesse „seiner" Wirtschaft (in Wahrheit „seiner" Konzerne) mit den einschneidenden Maßnahmen beginnen.

Da aller Anfang darin liegt, die eigenen Hausaufgaben wahrzunehmen, stellt sich die Frage, wozu wir dieses größere Europa geschaffen haben und ob wir nicht endlich den gesamteuropäischen Mut haben sollten, mit einer von den USA etwas weniger beeinflussten eigenen Wirtschaftspolitik (unterstützt durch konzernunabhängige europäische Wirtschaftswissenschafter) gegenzusteuern. Das würde ganz sicher für einige Großaktionäre etwas weniger Dividenden, für die Konzernmanager den Entfall von Bonifikationen und für die Spekulanten geringere Profite bedeuten, die Wirtschaftsstrukturen und damit auch der Wohlstand würden aber wieder auf eine breitere, sozialere und krisenresistentere Basis gestellt werden. Darüber hinaus hätten sich die Industrienationen ihrer (bisher nur in Lippenbekenntnissen ausgedrückten) Verpflichtung bewusst zu werden, der Ausbeutung der unterentwickelten Länder und der darin lebenden 3 Milliarden Menschen ein Ende zu bereiten. Allein die Mittel, die für die Sanierung der notleidenden Großbanken aufgewendet werden mussten, nämlich ca. 3000 bis 4000 Milliarden US-Dollar weltweit (ohne Garantien), hätten ausgereicht, um den Hunger auf der Welt dauerhaft zu beseitigen – doch nach wie vor „fehlt der politische Wille hiezu", wie der frühere UNO-Generalsekretär Kofi Annan es einmal ausgedrückt hat.

5. Die wirtschaftliche Verantwortung

Spätestens seit John Passmores Buch „Man's Responsibility for Nature" (1974) oder Hans Jonas' „Prinzip Verantwortung" (1979) steht die Frage der Verantwortung für alle gesellschaftlichen und wirtschaftlichen Abläufe als Kern einer Diskussion über Ethik in Politik und Wirtschaft fest.

Unternehmerische Verantwortung ist daher wie politische Verantwortung eine moralische Kategorie, hängen doch Entscheidungen in diesen Bereichen mit existentiellen Folgen zusammen. Diesen Konnex zwischen persönlichen moralischen Standards und ökonomisch relevantem Verhalten kann man auch in der Führungsethik verfolgen.

Als Chef eines Unternehmens, ob als Eigentümer oder als Manager, hat man zuallererst die Aufgabe, dieses Unternehmen langfristig auf- und auszubauen. Kurzfristige Gewinnorientierung, wie sie derzeit als „Shareholder-Value-Prinzip" allgemein praktiziert wird, kann zwar spektakulär, langfristig aber sogar tödlich sein, da man dabei zumeist die notwendigen Investitionen (nicht nur in Sachwerte, sondern vor allem auch in gut ausgebildete Mitarbeiter und tragfähige Beziehungen zu Geschäftspartnern) zwangsläufig außer Acht lässt. Ein Unternehmer hat daher – wie Kardinal Franz König es einmal formuliert hat – nicht nur *sach-*, sondern auch *menschen-* und *gesellschaftsgerecht* zu handeln.

Wenn zehntausende von Mitarbeitern in der Industrie und bei Großbanken freigesetzt und damit quasi der Allgemeinheit zu Disposition gestellt werden und diese Unternehmen gleichzeitig horrend steigende Gewinne bekannt geben (die dann steuerschonend auf karibische Inseln verschoben werden), dann zeugt dies zwar aus dem Blickwinkel der Shareholder von sachgerechtem Handeln, menschen- und gesellschaftsgerecht ist es aber sicherlich nicht. Wo dieses „sachgerechte" Handeln aber hinführen kann, zeigen inzwischen die vielen Firmenzusammenbrüche und Notfusionen, die – nach vorübergehend schönen bzw. geschönten Bilanzen – unvermeidlich werden, wenn die Unternehmen mit ihren abgehobenen Managern die „Bodenhaftung" verlieren.

Je verbundener aber ein Unternehmen mit seinem Standort, mit den Menschen des betreffenden Landes, der betreffenden Region und damit auch mit seinen Mitarbeitern und Kunden ist, desto mehr wird sich ein solches Unternehmen um die mit dem Wirtschaften untrennbar verbundenen menschlichen und gesellschaftlichen Komponenten kümmern. Kleine, mittelständische Unternehmen (und das sind über 99 % aller Betriebe in Deutschland oder Österreich!) sind daher großen Wirtschaftseinheiten gerade in einer Marktwirtschaft vorzuziehen, da übergroße Einheiten nur dazu führen, dass die Marktmechanismen durch Kartell-, Oligopol- oder Monopolbildungen außer Kraft gesetzt werden – die Erdölindustrie mit ihren Kartellpreisen ist ein Musterbeispiel hiefür. Die Wirtschaftspolitik hat auf diese beweisbaren Strukturvorzüge der mittelständischen Betriebe mehr Rücksicht zu nehmen und den klar erkennbaren Fehlentwicklungen zu sinnlosen und schädlichen Größenordnungen entgegenzuwirken.

Gerade jetzt, wo alles nur mehr von Globalisierung spricht und die Konzerne weiterhin in schier endlose Fusionen und damit in noch nie da gewesene Größenordnungen abgleiten, beweist der Mittelstand seine Kraft: Während die Zahl der Beschäftigten in der Industrie (einschließlich der Großbanken) in den letzten 10 Jahren sowohl in den USA als auch in Europa stark rückläufig war, ist die Zahl der Mitarbeiter bei den kleinen und mittelständischen Betrieben teilweise sogar gewachsen. Sie sind also das Rückgrat der Wirtschaft – auch wenn das die Großen nicht gerne wahrhaben wollen.

6. Der Scherbenhaufen

Jetzt stehen wir jedenfalls vor einem fast unüberschaubar gewordenen Scherbenhaufen. Die Quantifizierung des Schadens, der hier angerichtet wurde, wird wohl nie objektiv nachvollziehbar sein, dafür sorgen schon die Bewertungs-Methoden (oder Verschleierungs-Methoden?) der Verursacher.

Aufgrund der bisher bekannt gegebenen Bankensanierungs- und Konjunkturstützungsmaßnahmen belaufen sich die öffentlichen Belastungen weltweit bereits auf über 10.000 Milliarden Dollar, eine Summe, die bisherige Rechengrößen im Wirtschaftsbereich bei weitem sprengt. Da mehrere tausend Milliarden hievon bereits als Kapitalaufstockungen bei Banken und Industrieunternehmen sowie als Konjunkturspritzen geflossen sind und dazu noch erhebliche Kosten für Arbeitslosigkeit etc. anfallen, machen sich diese Zahlungen zwangsläufig als Neuverschuldung in den Budgets der betroffenen Länder dramatisch bemerkbar. Und da Schulden samt Zinsen bekanntlich von den Staaten, das heißt im Endeffekt von den Steuerzahlern zu begleichen sind, ist der Ruf der Öffentlichkeit nach mehr Ordnung in der Wirtschaft, mehr Transparenz bei der Sanierung der notleidenden Konzerne und nach härteren Auflagen für die Verursacher der Krise verständlich.

Neben diesem wirtschaftlichen stehen wir aber auch vor einem moralischen Scherbenhaufen. Verursacht wurde diese Situation durch „elitäre" Konzernchefs, die sich als Lügner, Betrüger, Bilanzfälscher, gleichzeitig aber auch als Bezieher unsittlich hoher Gehälter und Bonifikationen entlarven, und ebenso verursacht durch eine „Elite" von Politikern, die sich nicht nur als untätig, sondern auch als unfähig erwiesen hat, zeitgerecht für Ordnung zu sorgen, und die nun versucht, in den Augen der Öffentlichkeit vielleicht sogar als „Retter in der Not" aus diesem Debakel herauszukommen.

Die wirtschaftliche Situation nicht nur in den USA, sondern auch in Europa (von Irland bis Griechenland) hat jedenfalls besorgniserregende Dimensionen erreicht und sollte die Politiker Europas wohl endlich zu einer Kurskorrektur in Richtung einer *nachhaltigen Entwicklung* veranlassen. Die notwendigen Maßnahmen sind hinlänglich bekannt und müssten nur gegen den natürlichen Widerstand der Nutznießer dieser bisherigen liberalistischen Unordnung durchgesetzt werden.

Nur zur Erinnerung: *Nachhaltige Entwicklung* wurde erstmals im sogenannten Brundtland-Report (1987) definiert als „Entwicklung, die die Bedürfnisse der Gegenwart befriedigt, ohne die Fähigkeit künftiger Generationen zu beeinträchtigen, ihre eigenen Bedürfnisse zu befriedigen". Diese Definition sollten sich Politiker bei ihren künftigen Entscheidungen wohl zu Herzen nehmen.

7. Der Paradigmenwechsel

„Nur indem wir Schritt für Schritt Institutionen zur Sicherung der Freiheit und insbesonders der Freiheit vor Ausbeutung planen, nur so können wir hoffen, eine bessere Welt zustande zu bringen“, meinte Karl R. Popper in seinem Buch „Die offene Gesellschaft und ihre Feinde“, das er 1944 unter dem Eindruck diktatorischer Regimes und zentralistischer Wirtschaftssysteme geschrieben hat.

Kein vernünftiger Mensch käme wohl heute noch auf die Idee, eine Volkswirtschaft zentral planen zu wollen. Das Jahr 1989 hat den Schlussstrich unter das sieben Jahrzehnte dauernde Experiment eines kommunistischen Gesellschaftssystems mit einer allumfassend planenden Zentralverwaltungswirtschaft gezogen, nachdem dieser Versuch nach einem politischen, wirtschaftlichen und menschlichen Desaster beendet werden musste.

Kein vernünftiger Mensch wird hoffentlich in einigen Jahren noch behaupten wollen, dass ein von allen Einschränkungen befreites liberalistisches, kapitalistisches, monetaristisches Wirtschaftssystem die beste aller Wirtschaftsformen wäre, nachdem sich dieser Irrweg nach vier Versuchsjahrzehnten (wieder einmal) mit einem Knalleffekt als Bereicherungsmethode für einige wenige demaskiert hat.

Der nun notwendige Paradigmenwechsel würde vor allem darin bestehen,

- der Realwirtschaft den Vorrang vor der Finanzwirtschaft,
- dem Wirtschaftsfaktor Arbeit den Vorrang vor dem Kapital,
- den langfristigen Investitionen den Vorrang vor den kurzfristigen Spekulationen und
- der öko-sozialen Komponente den Vorrang vor einem monetaristischen System

zu verschaffen und damit zu einer „humanen Marktwirtschaft“ zu gelangen, die das Wohl aller Menschen und nicht das Mehr an Moneten für einige wenige in den Mittelpunkt der wirtschaftlichen Zielsetzungen stellt.

Und wenn wir damit künftig auch wieder mehr *Ethik in der Wirtschaft* erwarten, dann wäre *Ethik in der Politik* wohl nur die selbstverständliche Voraussetzung für die Realisierung bzw. Revitalisierung moralisch fundierter Werte in *beiden* Handlungsfeldern.

Da also wirtschaftliche Freiheit nicht mit Schrankenlosigkeit und politische Macht nicht mit Willkür verwechselt werden dürfen und Geld (in allen seinen Erscheinungsformen) nicht der Zweck an sich, sondern nur Mittel zum Zweck sein darf, gilt für den angesprochenen Paradigmenwechsel das Wort von Kardinal Franz König: „Wir brauchen nicht nur eine Reform der Zustände, sondern vor allem auch eine Reform der Gesinnung.“

Neue Eliten mit einer besseren moralischen Gesinnung müssten in Europa mit europäischem Selbstbewusstsein und auf der Basis unserer bewährten europäischen Kultur an die Reform der Zustände gehen. Und wir alle sollten diese wichtige Arbeit an einer menschenwürdigen Zukunft nicht nur für die Bürger in Europa, sondern für alle Bewohner dieser Erde im Rahmen unserer Möglichkeiten mitgestalten – mit einem neuen, ehrlichen, weltumspannenden Verantwortungsbewusstsein.

Literatur:

Dieser Beitrag ist ein aktualisierter Auszug aus folgenden Büchern (mit weiteren Literaturhinweisen):

Holztrattner, M., Sedmak, C. (2009): Eliten oder Nieten. Die Finanz- und Wirtschaftskrise als Folge politischer und wirtschaftlicher Führungsschwächen. Salzburg: Kiesel-Verlag.

Holztrattner, M. (2007): Macht ohne Moral. Wirtschaft und Politik am Beginn des 3. Jahrtausends. Salzburg: Kiesel-Verlag.

Markus Schlagnitweit

Geld für Menschen: Ethische Geldanlage[1]

1. Warum überhaupt Geld anlegen?

Wer in der glücklichen Lage ist, sprichwörtlich so zu leben wie die biblischen „Lilien auf dem Felde" bzw. „Vögel des Himmels"[2], die weder säen noch sonst wie für ihre Zukunft vorsorgen müssen, kann sich die ganze Auseinandersetzung mit sittlichen Problemen des Besitzes von und Umgangs mit Geld getrost ersparen. Für den Fall, über mehr Geld zu verfügen, als für die Bedeckung des unmittelbaren Lebensbedarfs benötigt wird, ist es dann wohl am sittlichsten, diesen Überschuss gleich wieder zu verschenken bzw. zu spenden – sinnvollerweise jenen, die dessen am meisten bedürfen, oder solchen Projekten, die das Gemeinwohl am meisten befördern.

Tatsächlich sieht die Lebensrealität für die meisten Menschen und Einrichtungen allerdings anders aus: Investitionen sind zu finanzieren, deren Volumen erst einmal mühsam – durch Ansparen bzw. Kreditnahme – aufgebracht werden muss. Oder es gilt, für zukünftige Lebensphasen (Ausbildung der Kinder, Altersvorsorge etc.) Geld zurückzulegen, „damit man es hat, wenn man es braucht". In diesem Kontext Geld anzulegen, bedeutet zunächst, so zu investieren, dass die investierte Summe in ihrem Wert erhalten bleibt und darüber hinaus eine Rendite abwirft. Damit grenzt sich die Geldanlage sowohl vom Konsum ab, bei dem Geld verbraucht wird (zumindest auf Seiten desjenigen, der konsumiert), als auch von der Spende, bei der ebenfalls nicht die Absicht besteht, einen finanziellen Nutzen zu lukrieren. Beides – sowohl der Konsum als auch die Spende – können unter denselben ethischen Gesichtspunkten betrachtet werden wie die Anlage in Finanzprodukte. Es sei an dieser Stelle also betont, dass die ethische Verantwortung im Umgang mit Geld nicht auf Finanzprodukte beschränkt ist, sondern jeglichen

[1] a) Dieser Beitrag fußt großteils auf Ausführungen, die bereits publiziert wurden in Gabriel, K./Schlagnitweit, M. (2009): Das gute Geld. Ethisches Investment: Hintergründe und Möglichkeiten. Innsbruck: Tyrolia.
b) Männliche Wortformen gelten sinngemäß immer auch für weibliche Personen.

[2] Mt 6,25–34.

Umgang mit Geld umfasst. Dennoch beschränken wir uns hier auf den Bereich der Geldveranlagung.

Man kann natürlich Geld ansparen, indem man es irgendwo – im sprichwörtlichen Sparstrumpf, im Tresor oder wo auch immer – einfach aufbewahrt. Aber bereits im biblischen Gleichnis von den Talenten kommt jener Knecht schlecht weg, der das ihm geliehene Talent einfach vergräbt, um es ohne Risiko, aber auch ohne Mehrwert zum vereinbarten Termin wieder zurückgeben zu können.[3] Warum das? Geld hat zwar – zumindest in seiner heute am weitesten verbreiteten Form – im Unterschied zu den meisten anderen Gütern dieser Welt den Vorteil, dass man es relativ unaufwändig aufbewahren kann, ohne dass es verdirbt; seine ursprüngliche und volkswirtschaftlich auch sinnvolle Funktion erfüllt es aber gerade nicht in dieser Form der Hortung, sondern als Mittel zur Erleichterung und Förderung wirtschaftlicher Prozesse – sei es nun beim Austausch von Gütern und Dienstleistungen, sei es in der Finanzierung von Investitionen zur Generierung realen wirtschaftlichen Mehrwerts. Im Sinne der Gemeinwohlorientierung ist es also als sittlich höherwertig anzusehen, wenn jemand Geld nicht einfach für spätere Zwecke hortet, sondern die im Augenblick nicht benötigten Summen in der Zwischenzeit jemand anderem zur Verfügung stellt, der dessen gerade bedarf – sofern dessen Zweck sittlich positiv zu beurteilen ist.

Das aber bedeutet letztlich Geldanlage: Ich stelle Geld, das ich im Augenblick nicht unmittelbar selbst benötige, zwischenzeitlich anderen Zwecken zur Verfügung. Das kann auf direktem Weg geschehen, indem ich jemandem Kredit gebe oder mich an einer fremden Unternehmung beteilige; das kann freilich auch auf dem Weg professioneller Vermittlung geschehen, indem ich mein Geld Finanzdienstleistern anvertraue, die mein Geld stellvertretend veranlagen, also bestimmten Zwecken zuführen.

Eines sollte jedenfalls klar sein: Sobald ich Geld auch nur auf ein Sparkonto „lege", bleibt es gewiss nicht wie bei Dagobert Duck in einem großen Tresor und wartet dort, bis es von mir wieder abgeholt wird, sondern es „landet" praktisch immer bei einem anderen wirtschaftlichen Zweck. Das gilt auch bereits für Geld, das über ein normales Giro-Konto „läuft". Wenn man bedenkt, dass es heute in der Wirtschafts- und Arbeitswelt nahezu unumgänglich geworden ist, zumindest über ein solches Giro-Konto zu verfügen (etwa zur Abwicklung von Gehaltszahlungen), wird es leicht einsichtig, dass es praktisch gar nicht möglich ist, etwa aus moralischen oder anderen Gründen, Geldanlage per se abzulehnen. Sie ist schlichtweg eine unvermeidliche Realität in einer entwickelten, arbeitsteiligen Volkswirtschaft.

Die sittlich eigentlich relevante Frage lautet also gar nicht, „Geldanlage – ja oder nein?", sondern „Geldanlage – wie?", also: Für welche Zwecke, zu welchen

---

[3] Mt 25,14–30.

Bedingungen, mit welchen Methoden und Zielen wird Geld veranlagt bzw. zur Verfügung gestellt? Und damit sind wir bereits mitten im zentralen Fragefeld ethischen Investments.

2. Kein Ethik-Investment ohne persönliche Moral

Es gibt keine Einheitsmoral. Wenn man als Grundfrage der Ethik die Frage nach einem (im sittlichen Sinn) guten Leben (für alle bzw. für möglichst viele) annimmt, wird evident, dass das, was für den einen Menschen unabdingbar zu so einem guten Leben gehört, nicht unbedingt und vollständig mit dem übereinstimmen muss, was sich ein anderer darunter vorstellt. Das gilt zumal in einer weltanschaulich pluralistischen Weltgesellschaft.

Freilich gibt es sogar innerhalb moderner, pluralistischer Gesellschaften so etwas wie einen ethischen Grund- bzw. Minimalkonsens über zentrale Werte des sozialen Zusammenlebens. Aber bereits über die Mittel und Wege zur Realisierung bzw. Bedienung dieser Grundwerte können die Meinungen wieder divergieren. Letztlich bleibt es also niemandem erspart, einen dem persönlichen weltanschaulichen, lebensgeschichtlichen, kulturellen, … Hintergrund entsprechenden ethischen Wertekanon zu formulieren. Dieser umfasst in der Regel nicht nur ein mehr oder weniger umfangreiches Bündel von sittlichen Zielvorstellungen und normativen Regeln zu deren Erreichung, sondern auch eine „Hierarchisierung", also eine Rangordnung derselben.

Da sich einerseits die Herausbildung eines solcherart differenzierten Wertekanons bei den meisten Menschen als komplexer, die persönliche Biografie lebenslang begleitender und oftmals gar nicht bewusst reflektierter Prozess darstellt, andererseits das alltägliche Leben in vielen anderen Fällen auch gar nicht nach einem explizit und bewusst formulierten Wertekanon verlangt, stellt genau diese Aufgabe viele Menschen vor eine große, weil wenig geübte Herausforderung bei ihren Entscheidungen über eine ethisch korrekte Veranlagung ihres Geldes.

Eine gewisse Hilfe können hier die „vorgearbeiteten" Wertesysteme großer Weltanschauungen, Religionen oder politischer Bewegungen bieten. Gerade für den Bereich des ethischen Investments sei hier beispielhaft auf den „Frankfurt-Hohenheimer Leitfaden" verwiesen, der den weltweit wohl umfassendsten und differenziertesten ethischen Kriterienkatalog enthält: Dieser Leitfaden entwickelt sich mithilfe eines „Wertebaums" entlang der drei Grundthemen der Kultur-, Sozial- und Umweltverträglichkeit und bietet ethisch interessierten Investoren eine Orientierung auf Basis christlicher Moral und Soziallehre.[4]

---

[4] Nähere Informationen dazu unter http://www.cric-online.org.

3. Gutes Gewissen oder wirtschaftspolitische Gestaltungsmacht?

Nicht nur die „Portfolios“ und die Rangordnungen sittlicher Werte und Normen können von Mensch zu Mensch divergieren. In der Realität treffen wir bereits auf Auffassungsunterschiede hinsichtlich der Reichweite persönlicher sittlicher Verantwortung: Während die einen es für ausreichend erachten, in ihrem individuellen Verhalten und Entscheiden nicht gegen ihrer Vorstellung von gutem Leben entsprechende sittliche Normen zu verstoßen, sehen sich andere auch in einer politischen Verantwortung für die positive Mitgestaltung gesellschaftlichen Zusammenlebens. Das gilt auch für den Bereich ethisch orientierten Investments:

3.1 „Vermeidendes“ Ethik-Investment

Die vermutlich überwiegende Mehrheit jener Menschen, die überhaupt schon von der Idee und Möglichkeit ethisch orientierten Investments gehört haben, sieht darin v. a. einen Weg, eingesetztes Kapital nicht an wirtschaftlichen Prozessen zu beteiligen, die mit persönlichen sittlichen Normen und Werten der Anleger nicht in Einklang zu bringen sind: Folglich werden inhumane, asoziale und/oder unökologische Bereiche des wirtschaftlichen bzw. politischen Lebens entweder komplett oder zumindest jenseits bestimmter Toleranzgrenzen aus dem potentiellen Anlage-Universum ausgeschieden. Das Grundmotiv dieses „vermeidenden“ Investment-Ansatzes, der in seiner Investment-Strategie folglich hauptsächlich mit ethischen Ausschluss- bzw. Negativkriterien operiert, liegt in der Entlastung des persönlichen Gewissens der Anleger: Diese wollen in ihren Geldgeschäften eine möglichst „saubere Weste“ behalten. Dem entsprechen auch die weitverbreiteten Werbesujets zahlreicher Ethik-Investment-Anbieter rund um das Motto „Geldanlegen mit gutem Gewissen“.

Aus der Sicht des Ethikers ist allerdings zu fragen, ob eine solcherart rein vermeidende Moral das von ihr angestrebte reine Gewissen überhaupt zu Recht verdient. Schränkt diese Herangehensweise die Anleger-Verantwortung nicht zu sehr auf eine rein individualethische Reichweite ein? Und gibt es im Gegensatz dazu nicht sogar eine allgemeine sittliche Verpflichtung, alle einem Menschen zu Gebote stehenden Mittel auch im Sinne positiver Mitverantwortung für das gesellschaftliche Ganze ins politische Spiel konkurrierender Interessen zu bringen?

3.2 „Förderndes“ Ethik-Investment

Diesem eindeutig weiter reichenden Motiv sind jedenfalls jene Ansätze im Bereich ethisch orientierten Investments verpflichtet, die im Unterschied zu „vermeidend“ das Attribut „fördernd“ tragen. Hier lassen sich wiederum zwei Grundstrategien unterscheiden:

3.2.1 Direktinvestition

Bei der direkten Investition in ethisch wünschenswerte Produkte und Dienstleistungen, Wirtschaftsziele und -formen wird Kapital direkt entsprechend ethisch definierter Positivkriterien veranlagt, z. B. in Form von Fördersparbüchern, Sozial- oder Ökologie-Anleihen, ethisch orientierten Themen-Fonds bis hin zu Direktbeteiligungen. Nutzen und Wirkung dieses Ansatzes sind evident: Die Investoren unterstützen mit ihren Investments nicht nur ihr gutes Gewissen, sondern zugleich ethisch bevorzugte Projekte, indem sie deren Kapitalaufbringung begünstigen und ihnen überdies ein „ermutigendes“ Shareholder-Feedback auf Basis ethischer Werte geben.

3.2.2 Best-in-Class-Ansatz

Etwas komplexer stellt sich innerhalb des fördernden Investment-Ansatzes die *Best-in-Class*-Strategie dar: Dabei wird zunächst keine Branche, kein Unternehmen oder Staat aufgrund ethischer Kriterien von vornherein von einem Investment ausgeschlossen; allerdings wird innerhalb des gesamten zur Verfügung stehenden Branchen- bzw. Wertpapier-Universums nur in jene Titel investiert, die den sittlichen Ansprüchen der Investoren jeweils am nächsten kommen. Dadurch sollen die dahinter stehenden Wertpapier-Emittenten im Wettbewerb mit ethisch weniger verantwortlich agierenden Konkurrenten Unterstützung und Stärkung erfahren. Die hier zugrunde liegende Idee läuft hinaus auf die Induzierung eines Wettbewerbs nach nicht nur ökonomischen, sondern eben auch ethischen Maßstäben.

Aufgrund seines „politischen Bewusstseins“ überzeugt der eigene Wertvorstellungen positiv ins politische Spiel der Interessen bringende „fördernde“ Ethik-Ansatz den Sozialethiker gewiss mehr als der bloß vermeidende Ansatz, welcher die Anleger-Verantwortung auf ihre individualethische Reichweite begrenzt, ohne die positiven politischen Steuerungs- bzw. Mitgestaltungsmöglichkeiten ethisch orientierten Investments wahrzunehmen.

Hinsichtlich dieses positiven Lenkungspotentials sind freilich einige kritisch einschränkende Anmerkungen zu machen: Da davon auszugehen ist, dass Geldmittel großteils über Wertpapiere – Aktien und Anleihen – veranlagt werden und dabei wiederum der überwiegende Anteil des investierten Kapitals – außer im Fall von Neuemissionen – ja gar nicht direkt über die primären Kapitalmärkte den Emittenten der Wertpapiere zufließt, sondern einfach auf den sekundären Wertpapiermärkten zirkuliert, stellt sich die Frage, wie groß der ethisch motivierte Lenkungseffekt des eingesetzten Kapitals auf die Realwirtschaft bzw. -politik tatsächlich ist, von welchen Faktoren er primär abhängt und v. a. wie er gesteigert bzw. optimiert werden kann. Insgesamt wird man sagen müssen, dass die empirisch schwer messbaren politischen Wirkungen des ethisch motivierten Investments durch ein sehr heterogenes Bündel unterschiedlicher Faktoren verursacht sind, in das sich neben den ökonomischen Argumenten im engeren Sinn (Erschwerung bzw. Erleichterung der Kapitalaufbringung) etwa die Image-Pflege der Unternehmen genauso mischt wie deren Sensibilität für soziale und ökologische Stimmungslagen unter ihren *Share-* und *Stakeholdern*, die letztlich ja in die entsprechende Gestaltung politischer Rahmenbedingungen für die Wirtschaft münden (können).

3.3 „Politisches" Ethik-Investment: Engagement

Insofern gibt es wohl nur eine wirkliche „Hochform" ethisch orientierten Investments im Sinne unmittelbarer Einbringung ethischer Motive ins politische Spiel der Interessen: *Engagement*. Darunter ist im Kontext des Ethik-Investments der direkte Kontakt zwischen Investoren und betroffenen Unternehmen bzw. Staaten zu verstehen, im Zuge dessen die (ethisch orientierten) Investoren versuchen, unmittelbaren Einfluss auf die Politik von Unternehmen bzw. Staaten zu nehmen. Als Druckmittel werden dafür wiederum nicht nur zu veranlagendes bzw. bereits investiertes Kapital, sondern auch die Öffentlichkeit in Anschlag gebracht – aber eben in direkter Linie: sei es durch kontinuierliches Lobbying bei unternehmerischen bzw. politischen Verantwortungsträgern, sei es im Wege der Stimmrechtsausübung als kritische Aktionäre.[5] Gerade hier wird einmal mehr deutlich, dass ethisch orientiertes Investment vielfach dieselben Instrumentarien zur Durchsetzung seiner Interessen nutzt wie sein konventionelles, rein renditeorientiertes Pendant – aber eben im Dienst ethisch bestimmter Werte und Interessen.

[5] Diese direkte Form des Ethik-Investments gewinnt jedenfalls v. a. für institutionelle Investoren zunehmend an Bedeutung, da sie entsprechendes Know-how ebenso mobilisieren können wie Kapitalgewicht – zumal wenn sie sich mit ähnlich gelagerten Anleger-Interessen organisieren. Das geschieht v. a. mittels ethisch orientierter Engagement-Agenturen, von denen es im deutschen Sprachraum (im Unterschied zum angloamerikanischen Raum) allerdings erst wenige gibt: Vor allem der Verein „*Corporate Responsibility Interface Center*" (CRIC – www.cric-online.org) arbeitet aktuell gemeinsam mit den institutionellen Investoren unter seinen Mitgliedern an der Etablierung entsprechender Engagement-Aktivitäten im deutschsprachigen Raum.

4. Ethische Urteilsbildung auf Basis objektiver Daten

Wenn jemand eine konkrete Vorstellung davon hat, in welche Wirtschaftsprozesse, Produkte und Technologien er investieren bzw. nicht investieren will, wenn dafür also eine normative Wertebasis definiert ist, stellt sich immer noch das Problem der Umsetzung in konkrete Veranlagungen. Denn die Beurteilung einzelner Geldanlagemöglichkeiten nach ethischen Kriterien erweist sich vor dem Hintergrund asymmetrischer Informationsstrukturen und komplexer wirtschaftlicher Abläufe und Unternehmensverbindungen für einzelne Investoren als äußerst schwierig bzw. ab einem bestimmten Präzisionsgrad als geradezu unmöglich. Wie kann also ein einzelner Geldanleger herausfinden, welche Unternehmen in welchem Umfang etwa moralisch abzulehnende Produkte (z. B. Rüstungsgüter oder Atomstrom) herstellen oder in moralisch abzulehnende Praktiken und Verfahren (z. B. Kinder- oder Sklavenarbeit, Verursachung massiver Umweltschäden) involviert sind – noch dazu, wenn es u. U. gar nicht unmittelbar die für ein Investment in Frage kommenden Unternehmen selbst betrifft, sondern – wie in einer globalisierten und stark arbeitsteiligen Wirtschaft üblich – deren über den ganzen Globus und eine Vielzahl von Branchen verstreute Zulieferfirmen? Die Unternehmen selbst kommunizieren solche Sachverhalte in der Regel ja nicht, und häufig sind sie sich einer allfälligen Verstrickung in moralisch problematische Zusammenhänge auch gar nicht bewusst. Umgekehrt kann es auch vorkommen, dass sich v. a. medial erhobene Vorwürfe gegen einzelne Unternehmen als übertrieben oder unwahr erweisen. Letztlich wird also viel Zeit, Know-how und auch Geld benötigt, um Unternehmen hinsichtlich ihrer sozialen und ökologischen Leistungen differenziert und fair beurteilen zu können. Um Anlageoptionen miteinander vergleichen zu können, bedarf es deshalb eines objektiven und qualitativ hochwertigen Analyseverfahrens, das die Möglichkeiten einzelner Investoren in der Regel bei weitem übersteigt. Letztlich setzt ethisch verantwortliches Handeln aber eine möglichst präzise und umfassende Analyse der Handlungsoptionen voraus, um seinen eigenen Gerechtigkeitsnormen entsprechen zu können.

4.1 Ethik- und Nachhaltigkeitsrating (in der Folge „ENR")

Diese Aufgabe wird am besten von professionellen ENR-Agenturen wahrgenommen. Ratings sind vergleichende Beurteilungen unternehmerischer Aktivitäten auf der Basis einheitlicher Merkmale. Anders aber als Finanzrating-Agenturen wie *Standard & Poors*, *Moody's* oder *Fitch*, welche unter den finanzwirtschaftlichen Erfolgsparametern v. a. auch die Fähigkeit eines Unternehmens beurteilen, einmal aufgenommene Schulden wieder zurückzahlen zu können, bewerten ENR-Agenturen die gesellschaftlichen und ökologischen Aspekte von Unternehmungen. Sie zielen darauf ab, den Investoren verlässliche Einzel- und Gesamtbeurteilungen der sozialen und ökologischen Leistungen und Verfehlungen von Wertpapieremittenten zu liefern. Anhand ihrer standardisierten Bewertungsergebnisse können Investoren diese miteinander vergleichen und so zu sachlich begründeten, ethisch motivierten Anlageentscheidungen kommen.

Vor allem ethisch und nachhaltig orientierte Investoren, Kapitalanlagegesellschaften und Fondsgesellschaften bedienen sich dieser ENRs und treffen ihre Investitionsentscheidungen auf deren Basis. Private Investoren können sie in der Regel nur indirekt nutzen, indem sie in Geldanlageprodukte investieren, die auf der Basis eines solchen ENRs entwickelt wurden. Zu beachten ist, dass die Kriterien und Methoden der einzelnen ENR-Agenturen sehr unterschiedlich sein können und es deshalb vorkommen kann, dass Unternehmen nach einem ENR-Ansatz als ethisch investierbar, nach einem anderen aber als unethisch eingestuft werden. Es ist daher ratsam, sich auch die hinter verschiedenen Ethik-Investment-Produkten stehenden ENR-Verfahren kritisch anzusehen. Da es für die vielfältigen Verfahren und Kriterien des ENRs allerdings keine allgemein verbindlichen Standards gibt, ist eine differenzierte Bewertung all dieser Ansätze sehr komplex und zeitaufwändig, und häufig bleiben Fragen offen. Doch gilt auch hier festzuhalten: Selbst wenn keine restlose Übereinstimmung der Kriterien und Verfahren eines ENR-Ansatzes mit der eigenen Wertebasis gegeben ist, bedeutet eine zumindest teilweise Übereinstimmung und eine darauf aufbauende ethische Investmententscheidung einen Fortschritt gegenüber einer konventionellen, ethisch ungeprüften Geldanlage.

4.2 Qualitätssicherung im ENR-Verfahren

Die Schwierigkeit eines Ratings besteht nicht nur darin, Informationen überhaupt zu erlangen, auszuwerten und auf ihre Glaubwürdigkeit und Relevanz hin zu prüfen, sondern auch darin, ein ENR-Verfahren zu entwickeln, welches eine faire und objektive Bewertung der Unternehmen gewährleistet. Denn nur auf einer solch verlässlichen Grundlage sind soziale und ökologische Leistungen von Unternehmen selbst ethisch korrekt untereinander vergleichbar und ethisch klar orientierte Anlageentscheidungen möglich. Damit ein solches ENR also selbst fair und objektiv vonstatten gehen kann, braucht es bestimmte Voraussetzungen:

4.2.1 Finanzielle Unabhängigkeit

Im Unterschied zu konventionellen Finanzrating-Agenturen, welche von den Unternehmen, die sie bewerten, in der Regel auch bezahlt werden, nehmen seriöse ENR-Agenturen von den zu bewertenden Unternehmen zunächst keine (finanzielle) Gegenleistung. Erst nach Abschluss der Bewertung haben die bewertenden Unternehmen die Möglichkeit, zu ihrer eigenen Information und allfälligen „Verbesserung" den detaillierten Prüfbericht käuflich zu erwerben. Hauptsächlich aber finanzieren ENR-Agenturen ihre Tätigkeit, indem sie ihre Ergebnisse an Investoren, Kapitalanlagegesellschaften und Fondsgesellschaften verkaufen, die auf Basis dieser Ratings investieren. Die bewertende Agentur darf also in keinem (finanziellen) Interessenverband mit den zu bewertenden Unternehmen stehen.

4.2.2 Fachlich hochqualifizierter und -differenzierter Mitarbeiterstab

Die Analysten solcher ENR-Agenturen verfügen über unterschiedliche Ausbildungshintergründe, welche in Hinblick auf die Erfordernisse der differenzierten und fachlich korrekten Bewertung sozialer und ökologischer Kriterien notwendig sind. Das heißt, dass weniger Ökonomen, sondern häufig Personen mit geistes- und naturwissenschaftlichem Hintergrund in ENR-Agenturen tätig sind.

4.2.3 Intaktes und breit angelegtes Informationsnetzwerk

Die Untersuchungen professioneller ENR-Agenturen basieren im Wesentlichen auf vier Informationsquellen: Zunächst werden jene Informationen analysiert und bewertet, welche die zu untersuchenden Unternehmen von sich aus zur Verfügung stellen, etwa Geschäfts- und Nachhaltigkeitsberichte. Gleichzeitig werden Informationen – etwa Berichte und Statistiken – von öffentlichen Einrichtungen wie Ministerien oder internationalen Organisationen ausgewertet. Drittens werden Medienberichte verfolgt – in der Regel mit Hilfe kostenpflichtiger Datenbanken, welche die Medienberichterstattung zu einzelnen Unternehmen sammeln und zur Verfügung stellen. Schließlich werden auch noch – häufig auf bestimmte Spezialthemen konzentrierte – Informationen und Hinweise von Gewerkschaften, Kirchen und Nichtregierungsorganisationen ausgewertet und miteinbezogen.

4.2.4 Transparenz

Transparenz braucht es sowohl hinsichtlich der einzelnen Informationsquellen als auch des ENR-Prozesses selbst. Denn eine Bewertung ist nur dann glaubwürdig, wenn dargelegt werden kann, wie sie zustande gekommen ist. Dies ist für ethisch orientierte Investoren von besonderer Bedeutung, weil sie ihr Handeln auf der Basis gesicherter und seriöser Erkenntnisse steuern wollen.

5. Möglichkeiten und Instrumente ethischen Investments

Ethisches Investment zielt darauf ab, die wirtschaftliche Realität in Richtung einer nachhaltigen Entwicklung zu verändern. Dies geschieht sowohl über die Einbindung von ethisch verantwortlich und nachhaltig agierenden Finanzmarktakteuren als auch über Finanzprodukte, die über eine entsprechende Steuerungsmöglichkeit verfügen. Auch wenn der Eindruck vorherrscht, im Finanzgeschäft ginge es immer nur um die Maximierung von Profit: Es gibt Alternativen. Eine Handvoll zumeist kleinerer Banken, die sich in besonderer Weise auf ethische und nachhaltige Geschäftspraktiken konzentrieren, haben in den letzten Jahren wachsenden Zulauf bekommen. Daneben gibt es mittlerweile aber auch in der Angebotspalette konventioneller Finanzdienstleister ethische und nachhaltige Alternativen zu konventionellen Geldanlageprodukten, die keinen Renditenachteil und auch kein höheres Risiko mit sich bringen.

5.1 Banken mit Schwerpunkt Ethik und Nachhaltigkeit im deutschsprachigen Raum

In den letzten Jahren hat sich im deutschen Sprachraum eine kleine, aber umso feinere Szene von Banken und Finanzdienstleistungsunternehmen mit einem Schwerpunkt auf Ethik und Nachhaltigkeit etablieren können. Schon länger existieren sogenannte Kirchenbanken, also Banken, die im (mehrheitlichen) Besitz von Einrichtungen der christlichen Kirchen stehen oder auf Initiative kirchlicher Einrichtungen gegründet worden sind. Diese Banken legen großen Wert auf ein ganzheitlich ethisches Geschäftsmodell, und durch die vornehmlich kirchliche Eigentümerstruktur ist gewährleistet, dass die Erträge der Banken wiederum hauptsächlich oder zur Gänze kirchlichen Einrichtungen bzw. Anliegen zugutekommen.

Neben den kirchlich strukturierten Banken gibt es auch eine Reihe von Alternativbanken, die im Wortsinn eine Alternative zu klassischen Geschäftsbanken darstellen. Ein Pionier auf diesem Gebiet ist die *GLS Gemeinschaftsbank eG* mit Hauptsitz in Bochum. Bei der GLS-Bank können Einlagekunden mitentscheiden, in welche Gesellschafts- oder Wirtschaftsbereiche ihr Geld fließen soll; die Palette reicht von ökologischer Baufinanzierung, über erneuerbare Energien, soziale Wohnprojekte bis hin zu Bildungsinitiativen etc. Einen eindeutig ökologischen Schwerpunkt setzt die *UmweltBank AG* in Nürnberg, die im Besitz von 7500 privaten Aktionären ist; die Produktpalette reicht von Umweltsparbüchern bis hin zu Direktbeteiligungen an ökologischen Projekten. In der Schweiz zählt die *Alternative Bank ABS* mit Hauptsitz in Olten zu den Vorreiterinnen der Förderung ökologischer und sozialer Vorhaben. Die *Raiffeisenkasse Bozen* hat mit ihrer Initiative

Tabelle 1: Kirchen- bzw. *Ethik- und Nachhaltigkeitsbanken* im deutschsprachigen Raum und deren Angebote (kein Anspruch auf Vollständigkeit)

	Girokonto	Ethische Geldanlagen	Finanzierung	Online-Banking	Hauptsitz
Alternative Bank Schweiz (ABS)	✓	✓	✓	✓	Olten (CH)
Bank im Bistum Essen	✓	✓	✓	✓	Essen (D)
Bank für Kirche und Caritas	✓	✓	✓	✓	Paderborn (D)
Bank für Orden und Mission	✓	✓	–	✓	Idstein (D)
Ethical Banking	–	✓	✓ (1)	–	Bozen (I)
Ethikbank (2)	✓	✓	–	✓	Eisenberg (D)
Evangelische Kreditgenossenschaft (3)	✓	✓	✓	✓	Kassel (D)
GLS Gemeinschaftsbank eG	✓	✓	✓	✓	Bochum (D)
Landeskirchliche Kredit-Genossenschaft Sachsen eG	✓	✓	✓	✓	Dresden (D)
Liga Bank	✓	✓	✓	✓	Regensburg (D)
Pax Bank	✓	✓	✓	✓	Köln (D)
Bankhaus Schelhammer & Schattera	✓	✓	✓	✓	Wien (A)
Steyler Bank (4)	✓	✓	–	✓	St. Augustin (D)
UmweltBank	✓	✓	✓	✓	Nürnberg (D)

(1) Finanzierung sozialer und ökologischer Projekt
(2) Direktbank
(3) Repräsentanz in Wien
(4) Niederlassung in Mödling bei Wien

Ethical Banking für ethisch und nachhaltig orientierte Kunden eine Möglichkeit geschaffen, Geld in Fördersparbriefe zu investieren, die wiederum die Grundlage für Darlehen zugunsten von Ökologie, Projekten in Entwicklungs- und Schwellenländern, bäuerlicher Kultur usw. bilden.

All diese Banken und Initiativen haben eines gemeinsam: In den letzten Jahren und vor allem im Zuge der aktuellen Finanzkrise verzeichnen sie einen enormen Kundenzulauf. Der Grund liegt hauptsächlich im sensibler werdenden Bewusstsein einer wachsenden Zahl von Menschen darüber, dass sie zwar Bankdienstleistungen in Anspruch nehmen wollen und müssen, dass sie dabei aber auch die sich bietenden Möglichkeiten nutzen möchten, ihre ethische Verantwortung stärker ins Spiel zu bringen als bei konventionellen Banken.

5.2 Klassische Geldanlageformen und ihre ethische Bewertung

Es ist an dieser Stelle nochmals festzuhalten, dass die ethische Verantwortung im Umgang mit Geld nicht auf Finanzprodukte beschränkt ist, sondern jeglichen Umgang mit Geld, also etwa auch im Konsum oder im Spendenwesen, umfasst. Hier beschäftigen wir uns jedoch schwerpunktmäßig mit der Geldanlage im engeren Sinne, also mit jenen Geldanlageformen, die für gewöhnlich im Kontakt mit Banken und Finanzdienstleistern angeboten werden. Es geht deshalb auch weniger um sogenannte Direktinvestitionen, bei denen unter Umgehung einer vermittelnden Instanz direkt in ökologische oder soziale Projekte investiert wird. Klassische Beispiele hierfür sind Direktbeteiligungen in Windparks, ökologischen Landbau oder Sozialeinrichtungen. Solche Direktinvestments haben aus ethischer Sicht eine sehr hohe Wirkung, werden dabei doch sozial und ökologisch wichtige Projekte direkt gefördert und dadurch oft erst ermöglicht. Gleichzeitig sind diese Direktinvestitionen in der Regel aber nicht nur Geldanlagen, sondern eigentlich unternehmerische Beteiligungen und deshalb mit einem entsprechenden Risiko behaftet. Sowohl über die finanziellen Risiken als auch über die ethische Qualität von Direktinvestitionen muss also immer einzeln geurteilt werden.

5.2.1 Spar- und Sichteinlagen, Festgelder

Die wohl häufigste Form der Geldanlage bei Banken sind Sicht- oder Spareinlagen sowie Festgelder. Die Geldanlage erfolgt für eine bestimmte Laufzeit zu bestimmten Konditionen, und für gewöhnlich weiß der Bankkunde nicht, wofür sein Geld verwendet wird. Denn natürlich verschwindet das Geld nicht in einem Tresor, um nach einer gewissen Zeit samt Zinsen wieder hervorgeholt zu werden. Vielmehr wird das veranlagte Geld von der Bank ebenfalls investiert: Entweder werden damit Kredite vergeben, oder es wird am Finanzmarkt veranlagt. Bereits das wenig spektakuläre Sparbuch und Festgeld zeigen sich also als keineswegs ethisch neutral bzw. harmlos. Die dabei erwirtschafteten Erträge werden zum Teil an die Bankkunden in Form von Zinsen oder Gewinnbeteiligungen weitergereicht, der verbleibende Teil stellt den Gewinn der Bank dar. Für welche Zwecke das Geld zur Verfügung gestellt wird, entzieht sich in der Regel aber der Kenntnis und dem Einfluss des Bankkunden. Eine Ausnahme bilden hier einige wenige Banken, die entweder transparent machen, für welche wirtschaftlichen Projekte Kredite vergeben werden, oder explizit ökologische und soziale Kriterien bei der Finanzmarktveranlagung in Anschlag bringen.

5.2.2 Obligationen, Aktien

Wer bereit ist, sein Geld längerfristig anzulegen, kann dabei auf Schuldverschreibungen bzw. Obligationen zurückgreifen. Dabei handelt es sich genau genommen um Kredite, die man den Emittenten der Schuldverschreibungen bzw. Obligationen gewährt. Diese Emittenten sind einerseits öffentliche Einrichtungen wie Städte, Länder, Staaten bzw. internationale Organisationen wie die Weltbank oder die Internationale Entwicklungsbank und andererseits (Groß-)Unternehmen, die sich über den internationalen Kapitalmarkt Fremdkapital verschaffen. Als Investor leiht man diesen Einrichtungen und Unternehmen also Geld, damit diese ihr „Geschäft" betreiben können. Die ethische Relevanz liegt auf der Hand: Was machen diese Institutionen und Unternehmen mit dem Geld? Wer ethisch investieren will, kann hier bereits steuern, indem zum Beispiel nicht in Staaten investiert wird, die Kriege führen, grundlegende Menschenrechte missachten oder das Kyoto-Protokoll nicht unterzeichnet haben, bzw. nicht in Unternehmen, die Menschen ausbeuten oder die Umwelt zerstören.

Ähnlich verhält es sich bei einem Investment in Aktien: Auch hier können und sollen ethische Gesichtpunkte mit einbezogen werden. Unternehmen, die ihren Gewinn auf eine Art und Weise erwirtschaften, die der Gesellschaft schaden oder die Umwelt zerstören, sollten nicht Gegenstand einer Geldanlage sein. Umgekehrt sollten Unternehmen, die sich glaubwürdig und nachweisbar um sozial- und umweltverträgliche Wirtschaftsweisen bemühen, durch ein Investment gefördert werden.

5.2.3 Investmentfonds, Versicherungen

Wie bereits erwähnt, ist es für den einzelnen Investor aufgrund der hochkomplexen Wirtschaftsstrukturen unmöglich, die Aktivitäten von Staaten und Unternehmen umfassend ethisch zu beurteilen. Institutionelle Investoren, die große Summen veranlagen, beauftragen hierfür professionelle ENR-Agenturen, die entsprechende Analysen durchführen und in regelmäßigen Abständen Listen von Unternehmen und Staaten – sogenannte Anlage-Universen – erstellen, welche den jeweils deklarierten Ethik-Kriterien entsprechen und mithin für die ethisch orientierten Investoren als investierbar gelten können. Für die Mehrzahl der vor allem privaten Investoren, die vergleichsweise geringe Summen veranlagen, ist die Arbeit mit derart professionell gestalteten Anlage-Universen aus Kostengründen jedoch nicht sinnvoll bzw. realistisch. Eine Alternative bieten deshalb Ethik- und Nachhaltigkeitsfonds. Dabei handelt es sich um Investmentfonds, die auf Anlage-Universen von ENR-Agenturen zurückgreifen und ähnlich professionell verwaltet werden wie die Portfolios institutioneller Anleger. Indem man sich bereits mit vergleichsweise kleinen Summen an derartigen Investmentfonds beteiligen kann, steht eine ethisch verantwortliche Geldanlage in Obligationen und Aktien praktisch allen interessierten Investoren offen.

Ähnliches gilt für Versicherungsprodukte, vor allem Lebens- und Vorsorgeversicherungen: Die einbezahlten Versicherungsprämien werden ja ebenfalls am Finanzmarkt veranlagt, und damit stellt sich wiederum die Frage, welche Aktivitäten damit finanziert werden. Auch wer eine Lebens- oder Vorsorgeversicherung abschließt, kann heute aber bereits auf Angebote zurückgreifen, bei denen die Prämien nach ethischen und nachhaltigen Gesichtspunkten wiederveranlagt werden. Dasselbe gilt übrigens für Pensionsvorsorgekassen sowie Pensionskassen.

5.3 Weitere Geldanlageformen und ihre ethische Beurteilung

Spareinlagen, Festgelder, Obligationen und Investmentfonds – diese Formen der Geldanlage werden im deutschsprachigen Raum am meisten nachgefragt. Daneben gibt es jedoch eine Reihe weiterer Geldanlageprodukte, die in der Regel weniger bekannt sind und auch in Hinblick auf ihre ethische Relevanz gesondert zu beurteilen sind. Aufgrund ihrer Vielzahl kann eine umfassende Behandlung an dieser Stelle nicht erfolgen. Deshalb sollen hier nur einige der in jüngerer Zeit am meisten diskutierten Anlageinstrumente diskutiert werden.

5.3.1 Zertifikate

Zertifikate erlebten in den letzten Jahren einen starken Boom, mittlerweile hat sich jedoch die Begeisterung dafür wieder gelegt. Der Grund liegt vor allem darin, dass die in sie gesetzten Renditeerwartungen oft nicht erfüllt worden sind. Mit Zertifikaten ist es privaten Investoren möglich, in sonst nur schwer zugänglichen Bereichen des Finanz-, Zins- oder Rohstoffmarktes zu investieren. Rechtlich gesehen sind Zertifikate Schuldverschreibungen, die jedoch keine im Vorhinein fixierte Rendite abwerfen. Investoren haben bei Zertifikaten Anteil am erzielten

Gewinn oder eben auch am erlittenen Verlust; beides ist möglich und steht erst am Ende der Laufzeit fest. Letztlich handelt es sich dabei um Spekulationen über künftige Preisentwicklungen, und der Totalverlust des eingesetzten Kapitals ist möglich – vor allem dann, wenn der Emittent bzw. „Garantiegeber" eines Zertifikates – in der Regel eine Bank – selbst zahlungsunfähig wird. Das ist nicht sehr wahrscheinlich, aber wie die Pleite des US-Finanzhauses *Lehman Brothers* im Jahr 2008 zeigt, auch nicht unmöglich. Während es also für Spareinlagen in der Regel eine Einlagensicherung gibt, Investmentfonds als Sondervermögen gelten und bei einer Pleite der Fondsgesellschaft bzw. Bank nicht in die Konkursmasse einfließen, können Zertifikate bei einer Illiquidität der emittierenden bzw. garantierenden Bank gänzlich wertlos werden. Bei der ethischen Beurteilung von Zertifikaten ist zu beachten, dass sie nichts anderes als Wetten auf künftige Preisentwicklungen sind. Wetten sind zwar per se noch nicht ethisch bedenklich, allerdings auch nicht unbedingt förderungswürdig: Sie können durchaus destabilisierende Wirkungen an den Finanzmärkten entfalten, die ihrerseits häufig wieder zu unerwünschten gesellschaftlichen Entwicklungen beitragen. Ethische Geldanlage will ja vor allem Kapitalströme gezielt lenken, um ethisch verantwortliche Wirtschaftsweisen zu fördern. Mit Zertifikaten ist das im Großen und Ganzen nicht möglich.

5.3.2 Hedgefonds

Ähnlich wie Zertifikate haben in den letzten Jahren auch Hedgefonds an Bekanntheit gewonnen, zumal Anbieter in den USA und in Großbritannien sogar mit sogenannten SRI-Hedgefonds (*Socially Responsible Investment Hedgefonds*) um die Gunst ethisch orientierter Investoren buhlen. Hedgefonds stellen hohe Renditen in Aussicht, sind aber ebenso riskant, und der Totalverlust des eingesetzten Kapitals ist möglich. Hedgefonds zielen ausschließlich auf Gewinnmaximierung ab (*absolute return*) und verfolgen keine ethisch motivierte Anlagestrategie. Daran ändert auch die SRI-Vorsilbe nichts: Diese bringt lediglich zum Ausdruck, dass die Unternehmen, die Gegenstand von Hedgefonds-Aktivitäten sind, als sozial und ökologisch verantwortlich agierende Unternehmen eingestuft werden. Doch Vorsicht! Genau genommen wird damit die Idee ethischen Investments komplett umgedreht: Anstatt ethisch verantwortliche Unternehmen zu fördern, können sie Gegenstand von Hedgefonds-Strategien wie Leerverkäufen werden, bei denen die Kurse von Unternehmen stark unter Druck gesetzt werden. Die ethisch vorbildlichen Unternehmen werden also durch ihre gezielte Auswahl für SRI-Hedgefonds geradezu für ihre ethisch gute Performance „bestraft" anstatt gefördert! Aber auch aufgrund der Tatsache, dass Hedgefonds in Hinblick auf ihre Anlagestrategien kaum einer Kontrolle oder Regulierung unterliegen, äußerst intransparent und zumeist in Steueroasen domiziliert sind, sind sie mit der Idee ethisch orientierter Geldanlage von vornherein inkompatibel.[6]

5.3.3 Derivate

Derivate sind „abgeleitete“ Finanzprodukte, das heißt, sie beziehen sich auf ein Basisprodukt: eine Aktie, einen Zinssatz, eine Währung, einen Rohstoff oder irgendein anderes Handelsobjekt. Derivate sind Rechte, die es ihrem Inhaber ermöglichen, ein Basisprodukt zu einer bestimmten Zeit um einen bestimmten Preis zu kaufen oder zu verkaufen. Ändert sich nun zum Beispiel der Kurswert einer Aktie, ändert sich auch der Preis eines Derivates. Da sich das Recht eines Derivates in der Regel gleich auf mehrere Basisprodukte bezieht, ergibt sich der Effekt, dass die Preisänderung eines Derivates wesentlich stärker ausfällt als die Preisänderung eines Basisprodukts. Damit sind die Gewinnchancen, aber auch die Verlustrisiken bei Derivaten ungleich größer als bei ihren Basisprodukten.

Derivate wurden ursprünglich erfunden, um Risiken von Preisänderungen abzusichern. Wenn etwa ein europäischer Produzent einem amerikanischen Kunden ein in US-Dollar lautendes Angebot für eine in einem halben Jahr zu erbringende Leistung legt, möchte der europäische Produzent natürlich nicht, dass der US-Dollar zum Zeitpunkt der Bezahlung gegenüber dem Euro weniger wert ist als zum Zeitpunkt der Angebotslegung. Denn in diesem Fall würde er – auf Euro-Basis gerechnet – einen Verlust erleiden. Mit einem Derivat – in unserem Beispiel etwa mit einer Option, die das Recht einräumt, zum Lieferzeitpunkt den US-Dollar zu dem zum Angebotszeitpunkt gültigen Wechselkurs umzutauschen – kann

[6] Neben Hedgefonds sind hier auch *Private-Equity-Fonds* zu nennen, die Bekanntheit dadurch erlangt haben, indem sie mittels Aufnahme hoher Kreditsummen in der Regel gut gehende Unternehmen aufkaufen, diese Kreditschuldenlast dann einfach „über Nacht“ auf das erworbene Unternehmen überwälzen und dieses anschließend unter dem betriebswirtschaftlichen Euphemismus „Restrukturierung“ regelrecht plündern, indem sie nicht kurzfristig gewinnbringende Unternehmensteile (z. B. Forschungs- und Entwicklungsabteilungen) abstoßen, hochqualifizierte (und deshalb teurere) Mitarbeiter kündigen bzw. die Produktion überhaupt in Billiglohnländer verlagern – und damit letztlich einen gesamtwirtschaftlichen Schaden stiften. Das Wort von der finanzwirtschaftlichen „Heuschrecken-Plage“ findet v. a. in derlei Aktivitäten seine Begründung. In vielerlei Hinsicht sind Private-Equity-Fonds den Hedgefonds ähnlich, auch wenn sie unterschiedliche Schwerpunktsetzungen haben. Mitunter sind sie aber auch gar nicht klar voneinander zu unterscheiden.
NB: Der Begriff „Private Equity“ kann allerdings auch privates Risikokapital für ökologisch und sozial wertvolle Projekte, Unternehmen und Innovationen (zum Beispiel Beteiligungskapital für Windparks oder soziale Einrichtungen) bezeichnen. Auf diese Differenzierung ist zu achten!

sich der Produzent gegen das Risiko eines Währungsverlustes absichern. Diesen wirtschaftlich sehr wichtigen Zweck erfüllen Derivate auch heute noch, allerdings dient ihm mittlerweile nur noch ein sehr geringer Teil der aktuellen Derivativgeschäfte. Der überwiegende Teil – Experten sprechen von über 95 % – dient ausschließlich der Spekulation.[7] Das ist insofern problematisch, weil solche Spekulationen nicht nur destabilisierend auf die Finanzmärkte wirken und Krisen begünstigen können, sondern auch, weil damit die Preise der Basistitel beeinflusst werden. Besonders dramatisch hat sich dies in den letzten Jahren in Form stark steigender Nahrungsmittelpreise als Folge von Derivativspekulationen gezeigt.

Aus ethischer Sicht sind Derivate somit differenziert zu beurteilen. Einerseits erfüllen sie eine wichtige Funktion in der Absicherung gegenüber wirtschaftlichen Risiken, andererseits sind sie Ursache von Destabilisierungen an den Finanzmärkten und Grund für in die Höhe getriebene Preise von lebenswichtigen Gütern. Wo genau die Grenze zwischen Absicherung und Spekulation verläuft, kann eigentlich jeweils nur im Einzelfall geklärt werden. Unbestreitbar ist jedoch, dass Spekulationen, die unbeteiligte Menschen in Mitleidenschaft ziehen, ethisch nicht vertretbar sind.

5.3.4 Mikrokredite

Auf die Möglichkeit der Veranlagung in Mikrokrediten ist die breitere Öffentlichkeit erst infolge der Verleihung des Friedensnobelpreises 2006 an Muhammad Yunus und seine *Grameen Bank* in Bangladesch aufmerksam geworden. Das Konzept hinter Mikrokrediten ist, Menschen, die keinen Zugang zu Kapital haben, unter dem Motto „Hilfe zur Selbsthilfe“ mit Kleinstkrediten eine wirtschaftliche Tätigkeit und damit eine Verbesserung ihrer Lebenssituation zu ermöglichen. Auch *Oikocredit*, eine internationale ökumenische Mikrokredit-Initiative, verfolgt seit vielen Jahren dieses Konzept. Bei *Oikocredit* können Investoren Genossenschaftsanteile erwerben (Mindesteinlage 200 Euro); mit dem so gesammelten Geld werden Mikrokredite finanziert. Während der Dauer ihres Engagements erhalten die Genossenschafter eine jährliche Dividende, die in den letzten Jahren stets 2 % des veranlagten Kapitals betragen hat. Im Vergleich zu anderen Geldanlageformen ist das nicht viel, vor dem Hintergrund der massiven Verluste im Zuge der Finanzkrise aber nahezu rekordverdächtig.

---

[7] Laut Bank für Internationalen Zahlungsausgleich betrug der Umsatz an den internationalen Derivativmärkten im Jahr 2008 2000 Billionen US-Dollar. Zum Vergleich: Das Welt-Bruttoinlandsprodukt, also die Summe aller global produzierten Waren und Dienstleistungen, betrug im selben Zeitraum lediglich rund 60 Billionen US-Dollar.

Seit einigen Jahren werden finanzielle Mittel für Mikrokredite auch über andere Beteiligungsmodelle gesammelt, etwa in Form von Mikrokredit-Investmentfonds oder Mikrokredit-Anleihen, und man kann heute von einem regelrechten Mikrokredit-Boom sprechen. Wie bei allen guten Ideen, die in relativ kurzer Zeit von vielen Akteuren übernommen werden, ist deshalb auch bei den zahlreichen Mikrokredit-Initiativen sehr genau darauf zu achten, wo die Grenze zwischen berechtigten Renditeinteressen der Investoren und Wucherzinssätzen für die Kreditnehmer verläuft. Da unter dem Begriff „Mikrokredite" mittlerweile auch Kreditgeschäfte firmieren, die mit der ursprünglichen „Hilfe zur Selbsthilfe"-Idee nicht mehr viel zu tun haben (etwa die Vergabe reiner Konsumkredite), ist bei einem Investment in Mikrokredite die soziale Förderwirkung genau zu prüfen; es ist also darauf Wert zu legen, dass den Kleinstkreditnehmern wirklich nur seriös geprüfte Produktiv-Kredite für ein aussichtsreiches wirtschaftliches Projekt gewährt werden, das ihnen eine realistische Chance eröffnet, die übernommenen Kreditschulden auch wieder auf zumutbare Weise abzutragen.

Aus einer ethischen Perspektive ist die Idee der Mikrokredite auf jeden Fall zu befürworten, weil diese einen hohen Fördereffekt haben und die Erfahrungen zeigen, dass sich damit die Lebenssituation von wirtschaftlich benachteiligten Menschen vor allem in Entwicklungs- und Schwellenländern stark und nachhaltig verbessern kann. Auch haben sich Investments in Mikrokredite als Beimischung zu anderen Anlagemöglichkeiten in Zeiten fallender Börsenkurse als stabilisierender Faktor erwiesen.

Bernhard Ungericht und Martina Wiesner

Individuelle und organisationale Resilienz – Chancen und Missbrauch des Resilienzkonzepts im Managementdiskurs

Einleitung

Eine kurze Ad-hoc-Analyse des Wirtschaftsteils der Tageszeitung „Der Standard" macht deutlich, dass Krise und Zusammenbruch dominante Themen der öffentlichen Wahrnehmung sind: In der Ausgabe des Standard vom Samstag, den 14. März 2009 findet sich auf den ersten drei Seiten des Wirtschaftsteils der Begriff der „Krise" am häufigsten und am zweithäufigsten die Zustandsbeschreibung „unter Druck". Neben diesen beiden finden sich auffällig häufig emotionale Zustandsbeschreibungen wie: „Not", „Niederlage", „in den Abgrund", „Talfahrt", „zu Ende", „Depression", „Zerfall", „Einschränkungen", „Verzicht", „Drama", „dahin vegetieren", „schwer angeschlagen", „Angst", „Panik", „Defekt", „den Gürtel enger schnallen müssen", „drängt", „droht", „still gelegt", „stagniert", „krisengeschüttelt", „vernichtend", „trist", „aggressiv vorgehen", „mehr Tempo", „im Kampf". Die Darstellung des Zustands der Weltwirtschaft zeigte auf der Symptomebene das psychologisch-klinische Vollbild einer Depression mit all ihren Leitsymptomen: gedrückte Stimmung, Freudlosigkeit, Antriebsverminderung und Suizidgedanken.

Ein gutes Jahr später – in der Ausgabe des Standard vom 3/4. Juli 2010 – hat sich der begriffliche Schwerpunkt etwas verlagert – nunmehr sind neben der „Krise" das „hohe Risiko", die „Strukturreform", das „Durchziehen des Sparkurses", die „Pleite", „Stresstests für Banken" etc. die wichtigsten Sprachbilder der Gegenwartsdiagnose. Was unverändert ist, ist das Gesamtbild eines spezifischen sozio-ökonomischen Zustandes: Die Rahmenbedingungen sind hart, und sie üben Druck auf Organisationen/Unternehmen und Individuen aus. Mit diesem Druck und unterschiedlichen Ansätzen der Stärkung der Widerstandskraft wird sich dieser Beitrag auseinandersetzen.

Im ersten Teil wird es darum gehen, diesen Druck und die Gefahr der Überforderung und des Zusammenbruchs auf organisationaler und individueller Ebene zu skizzieren.

Im zweiten Teil werden wir – anhand der Ergebnisse der Resilienzforschung – der Frage nachgehen, welche Faktoren hilfreich sein können, um an widrigen Rahmenbedingungen nicht zu zerbrechen, sondern – im Idealfall – an ihnen noch zu wachsen bzw. Veränderungen zu initiieren.

In der Rezeption und Anwendung der Ergebnisse der Resilienzforschung durch die wirtschaftliche Praxis und den Managementdiskurs zeigen sich zwei unterschiedliche Zugänge: ein instrumentalistischer Zugang und ein am „guten Leben" bzw. an zukunftsfähigen Organisationen orientierter – konvivialer – Zugang. Diese unterschiedlichen Zugänge werden im dritten und vierten Abschnitt behandelt.

1. Krise und Überforderung – eine Bestandsaufnahme gegenwärtiger ökonomischer Verhältnisse

Im Verlauf der Jahre 2009/2010 fand sich immer häufiger ein bemerkenswerter Begriff in den Wirtschaftsteilen der Tageszeitungen: „Stresstest". Stresstests von Unternehmen und hier v. a. von Banken sollen Auskunft über die Belastbarkeit bzw. die Angeschlagenheit der untersuchten Organisationen geben. Die implizierte Logik lautet: Die Rahmenbedingungen (und die organisationsinternen Reaktionen darauf) destabilisieren die Unternehmen bis an die Grenze des Zusammenbruchs, eine rechtzeitige Diagnose und darauf aufbauende Maßnahmen können die Widerstandskraft wiederherstellen. Unternehmensinsolvenzen sind ein Indikator für steigenden Druck: Im Krisenjahr 2009 stiegen in Deutschland die Insolvenzen in der ersten Jahreshälfte um 15 % (Statistisches Bundesamt Deutschland 2009). In Österreich stiegen im Jahr 2009 die Insolvenzen gesamt um 14,4 %, in einigen Branchen (v. a. Chemie, Maschinen/Metall, Papier/Druck) um über 50 % (Die Presse vom 12. 1. 2010).

Der Begriff „Stresstest" wurde aber auch vermehrt auf die Ebene des arbeitenden Individuums bezogen. Stressresistenz wurde zu einem wichtigen Faktor, der darüber entscheidet, ob jemand einen Arbeitsplatz bekommt oder behält.

Auch der Druck, dem sich die Beschäftigten ausgesetzt sehen, ist ein Spiegelbild der verschärften Verhältnisse: Während sich früher inhumane Arbeitsbedingungen vor allem in körperlichen Leiden manifestierten, sind es heute eher psychische Erkrankungen, die ein Indikator für problematische Arbeitsbeziehungen und -bedingungen sind: Der Bericht der Europäischen Agentur für Sicherheit und Gesundheitsschutz am Arbeitsplatz (2008) stellt fest, dass 60 % aller Fehlzeiten auf psychosoziale Risiken zurückzuführen sind. Die Agentur geht davon aus, dass die Zahl der Betroffenen weiter zunehmen wird, da das Stressniveau der Erwerbstätigen permanent erhöht wird. Der Bericht „Psychische Gesundheit am Arbeitsplatz in Deutschland" des Berufsverbands deutscher Psychologinnen und Psychologen aus dem Jahr 2008 nennt einige der Ursachen (Scharnhorst 2008):

- Arbeitsplatzunsicherheit,
- Intensivierung der Arbeit mit langen Arbeitszeiten und einer Informationsflut durch die neuen Kommunikationstechnologien,
- Zeitdruck und Komplexität der Arbeit,
- unzureichende Vereinbarkeit von Beruf und Privatleben,
- Wettbewerbsdruck zwischen Abteilungen, innerhalb von Abteilungen oder zwischen Töchtern des gleichen Konzerns,
- Führungsmängel – insbesondere die fehlende wechselseitige Achtung und Anerkennung aller Organisationsmitglieder in ihrer personalen Würde und Gleichwertigkeit ist ein wichtiger Stressfaktor.

Eine Vielzahl von Untersuchungen ergibt ein auffallend ähnliches Bild: Ein Fünftel der Beschäftigten bekommt innerhalb eines Jahres zumindest einmal eine psychische Störung diagnostiziert, ein weiteres Fünftel sagt von sich, bereits mit Burn-out-Problematik konfrontiert gewesen zu sein (vgl. DAK 2005). Laut Österreichischem Patientenbericht 2009 haben sich allein 2007 und 2008 die diagnostizierten schweren Burn-out-Neuerkrankungen mit starker körperlicher Beeinträchtigung auf rund 7000 verdoppelt.

Eine besondere Rolle nehmen dabei Führungskräfte ein: Einerseits geben sie den Druck nach unten weiter, gelten aber selbst als besonders gefährdet. So geben 83 % der befragten Führungskräfte an, dass sie es nicht schaffen, Berufs- und Privatleben ausgewogen zu gestalten. Sie leiden unter permanentem Entscheidungs- und Erfolgsdruck, unter Multitasking und permanentem Zwang, erreichbar zu sein. Besonders gefährdet sind sie dann, wenn sie im Job gegen die eigene Überzeugung handeln „müssen" oder wenn der Selbstwert vom beruflichen Erfolg abhängig gemacht wird.

Ist der Mensch zu wenig an die wirtschaftlichen Verhältnisse angepasst? Ist der Mensch ein reformbedürftiges Mängelwesen?

2. Widerstandsfähigkeit – Hinweise der Resilienzforschung

Widerstandsfähigkeit wird besonders in Krisenzeiten – also unter ungünstigen Rahmenbedingungen – zu einem wichtigen Thema. Diese Widerstandsfähigkeit wird in der Psychologie als Resilienz bezeichnet: als die psychische und physische Stärke, die es Menschen ermöglicht, negative Situationen, Krisen und Rückschläge ohne langfristige Beeinträchtigungen zu meistern.

Die Resilienzforschung entwickelte sich aus der Entwicklungspsychologie, die Risikoeinflüsse auf die Entwicklung von Kindern untersuchte. Im Mittelpunkt stand die Frage, warum sich manche Kinder gut entwickelten, obwohl sie unter schwierigen Bedingungen aufwuchsen. Diese entwicklungspsychologische Perspektive war Grundlage von rund 20 Längsschnittstudien der Resilienzforschung. Eine der ersten und größten Resilienzstudien war die Kauai-Studie von Werner und Smith (1989, 1992). Werner und Smith – zwei Psychologinnen der University of California – untersuchten über vier Jahrzehnte hinweg die Entwicklung von rund 700 asiatischen und polynesischen Kindern, die 1955 auf der Hawaii-Insel Kauai zur Welt gekommen sind. Ihre Entwicklung wurde im Alter von 1, 2, 10, 18, 32 und 40 Jahren erhoben. 210 der Teilnehmer wuchsen unter äußerst schwierigen Bedingungen auf (d. h. mit mehreren Risikofaktoren wie z. B. chronische Armut, perinatale Komplikationen, elterliche Psychopathologie, familiäre Zerrüttung etc.). Diesen Risikokindern galt das Interesse. Ein Drittel der Risikokinder entwickelte sich erstaunlich positiv. Sie hatten schulische Erfolge, waren in das soziale Leben eingebunden, setzten sich realistische Ziele, im Alter von 40 war keiner aus dieser Gruppe arbeitslos, keiner kam mit dem Gesetz in Konflikt oder war auf die Unterstützung von sozialen Einrichtungen angewiesen. Aus der Kauai-Längsschnittstudie und anderen Studien zeichnete sich ab, dass resiliente Personen besondere Merkmale aufweisen, die sie zu schützen scheinen (vgl. Werner 2007, Wustmann 2007, Fröhlich-Gildhoff/Rönnau-Böse 2009). Diese Kinder hatten Schutzfaktoren, welche die negativen Auswirkungen widriger Umstände abmilderten:

1. Die Fähigkeit, sich räumlich und emotional von problematischen Rahmenbedingungen zu distanzieren.
2. Sie fanden Halt in einer stabilen emotionalen Beziehung zu Vertrauenspersonen außerhalb der zerrütteten Familie.
3. Sie hatten dort einen Zufluchtsort, erfuhren Bestätigung und sahen soziale Modelle, die den Kindern zeigten, wie sie Probleme konstruktiv lösen konnten.
4. Sie hatten die individuelle Fähigkeit, offen auf andere zuzugehen und konnten sich damit Quellen der Unterstützung erschließen.

Die Suche nach Resilienzfaktoren beschränkt sich allerdings nicht auf Kinder: Im deutschsprachigen Raum verbreiten sich derzeit vor allem die sogenannten „Sieben Säulen der Resilienz". Es handelt sich hier um sieben Verhaltensweisen, welche resiliente Menschen in schwierigen Lebenssituationen anwenden, um sie zu überwinden (vgl. Gruhl 2010, Nuber 1999):

1. Optimismus
2. Akzeptanz

3. Lösungsorientierung
4. Opferrolle verlassen
5. Verantwortung übernehmen
6. Netzwerk-Orientierung
7. Zukunftsplanung

1. Resiliente Menschen bleiben optimistisch

Ohne den Glauben, dass Krisen zeitlich begrenzt sind und überwunden werden können, ist Widerstandsfähigkeit nicht denkbar. Bei einem „gesunden Optimismus" wird weder die Realität verleugnet, was z.B. eine Gefahr von „positivem Denken" sein könnte, noch werden negative Ereignisse schön geredet. Optimistische Menschen verallgemeinern ein negatives Erlebnis nicht, sondern sehen es als Einzelfall an. Dieser Optimismus erkennt die Realität an, geht aber davon aus, dass danach bessere Zeiten folgen werden.

2. Resiliente Menschen akzeptieren die Krise und die damit verbundenen Gefühle

Zu Beginn einer akuten Krise können der Schmerz und die Wut so groß sein, dass man versucht, die Situation zu leugnen und die Augen vor der Realität zu verschließen. Resiliente Menschen mit einer akzeptierenden Grundhaltung hingegen nutzen ihre mentale und emotionale Energie dafür, unveränderbare Gegebenheiten konstruktiv zu verarbeiten und in ihr Leben zu integrieren. Sie lassen ihren Gefühlen freien Lauf und passen sich nach und nach der veränderten Realität an. Resiliente Menschen lassen sich Zeit. Sie wissen: Weglaufen hilft nicht. Sie wissen: Im Moment können sie keinen klaren Gedanken fassen, geschweige denn Entscheidungen treffen. Wenig resiliente Menschen tun in einer akuten Krise (die Angst hervorruft) so, als sei nichts geschehen. Sie gehen so schnell wie möglich zur Tagesordnung über oder betäuben sich mit Aktivismus, Alkohol oder Medikamenten.

3. Resiliente Menschen suchen nach Lösungen

Problemorientierte Menschen verwenden viel Zeit, unentwegt über das Problem nachzudenken, es zu analysieren und zu beklagen. Resiliente Menschen dagegen machen sich stärker Gedanken um mögliche Lösungen. Sie konzentrieren ihre Energie darauf, Ressourcen zu aktivieren, Verbesserungen und Fortschritte zu erreichen, denn dadurch wird der Blick nach vorne geöffnet und Energie für das Wesentliche gewonnen.

4. Resiliente Menschen fühlen sich nicht als Opfer

Menschen, die mitten in der Krise stecken, können durch ihre Einstellung die Situation noch verschlimmern. Sie haben die Hoffnung auf Änderung verloren und sehen sich als Opfer der Situation. Auch resiliente Menschen sind davor nicht gefeit. Jedoch: irgendwann gilt es, auf die jeweilige Lage wieder Einfluss zu nehmen.

5. Resiliente Menschen geben sich nicht selbst die Schuld

Zu Beginn einer Krise sind Schuldgefühle und Selbstvorwürfe meist unvermeidlich. Resiliente Menschen beenden aber diese Selbstanklagen bald und schätzen ihren eigenen Anteil an der Krise realistisch ein. Sie machen nicht mehr nur sich selbst verantwortlich, sondern erkennen auch, was andere oder die Umstände dazu beigetragen haben.

6. Resiliente Menschen lösen ihre Probleme nicht allein

Resiliente Menschen versuchen Schwierigkeiten nicht alleine zu lösen. Sie schaffen sich unterschiedliche Stützsysteme bzw. Netzwerke, auf die sie zurückgreifen können, statt alles alleine zu bewältigen. Ohne sich von anderen vollkommen abhängig zu machen, ergänzen sie ihre eigenen Kenntnisse, Fähigkeiten und Talente mit den Ressourcen anderer.

7. Resiliente Menschen planen voraus

Eine weitere Eigenschaft resilienter Menschen ist, dass sie nichts für selbstverständlich halten. Das bedeutet, dass sie mit den Wechselfällen des Lebens rechnen und sich mit den vorhersehbaren Veränderungen im Leben – wie z. B. Heirat, Geburt eines Kindes, Arbeitsplatzwechsel, Älterwerden – beschäftigen. Somit sind die damit verbundenen Probleme nicht überraschend, weil sie sich gedanklich darauf vorbereiten.

Die Resilienzforschung weist damit auf zwei wichtige Aspekte hin, welche für die „Anwendung" ihrer Erkenntnisse von Bedeutung sind:

1. Resilienz ist mehr als Anpassung an widrige Verhältnisse und mehr als das pure Durchstehen oder Überleben.
2. Resilienz ist ein Prozess des Lernens und Veränderns.

Im Laufe der Zeit setzte sich innerhalb der Resilienzforschung die Position durch, dass Resilienz ein dynamischer Interaktionsprozess zwischen Individuum und Umwelt ist. Die Fähigkeit zur Resilienz ist nicht angeboren. Resilienz ist also ein dynamischer Anpassungs- und Entwicklungsprozess (vgl. Wustmann 2004, Kluge 2004). Resilienz ist damit kein Persönlichkeitsmerkmal, sondern immer an zwei Bedingungen geknüpft (vgl. Fröhlich-Gildhoff/Rönnau-Böse 2009):

a) Es besteht eine Risikosituation[1],
b) das Individuum bewältigt diese positiv.

Resilienz kann deshalb niemals direkt gemessen werden, da es sich hier um ein latentes Konstrukt handelt, das sich aus den Teilkonstrukten „Risiko" und „positive Bewältigung" konstituiert. Zudem müssen protektive Faktoren und Vulnerabilitätsfaktoren bestimmt werden. Aus Sicht der modernen Resilienzforschung geht es darum, das Zusammenspiel der Faktoren im Laufe der individuellen Entwicklung zu verstehen, da weder protektive Faktoren noch Vulnerabilitätsfaktoren an sich maßgebend für das Ergebnis sind.

Die Resilienzforschung gibt damit Hinweise, aber keine Sicherheiten und erst recht keine Rezepte.

3. Der instrumentalistische Zugang – Anpassung als Leitidee eines funktional verkürzten Resilienzverständnisses

Steigender Anforderungsdruck impliziert, dass immer mehr (Organisationen wie Individuen) nicht mehr mithalten können. Angesichts der permanenten Bedrohung organisationalen und individuellen Zusammenbruchs ist ein Konzept, das Widerstandsfähigkeit verspricht, besonders gefragt. Kein Wunder, dass auch im Managementdiskurs Resilienz in den letzten Jahren vermehrt aufgegriffen wird. Unternehmen sollen krisenfest und kompetitiv sein, MitarbeiterInnen sollen stresstolerant sein und die Grenzen ihrer Leistungsfähigkeit permanent erhöhen. Die betrieblichen Stehaufmännchen und -weibchen sollen in der Lage sein, nach jeder Erschütterung wieder gestärkt ihre Funktion weiter zu erfüllen. Die Kernelemente eines instrumentalistischen Resilienzverständnisses sind „Anpassung" und „Leistungssteigerung".

Titel von Managementbüchern wie: „The resiliency advantage. Master Change, Thrive under Pressure and Bounce Back From Setbacks" (Siebert 2005) oder „Resilience at work. How to succeed no matter what life throws at you" (Maddi und

[1] Die klassische Resilienzforschung beschäftigte sich v. a. mit den folgenden Risiken:
- Aufwachsen von Kindern unter schwierigsten Bedingungen (z. B. chronische Armut)
- Stressreiche Lebensereignisse (z. B. Scheidung der Eltern) bzw. dauerhafte Stress-Situationen (z. B. chronische Schmerzen)
- Erleben von traumatischen Situationen (z. B. Tod eines Kindes, Gewalterfahrungen, Krieg)

Khoshaba 2005) sind ein deutliches Zeichen für ein instrumentelles Verständnis von Resilienz. Ein Artikel der Wirtschaftswoche vom Jänner 2009 (Deysson 2009) trägt die Überschrift: „Bloß nicht unterkriegen lassen. Steh auf! Wie Kämpfertypen Krisen meistern." Die Ideologie des „Was mich nicht umbringt, macht mich härter" oder „... Krisen härten ab und fördern die Resilienz" (Deysson 2009, 72) formuliert auch einen Anspruch an das Individuum als Arbeitskraft: Resilienz wird zum Bestandteil des Anforderungsprofils.

Das Resilienzkonzept wird damit funktionalisiert, Resilienz wird zum Instrument, zur strategischen Waffe, um einen ökonomischen Zweck zu erreichen. Im Mittelpunkt derartiger funktionalistischer Anwendung des Resilienzkonzepts steht das Versprechen der Steigerung bzw. Wiederherstellung der individuellen Stress- und Krisenresistenz bzw. der organisationalen Wettbewerbsfähigkeit durch ein Ausreizen der individuellen Belastungsgrenzen. Laut einer Studie zu Psychosomatik und Berufstätigkeit (Zielke, Ciric und Leidig 2005) gibt es drei zentrale Risikofaktoren und psychische Belastungsquellen am Arbeitsplatz:

- überhöhtes exzessives berufliches Engagement,
- hohe Verausgabungsbereitschaft,
- geringe Distanzierungsfähigkeit.

Gerade diese „Fähigkeiten" werden aber im heutigen Berufsleben vermehrt gefordert. Wenn dann noch eine geringe soziale Unterstützung, abnehmende Lebenszufriedenheit, ein starkes Belastungserleben und ein geringes Erfolgserleben dazukommen, ist nach Zielke, Ciric und Leidig (2005) ein Burn-out-Risikomuster gegeben. Gleichzeitig gibt es eine starke Tendenz, die Verantwortung für die Prävention individuellen Zusammenbruchs immer stärker auf das Individuum zu verlagern, ohne die Rahmenbedingungen in Frage zu stellen.

Diese individualistisch/instrumentalistische Sichtweise wird in einem Artikel der Zeitschrift „Der Versicherungsfachwirt" (Lasar 2009) propagiert: Ein von Burn-out Betroffener schildert seine Situation: „Es war ein langer, schleichender Prozess, bis es mir am Wochenende davor gegraut hat, am Montag wieder zur Arbeit zu gehen" ... „Umstrukturierungen im Unternehmen, ein neu zugewiesener Arbeitsbereich, für das ich mir das know-how aneignete ... alles schaffte ich in den letzten 15 Jahren." Dann kommt es zu einem drastischen Personalabbau, aber die Arbeit wird nicht weniger. Die Fülle der Arbeit konnte nicht mehr bewältigt werden. Der Betroffene reagiert mit Selbstzweifeln. Er glaubt, dass die jüngeren Kollegen vergleichbare Aufgaben in kürzerer Zeit erledigten. Er beginnt Feierabend und Freizeit zum Aufarbeiten des Arbeitspensums zu nützen und schafft es nicht mehr, von der Arbeit abzuschalten. Der Betroffene: „Ich konnte an nichts mehr anderes denken, mich peinigte dauernd die Angst, dass ich meine Arbeit nicht schaffen würde. Ich fühlte mich durch und durch ohnmächtig und völlig am Ende meiner Kräfte." Hinzu kommen „Schlafstörungen, keine Lust mehr zu Wochenendaktivitäten, Herzrasen, hoher Blutdruck und Magen-Darm-Beschwerden." (Lasar 2009, 6f)

Dieser Artikel, der mit einem Bericht über eine nicht ungewöhnliche individuelle Erfahrung einleitet, konstruiert einen für die Resilienzrezeption im Managementdiskurs typischen Schluss: Der Betriebsarzt empfiehlt eine Konsultation der externen, vom Unternehmen beauftragten, Mitarbeiterberatungsagentur – nach fünf eineinhalbstündigen „Beratungssitzungen" ist die Resilienz wiederhergestellt. Resümee: „Er ist gestärkt aus dem Dilemma hervorgegangen und rechnet es seinem Arbeitgeber hoch an, dass er ihm die Beratung ermöglicht hat." ... „Ich gehe wieder gerne ins Büro und leiste so viel wie in meinen besten Zeiten. Das zahlt sich doch auch für das Unternehmen aus."

Die implizite Botschaft dieser Geschichte ist klar:

1. Es geht primär um die Steigerung und Wiederherstellung individueller Funktionsfähigkeit – auch angesichts krankmachender Rahmenbedingungen. (Resilienz als Reparaturtool).
2. Resilienz wird zum individuellen Anspruch, der zu erfüllen ist, ohne dass die Rahmenbedingungen verändert werden.

Wo die Resilienzforschung das Konzept der Förderung und Unterstützung in den Mittelpunkt stellt, gerät es im Managementdiskurs immer mehr zur Forderung. Besonders beliebt dabei sind Resilienz-Checklisten, die auf den 7 Säulen der Resilienz aufbauen, aber die Form des Appells annehmen:

1. Sei gefühlsstabil! Steuere die eigene Gefühlswelt so, dass hohe Belastungen nicht als Stress, sondern als Herausforderung empfunden werden und du kurz darauf wieder voll agieren kannst (vgl. Deysson 2009).
2. Sei optimistisch (alles wird gut)!
3. Zeige Analysestärke! Verlasse eingefahrene Denkpfade! Identifiziere die Ursachen von negativen Erlebnissen und erkenne alternative Lösungen!
4. Denke langfristig und entwickle realistische Ziele!
5. Zeige Handlungskontrolle! Verzichte auf sofortige Belohnungen zugunsten eines höheren Ziels in der Zukunft! Reagiere kontrolliert und überlegt und nicht impulsiv!
6. Zeige Selbstbewusstsein! Glaub an die eigenen Kompetenzen! Sei aktiv und schlüpf nicht in die Opferrolle!
7. Sei kontaktfreudig! Suche aktiv Partner, die unterstützend sind!

Während die Resilienzforschung produktive Verhaltensweisen von resilienten Menschen identifiziert, geht es im instrumentalistischen Verständnis um die „Fähigkeit zur Selbstmotivation und emotionalem Selbstmanagement", wie in einem einschlägigen Angebot eines Beraters zu lesen ist. Die DCA-Consulting (www.resilienz-beratung.de) bietet im Sommer 2009 Trainings zur Resilienzsteigerung von Mitarbeitern an. Dabei wird davon ausgegangen, dass ausschließlich die individuelle Sichtweise entscheidend ist, ob jemand ein Problem hat oder nicht – und da jeder Mensch „für seine Gefühle verantwortlich ist und nicht irgend eine Situation oder irgend ein anderer Mensch", könne jeder seine Resilienz erhöhen, indem er seine Sichtweise verändert.[2]

Die zentrale Logik lautet also: mehr Effizienz, mehr Leistung als Ziel von resilienzorientierten Maßnahmen und nicht die Entschärfung der Probleme, die durch permanent gesteigerte Leistungsanforderungen entstehen. Die Interessenperspektive, welche hier eingenommen wird, ist klar: Im einem Artikel im „Personal magazin" (Schwierz 2006) ist zu lesen: „Je resilienter die Mitarbeiter werden, umso mehr Initiative und Leistungsbereitschaft zeigen sie für neue Aufgaben."

Wenig verwunderlich wird das instrumentalistische Resilienzkonzept auch vom Militär aufgegriffen. Das Militär war historisch immer schon ein Pionier, was die Herausbildung von Managementmethoden betrifft. Die US-Armee betreibt seit 2009 ein Resilienz-Camp bzw. Resilienz-Training. Das Ziel: „Schaffung einer ausgeglichenen, gesunden, selbstsicheren Armee", da „Ausfälle aufgrund psychischer Belastungen einen erheblichen Kostenfaktor darstellen". Die Soldaten sollen lernen, „bei einem Problem positiv zu denken und optimistisch zu bleiben". Sie sollen „mental, emotional und spirituell so gestärkt werden, dass sie für schwierige Situationen bestens gewappnet sind", das Resilienz-Training soll „ihnen ermöglichen, in einem Umfeld mit hohen operationalem Tempo und ständigem Konflikt zu agieren – und dabei psychisch gesund zu bleiben." … „es geht um die Optimierung der Leistungsfähigkeit und mentalen Stärke der Soldaten" und um die „Optimierung der Leistung und Gefechtsbereitschaft der Armee" (vgl. Luckhardt 2009).

Die Kernelemente des Programms:

- „Kognitives Refraiming-Training" in den Tradoc-Schulen (Training and Doctrine Command).
- Standardisierung und Messverfahren, um die Effizienz und Durchdringung der Resilienzmaßnahmen zu kontrollieren.
- „Post-Traumatisches Wachstum": 30 % der an Kampfhandlungen beteiligten Soldaten weisen posttraumatische Belastungsstörungen auf – sie sollen die Fähigkeit entwickeln, an schwierigen Situationen zu wachsen.

[2] Da hier nicht mehr jeder mitkommt und Reparaturen am „Werkstoff Mensch" nicht immer kostengünstig möglich sind, wird auch die resilienzorientierte Mitarbeiter*selektion* zum Thema: Eine zunehmende Anzahl von Anbietern verspricht, mittels Testbatterien die Resilienz der bestehenden Mitarbeiter oder von Bewerberinnen objektiv einschätzen zu können. Wer dieses Anforderungsprofil nicht erfüllt, gilt als nicht resilient und damit nicht verwertungstauglich.

- „Spiritual Fitness“: Im Fort Hood’s Resiliency Campus werden kriegsspezifische Ethikkurse angeboten, rund um die Uhr besteht die Möglichkeit, einen Geistlichen zu konsultieren.
- Resilienz-Trainings für Familienmitglieder: Weil starke, resiliente Familien für die Soldaten elementar sind, sollen auch die Ehepartner ein angepasstes Training durchlaufen.

Der Bericht endet mit dem Satz: „Kriege sind teuer und Ausfälle von Soldaten stellen einen wesentlichen Kostenfaktor dar.“

Das Kernmerkmal einer instrumentalistisch-individualisierenden Sicht von Resilienz ist das Ausblenden der Rahmenbindungen. Damit werden nicht nur wichtige Ergebnisse und Ausgangspunkte der Resilienzforschung negiert, sondern auch betroffene Individuen vorrangig unter dem Aspekt der Anpassung an externe Systemerfordernisse betrachtet.

Es gibt also einige tiefgreifende Unterschiede zwischen den Ergebnissen der Resilienzforschung und dem instrumentalistischen, managementorientierten Resilienzdiskurs (siehe S. 116).

4. Der konviviale Zugang – widerstandsfähige Individuen und gesunde Organisationen

Das instrumentell verkürzte Resilienzverständnis ist kaum in der Lage, Wohlbefinden und Widerstandsfähigkeit von Individuen und gesunde (statt kranke und krankmachende) Organisationen zu fördern. Ein konvivialer Zugang – und damit eine Rückbesinnung auf die Ausgangsfragen und -ziele der Resilienzforschung – setzt hier an: Es geht darum, kranke Organisationen so zu verändern, dass sie nicht mehr krankmachen, und es geht darum, konkreten Einzelpersonen zu helfen, in krankmachenden Strukturen einigermaßen gesund zu bleiben bzw. eine gesunde Distanz dazu einzunehmen. Es geht um Widerstandsfähigkeit und Lebensfreundlichkeit und um den unauflösbaren – vom instrumentellen Resilienzverständnis vernachlässigten – Zusammenhang von individueller und organisationaler Resilienz.

Individuelle Resilienz – Widerstandsfähigkeit fördern

Es kann davon ausgegangen werden, dass ein instrumentalistisch verkürztes Resilienzkonzept zwar für eine bestimmte Zeit die „Human-Ressourcen“ verwertungs-

	Resilienzforschung: Resilienz als Selbstzweck	**Managementdiskurs: Resilienz als Instrument**
Konzept und Ziel	Am Menschen orientierter Prozess - Förderung des Wohlergehens - Vermindern von Risikoeinflüssen (z. B. schützt das Jugendamt Kinder, indem es sie problematischen Umfeldern entzieht) - Entwickeln von Schutzfaktoren - Veränderung (= Flexibilität)	Resilienz als messbares und trainierbares Qualifikationsmerkmal - Forderung nach Anpassung
Subjekt	Schutz der Person Psycho-soziales Wohlbefinden Idiosynkratisch: Jeder Mensch ist anderen Problemen ausgesetzt, interpretiert sie individuell, ist mit individuellen Reaktionsmöglichkeiten ausgestattet, hat unterschiedliche Lern- und Adaptationsmuster	Anpassung der Person an das System Nutzung der Human-Ressourcen Verallgemeinerung: Erhöhung des allgemeinen Niveaus der Stresstoleranz durch standardisierte Trainings-, Selektions- und Reparaturinstrumente
Räumliche Dimension	Widerstandsfähigkeit auch als Fähigkeit zur Distanzierung	Widerstandsfähigkeit als anpassungsorientiertes Aushalten der Verhältnisse
Zeitliche Dimension	Prozess mit Eigenzeitlichkeit, sich Zeit nehmen/lassen	Beschleunigung der Anpassungsleistung Der verkürzte instrumentelle Diskurs macht einen aktiven Prozess zu etwas Punktuellem
Lernen und Veränderung	Individuelles und organisationales Lernen Reflexion der Rahmenbedingungen Produktiver Umgang mit Fehlern und Krisen	Individuelles Anpassen/Training, ohne organisationales Lernen/Veränderung Funktionales Denkverbot Fehler sind zu vermeiden, Krisen „zu überwinden" – Überspringen des eigentlichen Lernfeldes, das System kann sich nicht verändern Widerstand brechen
Logik	Schutz und Unterstützung der Betroffenen durch Reflexion des Systems	Schutz des Systems durch einseitige Veränderung der Betroffenen

optimal zurichten kann – jedoch keinen Beitrag für die Entwicklung personenorientierter Resilienz und der dazu notwendigen Rahmenbedingungen leistet.

Alle Studien zum Wohlbefinden von Menschen ergeben, dass ein Faktor ganz zentral ist: das Gefühl, sein Schicksal selbst bestimmen zu können. Der Nobelpreisträger Amartya Sen nennt in seinem Buch „Ökonomie für den Menschen“ Freiheit als oberstes Ziel und Kriterium gesellschaftlicher Entwicklung. „Der Erfolg einer Gesellschaft ist primär danach zu bewerten, wie groß die von ihren Mitgliedern genossenen Freiheiten sind.“ (Sen 1999, 30). Das heißt, Freiheit, Wohlbefinden und Wohlstand hängen ganz zentral davon ab, ob die Menschen das Gefühl haben, selbst Einfluss auf ihre Lebensumstände nehmen zu können, oder ob sie sich ausgeliefert fühlen. Vilmar und Weber (2004, 107) sehen in der zunehmenden Fremdbestimmung (z. B. in Form mangelnder zeitlicher Souveränität, mangelnder Mitsprachemöglichkeiten und existenzieller Unsicherheit) einen Hauptfaktor einer „De-Humanisierung“ der Arbeit.

Der Aufbau individueller Resilienz scheint über die Wiederaneignung von Souveränität zu gelingen: Die American Psychological Association (APA, o. J.) nennt einige Wege, um individuelle Resilienz aufzubauen. Dabei handelt es sich nicht um „7 Schritte“ oder Anforderungen, sondern um ein Handlungs-Repertoire, das individuell bespielt werden kann:

- Gute Beziehungen aufbauen: Hilfe und Unterstützung aktiv suchen und annehmen. Anderen in schwierigen Situationen beizustehen, unterstützt allerdings auch die Resilienz des Helfers.
- Verbreiterung des Zielspektrums – jenseits der Fixierung auf Karriere, Effizienz und Profitabilität.
- Fähigkeit, eine Außenperspektive einzunehmen bzw. unterschiedliche Perspektiven hinsichtlich eines Problems einzunehmen.
- Relationen nicht aus den Augen verlieren: Langzeitperspektive einnehmen.
- Optimismus statt Angst: Grundhaltung, dass sich die Dinge zum Positiven wenden werden. Visualisieren, was man will, statt sich darüber Sorgen zu machen, wovor man sich fürchtet.
- Für sich selbst sorgen, seine Bedürfnisse und Gefühle ernstnehmen. Dinge tun, die Körper, Geist und Seele guttun.
- Humor

Eine so verstandene Resilienz hat nichts mit einer Anpassung an widrige Verhältnisse zu tun, sondern beschreibt Möglichkeiten, der gefühlten Ohnmacht zu entkommen. Resilienz entwickeln tut gut, gerade weil sie einen Schritt zu mehr Selbstbestimmung darstellt.

Aber all diese Möglichkeiten auf individueller Ebene können sich nur in kritischer Reflexion mit dem Umfeld und den konkreten Rahmenbedingungen realisieren. Resilienz bedeutet damit Widerstandskraft in ihrer doppelten Bedeutung: Widerstandskraft in dem Sinne, dass man nicht so schnell erkrankt bzw. aus der Bahn geworfen wird, aber auch Widerstandsfähigkeit als Impuls zur Veränderung der Umstände, im Sinne von aktivem Widerstand gegen problematische Rahmenbedingungen.

Widerstandsfähigkeit als Akt des Widerstandes zu verstehen, setzt das Einfordern von Rechten (z. B. das Recht als Mensch und nicht als reine Human-Ressource betrachtet und behandelt zu werden, das Recht auf menschenwürdige Rahmenbedingungen etc.) und die Fähigkeit zur Differenzierung voraus (z. B. die Differenzierung zwischen Selbstanteil und Fremdanteil, oder die Differenzierung zwischen Berufsrolle und Person).

Eine weniger an Defiziten (mangelnde Widerstandsfähigkeit, mangelnde Stressresistenz etc.), sondern stärker an Ressourcen orientierte Perspektive geht davon aus, dass Individuen Ressourcen zur Verfügung stehen, die in schwierigen Situationen mobilisiert werden können. Es geht aus einer ressourcenorientierten Perspektive darum, die individuellen Ressourcen zu stärken. Antonovsky (1997) beschreibt als zentrale Resilienzressource das Gefühl der Kohärenz. Dieses Kohärenzgefühl besteht aus drei Komponenten:

1. dem Gefühl der Verstehbarkeit von Situationen und Ereignissen,
2. dem Gefühl der Handhabbarkeit, d. h. dem Gefühl, schwierige Situationen meistern zu können bzw. ihnen nicht ausgeliefert zu sein, sowie
3. dem Gefühl der Sinnhaftigkeit von erlebten Situationen.

Aber auch diese Komponenten sind untrennbar mit der organisationalen Ebene verknüpft. Sie bildet den Rahmen dafür, dass sich das Gefühl der Kohärenz überhaupt erst ausbilden kann.

Organisationale Resilienz – gesunde und zukunftsfähige Organisationen

Auch die Soziologie hat den Begriff der Resilienz aufgenommen und auf ganze Gruppierungen ausgedehnt. Unter Resilienz versteht man hier die Fähigkeit eines Systems oder einer Gesellschaft, eine plötzliche Katastrophe oder eine Krise rasch zu bewältigen und die Funktionsfähigkeit und Handlungsfähigkeit schnellstmöglich wiederherzustellen.

Aus den USA kommen ab den 80er-Jahren aus der Organisationspsychologie Ansätze, die den Resilienzbegriff auch auf Teams und ganze Unternehmen anwenden. Hier werden vor allem organisationsspezifisches Lernen, Anpassungsvermögen und dynamische Fähigkeiten betont. Nach Sutcliffe und Vogus (2003, 104) bedeutet Resilienz im organisationalen Kontext: "… (1) the ability to absorb strain and preserve (or improve) functioning despite the preserve of adversity (both internal adversity – such as rapid change, lousy leadership, performance or production pressures – and external adversity – such as increasing competition and demands from stakeholders), or (2) an ability to recover or bounce back from untoward events."

Der Grund für dieses steigende Interesse an organisationaler Resilienz liegt in der Herausforderung, Organisationen und Organisationsprozesse so zu gestalten, dass sie mit Unsicherheit, mit unkalkulierbaren Ereignissen und innerer wie äußerer Komplexität produktiv umgehen können. In komplexen Umgebungen und in Krisenzeiten ist die zentrale Herausforderung für Organisationen der Umgang mit dem Unerwarteten. Damit ist aber auch eine Abkehr von einem orthodoxen Konzept des Managements verbunden, das Berechenbarkeit und Planbarkeit voraussetzt. Die traditionellen Lösungsmuster versagen zunehmend angesichts der steigenden Komplexität und der Leistungsherausforderungen der Organisationsumwelt.

Resilienz von Organisationen wird über unterschiedliche Fähigkeiten beschrieben: als hohe organisationale Reaktionsfähigkeit (McManus et al. 2007), als permanentes Anpassungslernen (Mallak 1998) oder als Fähigkeit zur frühzeitigen Risiko- und Krisenvermeidung (Weick und Sutcliffe 2003). Weick und Sutcliffe untersuchten sogenannte High-Reliability-Organisationen (HROs) wie z. B. chirurgische Notfallteams, Feuerwehr-Spezialeinheiten, Flugsicherungsabteilungen, Atomkraftwerke oder Flugzeugträger. Ihre These lautet, dass die HROs Handlungsweisen und Führungsmethoden entwickelt haben, um mit unerwarteten Ereignissen umgehen zu können. Resiliente Organisationen zeichnen sich für Weick und Sutcliffe durch die folgenden Merkmale aus:

- Vorhandensein einer fehlerfreundlichen Lernkultur: HROs motivieren Mitarbeiter, Fehler zu melden, sie analysieren Beinahefehler und lernen daraus. Dies erfordert eine offene Kommunikation über Hierarchieebenen hinweg und die Wertschätzung abweichender Meinungen und Wahrnehmungen.
- Die Förderung von Komplexität: HROs erhöhen bewusst die innere Komplexität durch Aufnahme von Mitarbeiterinnen mit unterschiedlichen beruflichen Qualifikationen, durch Jobrotation und Fortbildung, um Meinungsvielfalt und ein breites Spektrum an Handlungsoptionen zu generieren.
- Sensibilität für betriebliche Abläufe: HROs entwickeln Frühwarnsysteme, um Abweichungen und schwache Signale frühzeitig zu erkennen.
- Große Handlungsspielräume für diejenigen, die dem Problem am nächsten sind, unabhängig von der Hierarchieebene (dezentrale Entscheidungskompetenzen).
- Rollenflexibilität und Verantwortungsbereitschaft der Mitarbeiter über ihren eigenen Zuständigkeitsbereich hinaus.

Resilienz wird nach Sutcliffe und Vogus (2003) auch durch das Konzept des „conceptual slack“ erreicht. Dabei geht es um eine Lockerung der Firmenstrukturen und firmeninternen Prozesse und ein Abwenden von rigiden Mustern. “Conceptual slack refers to diversity in organizational member's analytical perspectives about the organization's technology or production processes, a willingness to question what is happening rather than feign understanding, [...] and a greater usage of respectful interaction to accelerate and enrich the exchange of information and capability to process it. [...] Conceptual slack amplifies an organization's competence by increasing the number of perspectives available for identifying the problems to be solved, and it fosters efficacy and growth through a willingness to question inherited knowledge and value new perspectives. The use of ad hoc problem solving networks and fluid decision structures, which allow problems to flow toward expertise, [...] also contributes to resilience.” (Sutcliffe/Vogus 2003, 105).

Diese Fähigkeiten von Organisationen setzen allerdings entsprechende Fähigkeiten der Organisationsmitglieder voraus. In der Literatur zur organisationalen Resilienz (vgl. McManus et al. 2007, Sheffi 2006) werden u. a. die folgenden Fähigkeiten und Merkmale der Organisationsmitglieder genannt:

- Sie sind in der Lage, selbständige Entscheidungen zu treffen.
- Sie begrüßen Wandel und Lernchancen.
- Sie haben eine hohe Kompetenz nicht nur im eigenen Aufgabenbereich, sondern auch in jenen des kollegialen Umfeldes und können diese Aufgaben im Notfall übernehmen.
- Sie haben keine Scheu vor Fehlermeldungen.
- Sie verfügen über Improvisationsfähigkeit.

Allerdings wird in der einschlägigen Literatur kaum thematisiert, wie die Mitarbeiter diese Fähigkeiten entwickeln können bzw. woher die Motivation für die Entwicklung derartiger Fähigkeiten kommen soll. Dies ist tatsächlich der blinde Fleck eines instrumentell verkürzten Resilienzverständnisses. Da Hierarchie und Macht in Organisationen im traditionellen Managementdiskurs ausgeblendet werden, bleibt er blind für die tatsächlichen Voraussetzungen organisationaler Resilienz und das Verhältnis zwischen der individuellen und der organisationalen Ebene der Vulnerabilität bzw. Resilienz. Eine Reduktion der individuellen Vulnerabilität erhöht die organisationale Resilienz und die Stärkung individueller Resilienz durch entsprechende organisationale Rahmenbedingungen reduziert die organisationale Vulnerabilität.

Von den meisten Autoren werden Achtsamkeit gegenüber betrieblichen Abläufen und gegenüber der Qualität von Beziehungen als zentrale Faktoren organisationaler Resilienz genannt. Das Problem liegt darin, „Achtsamkeit“ und „Beziehungsqualität“ zu spezifizieren.

Einen Hinweis, was darunter verstanden werden kann, liefern Forschungen zum sozio-moralischen Klima in Organisationen. Die Resilienzforschung kommt zum Ergebnis, dass für die Resilienz von Individuen ein positives Selbstwertgefühl, Selbständigkeit, ein aktiver Umgang mit Problemen und produktive Beziehungsnetzwerke zentral sind. Diese Faktoren individueller Resilienz setzen ein entsprechendes organisationales Klima voraus.

Weber und Kollegen (Weber et al. 2008, 2009) nennen die folgenden Komponenten eines sozio-moralischen Organisationsklimas:

1. Die Bereitschaft, über Widersprüchlichkeiten, soziale Probleme und Konflikte (zwischen unterschiedlichen Interessen, divergierenden Werten und Normen) offen zu reden.
2. Zuverlässig und konstant gewährte Wertschätzung, emotionale Zuwendung und Unterstützung durch Vorgesetzte und Kollegen. (Im Gegensatz zu einem unvorhersehbaren Wechsel zwischen Wert- und Geringschätzung)
3. Berücksichtigung und Anerkennung der individuellen Persönlichkeit und Vertrauenswürdigkeit jedes Einzelnen. Gezeigt wird dies z. B. durch einen Vertrauens- und Gratifikationsvorschuss (z. B. betriebliche Zukunftschancen, Weiterbildungsmöglichkeiten).
4. Angemessene Toleranz gegenüber Fehlern.
5. Gelegenheit zur offenen, zwanglosen Kommunikation auch über die Legitimität von Regeln, Prinzipien, Werten im Unternehmen.
6. Partizipative Kooperation der Organisationsmitglieder auch bezüglich der Entwicklung organisationaler Regeln, Werte und Prinzipien auf Basis allgemein akzeptierter Grundwerte wie Gerechtigkeit, Menschenwürde, Rücksichtnahme und Interessenausgleich.
7. Vertrauensvolle Zuweisung von Verantwortung für das Wohlergehen von Menschen innerhalb und außerhalb der Organisation.
8. Organisationale Rücksichtnahme auf den Einzelnen: Dies inkludiert die Bereitschaft von Verantwortungsträgern, die Perspektive von individuellen Unternehmensmitgliedern einzunehmen.

Weber, Unterrainer und Schmid (2009) haben in empirischen Untersuchungen gezeigt, dass die Komponenten eines sozio-moralischen Klimas das organisationale Commitment und das individuelle pro-soziale Verhaltensmuster fördern.

Das organisationale Commitment zeigt sich in einem starken Zugehörigkeitsgefühl zur Organisation und in einer starken Übereinstimmung mit den Organisationszielen. Pro-soziale Verhaltensmuster zeigen sich z. B. in:

- Hilfsbereitschaft und Höflichkeit im Rahmen der Berufsausübung,
- gegenseitigem Respekt, Wertschätzung und Vertrauen,
- Empathie bzw. der Fähigkeit zum Perspektivenwechsel,

- Solidarität am Arbeitsplatz,
- demokratischen Orientierungsmustern sowie
- ethischen Orientierungsmustern.

Diese Komponenten eines sozio-moralischen Klimas erhöhen nicht nur das Wohlbefinden und die Kompetenz der Organisationsmitglieder, sondern stärken auch das organisationale Commitment und fördern damit die Herausbildung einer krisenstabilen, innovativen Organisation (Weber, Unterrainer, Höge 2008).

Schlussbemerkungen

Resilienz von Organisationen ohne eine wohlverstandene Resilienz der Organisationsmitglieder gibt es nicht. Einseitige instrumentelle Anpassungsversuche und sozialtechnologische Anmaßungen müssen scheitern.

Die Resilienz von Individuen ist weder das Produkt einer individuellen genetischen Disposition, noch das Produkt sozialtechnologischer Reparaturmaßnahmen, sondern vielmehr das Ergebnis eines produktiven Verhältnisses und bewusster Interaktion zwischen dem Individuum und seinem Umfeld. Dass Individuen in Organisationen zur Herausbildung eines solchen Verhältnisses in der Lage sind, setzt ein entsprechendes sozio-moralisches Organisationsklima voraus. Die Basis dafür ist eine selbstkritische Auseinandersetzung mit organisationalen Macht-, Herrschafts-, Kommunikations- und Lernprozessen. Resilienz setzt Reflexion voraus.

Literatur

American Psychological Association (APA) (o. J.): The Road to Resilience. Broschüre. Washington.

Antonovsky, A. (1997): Salutogonese – Zur Entmystifizierung der Gesundheit. Tübingen.

Berufsverband Deutscher Psychologinnen und Psychologen (2008): Psychische Gesundheit am Arbeitsplatz in Deutschland – 2008. Berlin.

DAK (Deutsche Angestellten Krankenkasse) (2005): DAK Gesundheitsreport 2005. Hamburg.

Deysson, C. (2009): „Bloß nicht unterkriegen lassen. Steh auf! Wie Kämpfertypen Krisen meistern." In: Wirtschaftswoche 005 vom 26. 1. 2009, S. 71–73.

Die Presse (12. 1. 2009): 2009 brachte deutlich mehr Insolvenzen in Österreich. http://diepresse.com/home/wirtschaft/economist/532451/index.do (4. 4. 2010).

Fröhlich-Gildhoff, K.; Rönnau-Böse, M. (2009): Resilienz. München.

Gruhl, M. (2010): Die Strategie der Stehaufmenschen – Krisen meistern mit Resilienz. Freiburg im Breisgau.

Kluge, A. (2004): Resilienzforschung: Aktueller Forschungsstand (EU-Projekt: Arbeitsfähigkeit erhalten (AEIOU)) http://www.equal-aeiou.at/Upload/Resilienz_TeilI_Darstellung_Dez_2004.pdf (2.4.2010).

Lasar, P. (2009): Die Stärken stärken. In: Der Versicherungsfachwirt, 2/2009, VI-VII.

Luckhardt, M. (2009): Das Resilienz-Training der U.S. Army: Programm zum Aufbau mentaler Stärke, http://psychologie.suite101.de/article.cfm/das_resilienztraining_us_army#ixzz0gpVBqYlB (1.3.2010).

Luckhardt, M. (2009): Fitness total: Das Trainingsprogramm der U.S. Army: Das „Comprehensive Soldier Fitness"-Programm http://psychologie.suite101.de/article.cfm/mentale_fitness_das_trainingsprogramm_der_us#ixzz0gpW6aqIx (1.3.2010).

Maddi, S.; Khoshaba, D. (2005): Resilience at work. How to succeed no matter what life throws at you. New York.

Mallak, L. (1998): Putting Organizational Resilience to Work. In: Industrial Management, Nov/Dec 1998, S. 8–13.

McManus, S.; Seville, E.; Brunsdon, D.; Vargo, J. (2007): Resilience Management – A Framework for Assessing and Improving the Resilience of Organisations. http://www.resorgs.org.nz/pubs/Resilience%20Management%20Research%20Report%20ResOrgs%2007-01.pdf (7.5.2010).

Nuber, U. (1999): Das Konzept „Resilienz": so meistern sie jede Krise. In: Psychologie heute 26 (5), S. 20–27.

Scharnhorst, J. (2008): Resilienz – Neue Arbeitsbedingungen erfordern neue Fähigkeiten, In: Psychologie Gesellschaft Politik 2008 – Psychische Gesundheit am Arbeitsplatz in Deutschland. Herausgegeben vom Berufsverband Deutscher Psychologinnen und Psychologen, Berlin 2008, S. 51–54.

Schwierz, C. (2006): Standhaft bleiben in unsicheren Zeiten. In: Personal magazin 4/2006, S. 82–83.

Sen, A. (1999): Wirtschaft für den Menschen. München.

Sheffi, Y. (2006): Worst-Case-Szenario – Wie Sie Ihr Unternehmen auf Krisen vorbereiten und Ausfallrisiken minimieren, Landsberg am Lech.

Siebert A. (2005): The resiliency advantage. Master Change, Thrive under Pressure and Bounce Back From Setbacks, San Francisco.

Statistisches Bundesamt Deutschland (2009): 15 % mehr Unternehmensinsolvenzen im 1. Halbjahr 2009. Pressemitteilung Nr. 334 vom 9.9.2009.

Sutcliffe, K.; Vogus, T. (2003): Organizing for Resilience. In: Positive Organizational Scholarship, Herausgegeben von: Kim S. Cameron, Jane E. Dutton and Robert E. Quinn, S. 94–110, San Francisco.

Vilmar, F.; Weber, W. (2004): Demokratisierung und Humanisierung der Arbeit – ein Überblick. In: Weber, W.; Pasqualoni, P. und Burtscher, C. (Hg.): Wirtschaft, Demokratie und soziale Verantwortung. Göttingen, S. 105–144.

Weber, W.; Unterrainer, C.; Höge, T. (2008): Sociomoral Atmosphere and Prosocial and Democratic Value Orientations in Enterprises with Different Levels of Structurally Anchored Participation. In: Zeitschrift für Personalforschung, 22. Jg., Heft 2 2008, S. 171–194.

Weber, W.; Unterrainer, C.; Schmid, B. (2009): The Influence of organizational democracy on employees' socio-moral climate and prosocial behavioural orientations. In: Journal of Organizational Behavior. DOI 10.1002/job.615, www.interscience.wiley.com)

Weick, K.; Sutcliffe, K. (2003): Das Unerwartete managen – Wie Unternehmen aus Extremsituationen lernen. Stuttgart.

Werner, E.; Smith, R. (1989): Vulnerable but invincible: A study of resilient children, New York.

Werner, E.; Smith, R. (1992): Overcoming the odds: High risk children from birth to adulthood. Ithaca.

Werner, E. (2007): Entwicklung zwischen Risiko und Resilienz, Herausgegeben von: Günther Opp, Michael Fingerle und Andreas Freytag, München.

Wustmann, C. (2004): Resilienz – Widerstandsfähigkeit von Kindern in Tageseinrichtungen fördern. Weinheim und Basel.

Wustmann, C. (2007): Resilienz. In: Bildungsforschung Band 16, Auf den Anfang kommt es an – Perspektiven für eine Neuorientierung frühkindlicher Bildung, Herausgegeben von: Bundesministerium für Bildung und Forschung (BMBF) – Referat Öffentlichkeitsarbeit, Berlin und Bonn 2007, S. 119–189, http://www.bmbf.de/pub/bildungsreform_band_16.pdf (26. 3. 2010).

Zielke, M.; Ciric, P.; Leidig, S. (2005): Risikotypen bei arbeitsbezogenen Verhaltens- und Erlebensmustern und deren Bedeutung für Krankheitsverläufe und Behandlungsergebnisse in der psychosomatischen Rehabilitation. In: Praxis Klinische Verhaltensmedizin und Rehabilitation. 69, S. 206–218.

Thomas Walker und Bettina Lorentschitsch[1]

CSR - konkret

1. CSR im Überblick

1.1 Der Begriff im Wandel der Zeit

Im folgenden Kapitel stellen wir die Veränderung von CSR und Nachhaltigkeit im Wandel der Zeit dar. Dabei ist spannend zu sehen, dass viele Themenbereiche nach und nach gewachsen sind. CSR ist somit ein gewachsener Ansatz, der die Sicherung der Zukunftsfähigkeit von Unternehmen, der Umwelt und der Gesellschaft zum Ziel hat.

Am Anfang der Menschheit

CSR – Corporate Social Responsibility –, die „Gesellschaftliche Verantwortung von Unternehmen", können wir geschichtlich bis in die Anfänge der Menschheit zurückverfolgen. Schon sehr früh erkannten die Menschen, dass die Gesellschaft mehr sein kann als die Summe ihrer Teile. So kam es zur Arbeitsteilung und zum Handel. Doch jedes menschliche Miteinander erzeugt Konflikte. So mussten Spielregeln für das Miteinander entwickelt werden – einerseits entwickelte sich daraus die Judikatur, und anderseits entstanden die Religion, die Philosophie und die Ethik.

So finden wir bereits in der Bibel (2. Buch Mose – Exodus) Bezugspunkte für ein verantwortungsvolles Wirtschaften. In diesem Buch sind die 10 Gebote und das Bundesbuch niedergeschrieben.

---

[1] Bei diesem Text handelt es sich um einen Auszug aus der Publikation „CSR der zweiten Generation…" von Thomas Walker und Bettina Lorentschitsch, erschienen im Institutsverlag „sustainable solutions", ISBN 978-3-9502764-1-1. Der Beitrag enthält Auszüge aus der Masterthesis von Bettina Lorentschitsch, „Eine kritische Betrachtung von CSR unter wirtschaftsethischen Aspekten".

Europäische Entwicklungen ab dem 11. Jahrhundert

Als einer der wichtigsten Entwicklungsschritte im Bereich von CSR kann angesehen werden, was im Venedig des 11. Jahrhunderts geschah: Damals wurde der Begriff des „ehrbaren Kaufmanns" geschaffen. Es sind die ersten geschichtlichen Überlieferungen, bei denen sich die Wirtschaft selbst einen Ehren- und Ethikkodex auferlegt hat. Dieser Kodex war damals bereits sehr gut entwickelt, was auch als Erklärung dienen kann, dass Teile davon immer noch Gültigkeit besitzen. So gab es im alten österreichischen Handelsgesetzbuch den Begriff des „Ordentlichen Kaufmanns", und im aktuellen Unternehmensgesetzbuch sind u. a. die Prinzipien der ordentlichen Buch- bzw. Unternehmensführung geregelt.

Circa zur gleichen Zeit entwickelten sich in den europäischen Handwerkszünften Rahmenbedingungen für ein faires Miteinander. Speziell innerhalb der Zünfte gab es Ethik- und Ehrenkodizes, mit strengen Strafen im Fall von Verstößen. In Richtung Gesellschaft entwickelten sich Witwen- und Waisenkassen und in späterer Folge die Krankenkassen.

Ein sehr wesentlicher Punkt in diesen Zünften war die Ausbildung der MitarbeiterInnen. Diese Entwicklungen führten zum heutigen dualen Ausbildungssystem. Die Verknüpfung von Theorie und Praxis ist heute immer noch ein entscheidender Wettbewerbsvorteil unserer Wirtschaft. Sie sichert uns Facharbeiter mit einerseits hoher fachlicher Expertise und anderseits mit gut entwickelter sozialer Kompetenz.

Auf dieser Basis entstand die europäische Tradition der sozialen Marktwirtschaft. Dabei geht es um ein ausgleichendes Wirtschaften und den Erhalt von Betrieben über Generationen. Eine reine kurzfristige Gewinnmaximierung widerspricht diesem Gedanken. Bei dieser Form des Wirtschaftens wird immer wieder eine Balance zwischen wirtschaftlichen Themen und sozialen Anforderungen hergestellt.

Der Weitblick einiger Menschen im Jahr 1987 war bemerkenswert: Einerseits wurde der Begriff der **„ökosozialen Marktwirtschaft"** geboren und anderseits kam es zu einer gelungen Definition des Begriffes **„Nachhaltigkeit"**.

Aufbruch ins 21. Jahrhundert

Unter „ökosozialer Marktwirtschaft" verstehen wir die „soziale Marktwirtschaft" erweitert um den ökologischen Gedanken. Dabei geht es darum, eine Balance zwischen wirtschaftlichen, gesellschaftlichen/sozialen und ökologischen Themen zu finden. *(Diese Definition finden wir dann bei CSR und Nachhaltigkeit wieder.)*

Der Begriff Nachhaltigkeit, ursprünglich aus der Land- und Forstwirtschaft kommend, wird immer wichtiger im ökonomischen Bereich. So lautet die Definition im Brundtland-Report von 1987 wie folgt:

Dauerhafte Entwicklung ist Entwicklung, die die Bedürfnisse der Gegenwart befriedigt, ohne zu riskieren, dass zukünftige Generationen ihre eigenen Bedürfnisse nicht befriedigen können.

Auch diese Definition passte für viele europäische Familienunternehmen, da ein wichtiger Aspekt der Strategie dieser Organisationen das generationsübergreifende Handeln ist.

Im angelsächsischen Bereich wurde eher der Begriff CSR favorisiert, das erste Mal in den 1930er-Jahren und dann wiederum ab den 1970er-Jahren. Anfangs wurde sehr stark Philanthropie (Wohltätigkeit von reichen Menschen/Unternehmen) mit dem Begriff CSR verknüpft. Das Problem dabei ist, dass diese Wohltätigkeit Abhängigkeiten schafft. In Europa gehen wir eher den Weg der „Hilfe zur Selbsthilfe".

Doch die Globalisierung, die Entwicklungen in Europa (ökosoziale Marktwirtschaft, Global-Marshall-Plan-Initiative) und auf der Ebene der UN (United Nations) führten zu weiteren Entwicklungsphasen.

Ende der 1980er-Jahre wurde immer klarer, dass sich die Ideen der Nachhaltigkeit und die von CSR miteinander verknüpfen lassen. So kam es im Jahr 1992 zur UN-Erklärung in Rio de Janeiro (Agenda 21). Diese umfasst folgende Themenbereiche:

1. *Soziale und wirtschaftliche Dimensionen*
2. *Erhaltung und Bewirtschaftung der Ressourcen für die Entwicklung*
3. *Stärkung der Rolle wichtiger Gruppen*
4. *Möglichkeiten der Umsetzung*

Nach dieser Erklärung wurde eine „Aufbruchstimmung" spürbar. Für uns in Europa entstand daraus, neben etlichen Programmen einer lokalen Agenda 21, das Europäische Grünbuch zu CSR. Dabei definiert die EU, im Jahr 2001, CSR wie folgt:

„… ein Konzept, das den Unternehmen als Grundlage dient, auf ***freiwilliger*** *Basis soziale Belange und Umweltbelange in ihre Unternehmenstätigkeit und in die Wechselbeziehungen mit den* ***Stakeholdern*** *zu integrieren."*

Unter dem Begriff „Stakeholder" verstehen wir die Interessen- und Anspruchsgruppen von Organisationen, wobei die Interessen und Ansprüche (Einflüsse) unterschiedlichster Natur und Relevanz sein können. Wir werden später noch bei den praktischen Beispielen sehen, dass dieser „Stakeholderansatz" und der begleitende Dialog entscheidend für eine nachhaltige Implementierung von CSR in Unternehmen sind.

Die drei Generationen von CSR

Der Bertelsmann Stiftung verdanken wir eine übersichtliche Darstellung über die Entwicklung von CSR im Laufe der Zeit:

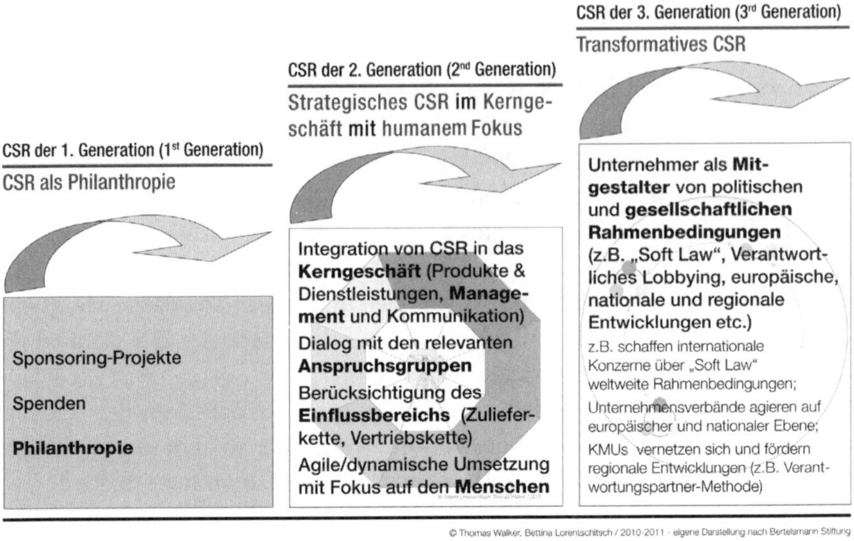

Dabei gehen wir von der Annahme aus, dass CSR in der ersten Generation primär als Philanthropie gesehen wurde, was mit der Entwicklung des Begriffs im angelsächsischen Raum übereinstimmt.

Von CSR der zweiten Generation reden wir dann, wenn es eine nachhaltige Ausrichtung der Organisation gibt. Damit diese nachhaltige Ausrichtung entsprechend Wirkung zeigen kann, muss das Kerngeschäft mit den Prinzipien der Nachhaltigkeit (soziale und ökologische Belange) verknüpft werden. Des Weiteren ist bei diesem Ansatz der Dialog mit den Anspruchsgruppen entscheidend, damit die Zukunftsfähigkeit der Unternehmen entsprechend sichergestellt werden kann.

Von CSR der dritten Generation sprechen wir, wenn sich Unternehmer zusammenfinden, um gesellschaftliche Probleme zu lösen, die ein Unternehmer alleine nicht mehr lösen kann. Somit werden Unternehmer Mitgestalter von gesellschaftlichen Entwicklungen. Diese Rolle entspricht der langjährigen Tradition der sozialen Marktwirtschaft, wurde aber aufgrund einer starken Rolle des Staates in den letzten Jahrzehnten immer mehr in den Hintergrund gedrängt. Aufgrund des Umstandes, dass sich der Staat aktuell auf seine eigentlichen Kernkompetenzen (die Gestaltung der Rahmenbedingungen) zurückzieht, entsteht wiederum Platz und Notwendigkeit für diese Form des gesellschaftlichen Engagements.

In diesem Beitrag betrachten wir primär die Entwicklung von CSR der zweiten Generation, und wie dieser Ansatz sinnvoll eingesetzt werden kann.

Auf dem Weg zur Professionalisierung

Die Definition der EU leitete uns jahrelang in den nationalen und europäischen Programmen, wobei sich diese bedingt durch die Tatsache der unterschiedlichen Werte- und Unternehmenstraditionen der Regionen sehr unterschiedlich entwickelten.

Im Jahr 2008 startete die Wirtschaftskammer Österreich, gemeinsam mit der Unternehmerplattform respACT und diversen Ministerien, die Projektreihe „Erfolg mit FAIRantwortung". Ziel dieser Projektreihe war und ist es, den regionalen Klein- und mittleren Unternehmen auf ihrem Weg zur Professionalisierung von CSR/Nachhaltigkeit zu helfen. An dieser Projektreihe haben bisher mehr als 100 Unternehmen teilgenommen.

Die Erkenntnisse aus dieser Reihe und anderen Projekten in Österreich und aus anderen Ländern beeinflussten die Entwicklung von CSR sehr positiv. Es wurde rasch klar, dass CSR in KMUs (Klein- und mittleren Unternehmen) nur dann funktioniert, wenn es einen Bezug zum Kerngeschäft gibt.

Den Schlüssel zur entscheidenden Weiterentwicklung von CSR lieferte uns dann die Wirtschaftskammer Salzburg. Indem in Salzburg parallel CSR-Projekte der 2. Generation und der 3. Generation liefen, wurde ersichtlich, dass CSR/Nachhaltigkeit ein gemeinsames Dach benötigt, an dem sich die Unternehmen und die Gesellschaft ausrichten können. Dies führte zur Veröffentlichung der Salzburger Erklärung einer „Humanen Marktwirtschaft".

Dabei geht es um die Weiterentwicklung der sozialen Marktwirtschaft in Richtung Nachhaltigkeit. Diese Entwicklung kann nur gelingen, wenn es eine Kultur der Verantwortung gibt. Dabei ist diese Verantwortung einerseits nach innen (auf der betrieblichen Ebene) und anderseits nach außen (auf der gesellschaftlichen Ebene) wahrzunehmen. Doch geht Salzburg noch einen Schritt weiter. Nicht nur Unternehmer tragen einen wichtigen Teil der gesellschaftlichen Verantwortung, sondern auch die Bürger und die Politik.

Die Entwicklung von CSR der zweiten Generation

Diese Entwicklungen führten zu folgender Definition von CSR der zweiten Generation:

*CSR ist ein **humaner Managementansatz,***
- *welcher auf **Werten** basiert,*
- *sich an den **Kernkompetenzen** der Organisation ausrichtet,*
- *eine **Balance** zwischen Wirtschaft, Gesellschaft/Sozialem und Umwelt fördert,*
- *auf die relevanten Interessen- und **Anspruchsgruppen** und den **Einflussbereich** Rücksicht nimmt*
- *und **strategisch** die **generationenübergreifenden** Themen behandelt.*

*Ziel dieses Managementansatzes ist es, das nachhaltige Wirtschaften zu fördern, welches darauf achtet, dass die Bedürfnisse der heutigen Generation befriedigt werden, ohne die **Chancen künftiger Generationen** zu beeinträchtigen.*

Dabei zielt dieser humane Managementansatz darauf ab, die Zukunftsfähigkeit der Organisation und des relevanten Umfelds (Gesellschaft/Umwelt) zu sichern. Dies kann nur gelingen, wenn es zu einer **Win-win-Beziehung** kommt und **der Mensch** im Mittelpunkt steht.

Um dies sicherstellen zu können, bedarf es einer systematischen Vorgehensweise. Dabei sprechen wir gerne von einem pragmatischen Managementsystem.

Pragmatisch in diesem Sinne bedeutet, dass wir einerseits einen Rahmen bilden (den CSR-Masterprozess) und anderseits innerhalb dieses Rahmens eine dynamische/agile Umsetzung leben. Diese Umsetzungsmaßnahmen, welche das relevante Umfeld mitberücksichtigen, funktionieren nur „Schritt für Schritt". Entscheidungen werden erst dann getroffen, wenn alle relevanten Informationen vorliegen. Nur so kommen wir in die Lage, nachhaltige und innovative Lösungen zu finden und diese auch lebbar und nutzbar zu machen.

Dieser humane Managementansatz wurde aus der Praxis heraus entwickelt und funktioniert für alle Formen und Größen von Organisationen. Dabei gilt es, die zentralen Schritte zu dokumentieren, damit die Entwicklungen nachvollziehbar werden. Zentrales Element, neben dem Stakeholderansatz und dem Dialog, ist die Schaffung einer „lernenden Organisation".

1.2 CSR der 2. Generation im Detail

Einleitend soll nochmals folgender Umstand erwähnt werden: Heute sehen wir CSR als einen „humanen Managementansatz", der Nachhaltigkeit sichert.

Somit kann und muss CSR als ein Managementsystem betrieben werden, wobei es sich hierbei um ein pragmatisches Managementsystem handelt. Dies unterscheidet CSR maßgeblich von den bestehenden Managementsystemansätzen (wie ISO 9000, ISO 14000, EMAS, OHSAS 18001, ...). Dass dabei CSR eine integrative

Aufgabe der bestehenden Managementsysteme wahrzunehmen hat, ist ein Teil dieses pragmatischen Ansatzes.

Ein CSR-Managementsystem muss aber mehr erfüllen. Durch den „humanen/menschlichen“ Fokus muss es auch humane und organisatorische Werte und ethische/moralische Gesichtspunkte integrieren. Durch den Stakeholderansatz muss es die Interessen und Ansprüche aufnehmen und aus zukünftigen Risiken Chancen machen. Dabei muss es dieser Managementansatz schaffen, heutige und zukünftige Kernkompetenzen der Organisation zu entwickeln, damit eine nachhaltige Balance sichergestellt werden kann.

Dies alles klingt jetzt vielleicht wie die Quadratur eines Kreises – ist es aber nicht, wenn wir die richtigen Werkzeuge verwenden. Des Weiteren brauchen wir die richtige Haltung und eine gewisse Gelassenheit und menschliche Reife der verantwortlichen Personen, um CSR nutzbringend betreiben zu können. In der Praxis konnten wir erkennen, dass wir als Erstes an der Haltung arbeiten mussten, um die weiteren Schritte möglich zu machen. Die Erklärung für uns war, dass CSR ein „humaner Managementansatz“ ist, der von Menschen für Menschen betrieben wird.

Bei diesem „humanen Managementansatz“ gilt es, auf **eine zentrale Frage**, welche uns laufend begleitet, Antworten zu finden:

> ***„Wie können wir mit bestem Wissen und Gewissen im Spannungsfeld zwischen Unternehmensführung, Markt, MitarbeiterInnen, Umwelt und Gesellschaft eine Balance finden, welche die Zukunftsfähigkeit des Unternehmens sicherstellt und dabei die Bedürfnisse der Menschen wertschätzt?“***

Die drei Dimensionen des „humanen Managementansatzes“

Damit wir sinnstiftende Antworten und Handlungen auf diese Frage finden können, müssen wir auf drei Prozessebenen arbeiten:

- dem **Vorprozess** der Auftragsklärung und des **Commitments** der obersten Leitung,
- dem **CSR-Masterprozess**,
- dem **Agilen** (dynamischen) **CSR-Brückenprozess**.

Beim Vorprozess gilt es zuerst die Ziele und vor allem den Nutzen einer Implementierung von CSR/Nachhaltigkeit zu erarbeiten – einen Nutzen, der einerseits für die Organisation, andererseits aber auch für das relevante Umfeld und für die Umwelt gegeben sein muss.

Im Zuge der Umsetzung gibt der CSR-Masterprozess eine Grundgliederung vor, damit im Zuge der Implementierung und dann in der weiteren Folge – der Verstetigung von CSR – alle wesentlichen Bereiche Berücksichtigung finden können.

In der Agilen Umsetzung werden, je nach Relevanz und Reife der Organisation, die jeweils notwendigen Themen Schritt für Schritt – in Interaktion mit dem relevanten System – umgesetzt. Die Lernerfahrungen und Ergebnisse werden wiederum in den Masterprozess zurückgeführt.

Die Vorprozessphase

Die Vorprozessphase ist essentiell für die Gestaltung des CSR-Implementierungsprozesses. – Wir werden die wesentlichen Erkenntnisse aus dieser Vorprozessphase detailliert bei den Beispielen behandeln.

CSR-Implementierungsprozess

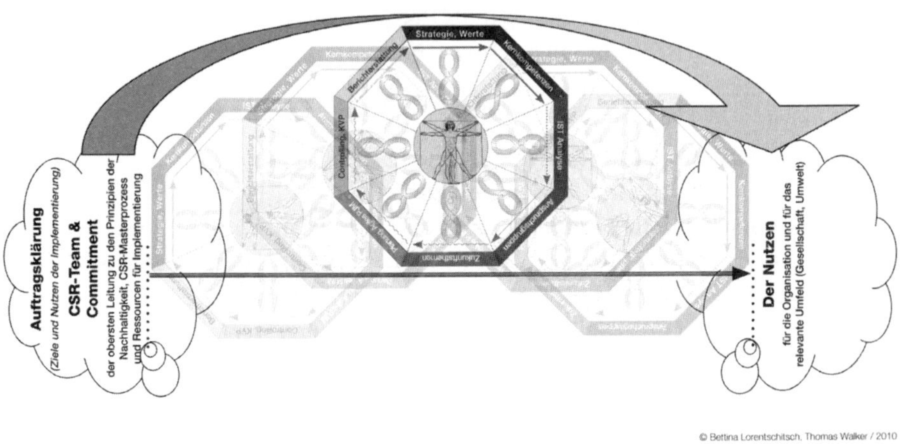

Wie in der Wolke auf der linken Seite zu sehen ist, gilt es, drei wichtige Fragen zu klären:

- Was soll **nach der Implementierung** (Professionalisierung) von CSR und Nachhaltigkeit in der Organisation **anders** sein?
- Ist die oberste Leitung bereit, ein klares **Commitment** zu den Prinzipien der Nachhaltigkeit zu geben und die notwendigen Ressourcen zur Verfügung zu stellen?

  Die sieben Prinzipien von CSR/Nachhaltigkeit lauten:
  - Rechenschaftspflicht/Verantwortlichkeit (engl. Accountability)
  - Transparenz
  - Ethisches Verhalten
  - Achtung der Interessen- und Anspruchsgruppen

  - Achtung der Rechtsstaatlichkeit
  - Achtung der internationalen Verhaltensstandards
  - Achtung der Menschenrechte
- Wen in der Organisation brauchen wir, um unsere Ziele erreichen zu können? (CSR-Team, welches den CSR-Prozess in der Organisation gemeinsam gestaltet)

Wenn diese Fragen geklärt sind, kann mit dem ersten Schritt im CSR-Masterprozess begonnen werden.

Die Gestaltung des CSR-Masterprozesses

Der CSR-Masterprozess ist sozusagen der Prozess, welcher CSR/Nachhaltigkeit in der Organisation am Leben erhält. Das Management des CSR-Masterprozesses unterscheidet sich daher vom Grundablauf her nicht wesentlich vom klassischen Prozessmanagement. Sieht man ein Unternehmen als fortwährenden Prozess an, so ist klar, dass auch die CSR-Aktivitäten Bestandteil des gesamten betrieblichen Ablaufs sind.

Daher ist die Aufgabe des CSR-Masterprozesses einerseits einen strukturierten Ablauf der CSR-Aktivitäten eines Unternehmens zu gewährleisten und andererseits die Integration dieser Aktivitäten in den fortwährenden Prozess, also in die Unternehmenstätigkeit, zu ermöglichen. Prozessmanagement dient klassisch der

CSR-Master-Prozess

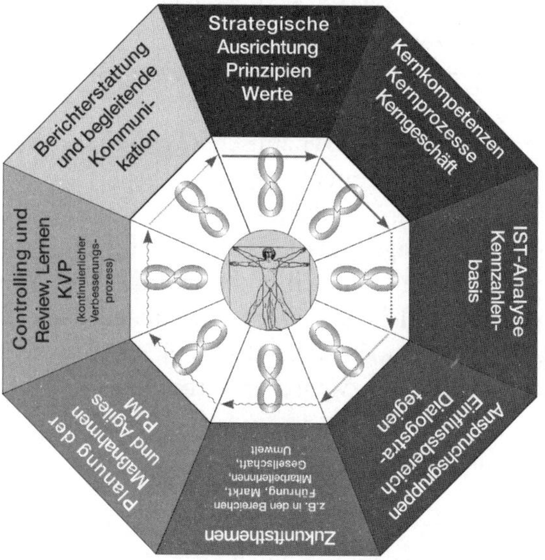

© Bettina Lorentschitsch, Thomas Walker / 2010

Optimierung von Prozessen, dies ist auch beim CSR-Masterprozess der Fall, allerdings unter anderen Gesichtspunkten, nämlich der nachhaltigen Ausrichtung des Unternehmens in gesellschaftlicher, wirtschaftlicher und ökologischer Hinsicht.

Ein wesentlicher Faktor des Prozessmanagements ist, dass dieses ablauforientiert funktioniert. Das heißt, die Orientierung erfolgt nicht nach Funktionen, sondern nach zusammenhängenden Tätigkeiten. Im Zentrum des Prozessmanagements stehen die Kernprozesse. Kernprozesse sind Prozesse, die der Erfüllung des Kundenwunsches dienen; sie werden oft auch als Leistungserbringungsprozess bezeichnet. Unterstützende Prozesse sollen eben den/die Kernprozesse unterstützen, erbringen aber keine Leistung für den Kunden. Oft wird dann auch die Kategorie der Führungsprozesse als Unterscheidung eingeführt. Was nun in einem Unternehmen ein Kernprozess ist, hängt wesentlich von den Kernkompetenzen des Unternehmens ab, und diese wiederum von der strategischen Ausrichtung, den Prinzipien und Werten.

Wenn man diese Grundlagen gesichert hat, steigt man in die Ist-Analyse ein, die wiederum die Basis für alle weiteren Aktivitäten ist. Nach der Ist-Analyse beginnt man im klassischen Prozessmanagement mit der Konzeption der Soll-Prozesse. Danach folgen Umsetzung, Messung, Analyse und Verbesserung – nach dem PDCA-Kreislauf (plan, do, check, act). Dieser gilt auch für den CSR-Masterprozess.

Somit stellen sich die acht zentralen Prozessschritte im CSR-Masterprozess wie folgt zusammen:

- Strategische Ausrichtung, Prinzipien, Werte
- Kernkompetenzen, Kernprozesse, Kerngeschäft
- Ist-Analyse und Kennzahlenbasis
- Anspruchsgruppen, Einflussbereich, Dialogstrategien
- Ermittlung von Zukunftsthemen
- Planung der Maßnahmen und Dynamische/Agile Umsetzung
- Controlling, Review, KVP, Lernen
- Berichterstattung und Kommunikation

Diese Schritte bilden sozusagen das Grundgerüst für die Professionalisierung. Doch jede Organisation ist individuell in ihrem Tun, ihren Werten, ihren Menschen und den Systemen, welche diese Menschen bilden. Daher brauchen wir, damit der entsprechende Nutzen entstehen kann, einen „Brückenprozess“, welcher das Managementsystem mit den Menschen verbindet.

Der Dynamische/Agile CSR-Brückenprozess

Bei CSR handelt es sich um ein „humanes Managementsystem“, das Nachhaltigkeit sichert. Somit haben wir auf der einen Seite einen systematischen Managementansatz und auf der anderen Seite eine System von Menschen.

Brückenprozess humaner Leadershipansatz (Dynamisch / Agiler Ansatz)

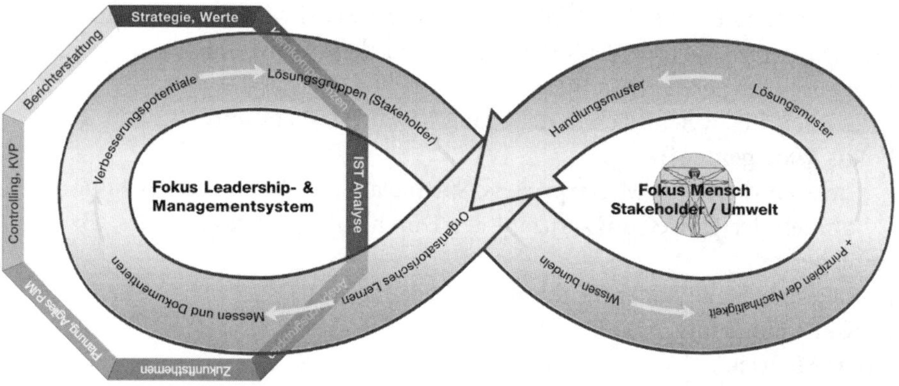

Mit der Agilen/Dynamischen Umsetzung bauen wir eine Brücke zwischen diesen beiden Welten, um innovative und nachhaltige Lösungen zu ermöglichen. Bevor wir zum Detail dieser Brücke kommen, ist es wichtig darzulegen, wo die grundlegenden Unterschiede zwischen diesen beiden Welten liegen.

Ein Managementsystem bildet durch einen linearen/standardisierten Ablauf einen Ordnungsrahmen. Dieser Ordnungsrahmen gibt Menschen Halt und Sicherheit. Durch diesen Ordnungsrahmen kommen wir in die Lage, systematisch Entscheidungen zu finden, zu dokumentieren, Handlungen zu generieren und Wissen teilbar zu machen.

Menschen sind von ihrer Natur aus „nicht linear“ veranlagt. Damit ist gemeint, dass scheinbar gleiche Situationen zu unterschiedlichen Reaktionen und Handlungen führen. Somit müssen wir bei menschlichen Systemen immer mit einer Art von „Chaos“ rechnen. Interessanterweise entsteht nach und nach aus diesem Chaos eine Form von Ordnung. In der Praxis sprechen wir dann von Selbstorganisation (Autopoese). Im Zuge dieser Selbstorganisation, welche mit Selbstverantwortung einhergeht, entstehen in der Regel innovative Lösungen.

Nun geht es darum, wie wir ein Managementsystem – welches einen Ordnungsrahmen bildet – mit einem System aus Menschen – welches ein selbstorganisierendes Chaossystem bildet – verbinden können.

Bei diesem Brückenprozess haben wir auf der einen Seite jene Teile, die an den Ordnungsrahmen des CSR-Masterprozesses anknüpfen. Auf der anderen Seite finden wir jene Schritte, welche hilfreich sind, im System der Menschen Lösungen zu ermöglichen.

Dabei werden im chaotischen menschlichen System vorerst nur einmal jene Punkte behandelt, welche am dringlichsten sind. Sozusagen erfolgt eine Umsetzung der Themen aus dem CSR-Masterprozess Schritt für Schritt. Nur so kommen wir in die Lage, auf Veränderungen und Erkenntnisse entsprechend agil und dynamisch reagieren zu können.

Die Schritte, welche sich in der Praxis bewährt haben, sind:

Fokus Management:

- Ziele aus dem CSR-Masterprozess, Spielregeln der Zusammenarbeit und Zeitrahmen der Umsetzung, Anzahl der Durchläufe (Iterationen) des „Brückenprozesses"
- Relevante Stakeholder für diesen Durchlauf ermitteln
- Kräfte bündeln

Fokus Mensch:

- Daten und Wissen sammeln und darstellen
- Erweiterung um die Prinzipien der Nachhaltigkeit (Gesellschaft/Soziales und Umwelt)
- Muster und Unterschiede sichtbar machen
- Nächste sinnvolle Schritte ableiten
- Lösungen entwerfen
- Lösungen umsetzen
- Reflexion und Lernen (Teil I – auf der emotionalen Ebene)

Fokus Management:

- Reflexion und Lernen (Teil II – auf der fachlichen Ebene)
- Messen und dokumentieren
- … nächster Durchlauf, bis die Ziele aus dem CSR-Masterprozess erreicht sind.

Je nach Thematik/Schwerpunkt aus dem CSR-Masterprozess lassen sich für diesen „Brückenprozess" unterschiedliche Interventionen ableiten. Die Auswahl dieser muss situationsbezogen erfolgen und entsprechend den Bedürfnissen der Menschen in der Organisation angepasst werden.

Hilfreich dabei sind die Agilen Prinzipien

Diese stellen sicher, dass im Zuge der schrittweisen Vorgehensweise des CSR-Masterprozesses Ergebnisse und sinnstiftende Handlungen entsprechend umgesetzt werden. Dies funktioniert nur dann, wenn der CSR-Masterprozess, entsprechend der Philosophie von Managementsystemen, immer wieder durchlaufen wird. Nur so kommen wir in die Lage, die Komplexität in den Griff zu bekommen und auf die Veränderungen der Zeit reagieren zu können.

Die Agilen Prinzipien lauten:

- **Menschen und Zusammenarbeit** vor Prozessen und Managementtools
- **Funktionierende Lösungen** vor umfangreichen Dokumentationen/Kennzahlen
- **Zusammenarbeit mit Kunden und Anspruchsgruppen** vor vertraglichen Regelungen
- **Reaktion auf Veränderung** vor Einhaltung eines Plans

Beide Wertepaare sind jeweils wichtig, jedoch die **fett geschriebenen Werte** (z. B. **Menschen und Zusammenarbeit**) sind den nicht fett geschriebenen Werten (z. B. Prozesse und Managementtools) vorzuziehen.

1.3 Conclusio CSR im Überblick

Ein Umstand, der in den bisherigen Betrachtungen nur wenig Erwähnung gefunden hat, ist der internationale Leitfaden zum Thema „Gesellschaftliche Verantwortung" ISO 26000. Das Problem bei diesem Leitfaden ist, dass dieser noch sehr stark im CSR der 1. Generation verankert ist. – Checklisten und starre Themenvorgaben sind nicht hilfreich, um Antworten auf die Probleme des 21. Jahrhunderts zu finden.

CSR ist primär eine „Haltung" – eine Haltung, die „menschliche Reife" braucht! Dies wird sichtbar, wenn wir sehen, welche wissenschaftlichen Bereiche sich aktuell mit CSR und Nachhaltigkeit beschäftigen: angefangen von Wirtschaftswissenschaften über die Psychologie, die Theologie, die Biologie, die Geographie, die Politikwissenschaften, die Medizin, die Technik – und nicht zu vergessen die Philosophie.

In diesem Zusammenhang erscheint die derzeitige Entwicklung in der Zusammenarbeit der Sozialpartnerorganisationen in Österreich problematisch. Hierbei ist zu erkennen, dass sich die Positionen zum Thema Verantwortung immer mehr ideologisieren. Sich hinter ideologischen Standpunkten zu verschanzen, zeigt leider wenig „menschliche Reife".

Der zentrale Streitpunkt dieser ideologischen Diskussionen (leider nicht Dialoge) ist das Thema der „Freiwilligkeit". Dabei herrscht meines Erachtens nach ein großes Missverständnis zwischen den Arbeitnehmerorganisationen und den Arbeitgeberorganisationen. Die Arbeitnehmerorganisationen glauben, dass „Freiwilligkeit" dem Umstand der „Beliebigkeit" gleichkommt. Doch das ist nicht der Fall!

Durch die Sicherstellung der Rahmenbedingungen im CSR-Masterprozess weisen die Themen in die richtige Richtung. Eine Entscheidung der Relevanz muss auf Basis der Kernkompetenzen und der strategischen Ausrichtung der Organisation gefällt werden. Diese Entscheidungen fallen in die Verantwortung des unternehmerischen Tuns, sind jedoch keinesfalls beliebig.

Es ist zu hoffen, dass sich diese ideologischen Gräben bald überbrücken lassen, denn die Menschen mit Hirn, Herz und Verstand haben wenig Verständnis für solche sinnlosen Streitigkeiten.

Wir brauchen Menschen, die mutig und vorausschauend die Zukunft gestalten. Nur so sind wir in der Lage, unseren nächsten Generationen ein lebenswertes Umfeld zu übergeben. Dazu braucht es einerseits eine funktionierende Wirtschaft, anderseits aber eine funktionierende Gesellschaft, in der Menschen in der Lage sind, ihren eigenen Egoismus den nachhaltigen Zielen (Bedürfnissen der nächsten Generationen) unterzuordnen.

Das ist nicht immer leicht, aber es ist machbar. Und wie Heinz von Foerster schon festgestellt hat: „Wissen bedeutet Verantwortung", so sind wir alle aufgerufen einen Beitrag zur nachhaltigen Entwicklung unserer Welt zu leisten.

2. CSR in der konkreten Praxis

2.1 Einleitung

Immer wieder wird in diesem Zusammenhang nach praktischen Beispielen gefragt. Diese gibt es in ausreichender Form, und sie ermöglichen eine konsolidierte Zusammenfassung zu den Erwartungen und Zielen und zum Nutzen von CSR/Nachhaltigkeit aus über 100 praktischen Projekten. Wir betrachten als Erstes die Ergebnisse aus der Vorprozessphase (der gewünschte Nutzen) und dann jene aus der Nachprozessphase (der eingetretene Nutzen).

Durch diese Betrachtung des „Vorher" und „Nachher" wird rasch klar, wo die Chancen, aber auch Risiken von CSR/Nachhaltigkeit liegen. Den eigentlichen Umsetzungsprozess darzulegen wäre in diesem Beitrag zu viel, da diese Erkenntnisse ein ganzes Buch füllen würden (bzw. hoffentlich bald werden, denn diese Publikation ist bereits in Arbeit).

2.2 Die Ziele/Erwartungen an die Implementierungsphase

Bei jeder Implementierung muss der Nutzen für das Unternehmen/die Organisation im Fokus der Prozessbegleitung sein. Dass sich dieser Nutzen oft erst mittel- und langfristig zeigt, liegt auf der Hand. In unserem Kulturkreis (Mitteleuropa) war dies niemals ein Problem für die beteiligten Unternehmen. Anders ist es bei Unternehmern/Managern aus dem angelsächsischen Raum. Dort sorgte dieser Umstand bei ca. einem Drittel der handelnden Personen für Verwirrung.

Die Auftragsklärung erfolgte bei diesen Projekten auf zwei Ebenen.

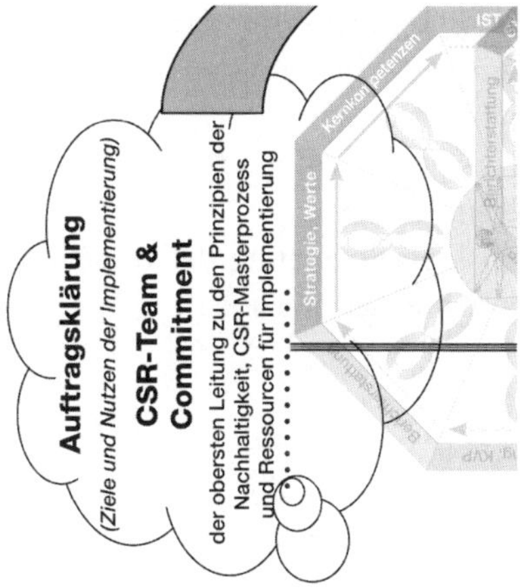

In der ersten Phase – Gruppenworkshops aller teilnehmenden Unternehmen aus einer Region – wurden die gemeinsamen Ziele/Erwartungen erarbeitet. Dies hat sich als sehr produktiv erwiesen, da die Unternehmerinnen und Unternehmer von den Rückmeldungen der anderen TeilnehmerInnen profitieren konnten.

In der zweiten Phase – einer klassischen systemischen Auftragsklärung vor Ort – wurden die groben Ziele aus der Phase I konkretisiert und darauf aufbauend wurde die Implementierungsphase gestaltet.

Bereits die Zusammenfassung der groben Ziele/Erwartungen zeigt uns, dass die Unternehmen an die Implementierung von CSR und Nachhaltigkeit unterschiedlichste Erwartungen hatten. Dies lässt sich damit erklären, dass jedes Unternehmen einzigartig ist. – Einzigartig in seinen Werten, seinem Entwicklungsstand, seinen Produkten, seinen MitarbeiterInnen, seinen Märkten, in seinem relevanten Umfeld, seiner geschichtlichen Entwicklung und in seinen Zukunftsplänen. Und diese Einzigartigkeit gilt es zu erhalten und als spürbaren Nutzen auszubauen – selbstverständlich in einer Balance aller relevanten Bereiche der Nachhaltigkeit.

Um diese Balance bereits in der Startphase finden zu können, werden von uns die Ziele/Erwartungen immer in folgenden fünf Bereichen erhoben:

- Führung und Gestaltung
- Markt
- MitarbeiterInnen
- Umwelt
- Gesellschaft

Unternehmensführung und Gestaltung

In diesem Bereich erwarten die UnternehmerInnen Verbesserungen in zwei Schwerpunkten. Einerseits auf der Kennzahlen- und Prozessebene und anderseits im Bereich der Motivationsebene/Verantwortungsebene der MitarbeiterInnen.

Folgende Themen wurden immer wieder genannt:

- *Entwicklung von Visionen und Strategien, welche zu einer Vorreiterrolle führen*
- *Bessere Kennzahlen für die Unternehmenssteuerung*
- *Integration nachhaltiger Kriterien in das bestehende Führungsinstrument (BSC)*
- *Verbesserung im Umgang mit Fehlern/Qualitätsmanagement*

- *Risikominimierung bzw. Vorbereitung für zukünftige Herausforderungen*
- *Kontinuierlicher Verbesserungsprozess für das Ganze*
- *Installation eines Beschwerdemanagements*
- *Effizienzsteigerung*
- *Stärkung der Selbstverantwortung der MitarbeiterInnen*

Der Wunsch nach einer Verbesserung der Selbstverantwortung der MitarbeiterInnen war eine der häufigsten Nennungen von Unternehmerseite.

Markt

Bei der Erhebung des Nutzens im Bereich Markt kam es in der Praxis zu vielen Diskussionen. Das Thema Markt ist für viele Unternehmer ein sehr emotionales Thema. Speziell bei Unternehmen aus dem Handwerk konnten wir erkennen, dass bei diesem Thema oftmals Vorbehalte bestehen. Erst als wir in den Workshops klar machen konnten, dass beim Thema Markt mehr dahintersteckt als „Marketing und Werbung", konnten wir zum Teil diese Ängste/Vorbehalte abbauen.

Folgende Themen wurden häufig genannt:

- *Marketing und bessere Marktkommunikation*
- *Wettbewerbsvorteile (Stärken) sichtbar und nutzbar machen*
- *Innovationen und neue Produkte bzw. Dienstleistungen*
- *Transparenz gegenüber den Kunden*
- *Stärkung der Glaubwürdigkeit*
- *Erhaltung und Stärkung der Kundenbeziehungen*
- *Kunden finden, welche die gleichen Werte leben*
- *Kundenbindung und Neukundengewinnung*
- *CSR/Nachhaltigkeit als Wettbewerbsvorteil nutzen*

Der Bereich der Stärkung der Kundenbindung begleitete uns in der weiteren Folge in vielen Umsetzungsprojekten. Viele KMUs leben auf Basis einer guten Kundenbindung, hoher Kundenzufriedenheit und der entsprechenden persönlichen Weiterempfehlung.

Interessanterweise waren die Erwartungen an Innovationen in dieser ersten Phase eher selten. Dies hat sich jedoch im Zuge der Implementierung von CSR/Nachhaltigkeit in den meisten Betrieben verändert, da die Umsetzung der Chancen automatisch zu entsprechenden Innovationen (in allen drei Dimensionen des Innovationsmanagements – Produkt-, Prozess- und Sozialbereich) führte.

MitarbeiterInnen

Der Bereich der MitarbeiterInnen ist in KMUs jener mit den größten Herausforderungen.

Viele KMUs bauen auf langjährige Mitarbeiter und sehen diese zum Teil als „Familienmitglieder" an. Entsprechend schwierig wird in der weiteren Folge die professionelle Abgrenzung zwischen beruflichem und privatem Umgang.

Gut ausgebildete Mitarbeiter sind die Basis für eine hohe Kundenzufriedenheit. In der Regel gibt es Programme zur Förderungen der fachlichen Kompetenz. Anforderungen für Ausbildungen im Bereich Sozialkompetenz ergeben sich oftmals im Zuge der Umsetzung der Zukunftsthemen.

Es ist immer wieder erstaunlich zu sehen, wie viel KMUs bereits im Sozialbereich machen. Hier merkt man, dass die „soziale Marktwirtschaft" nicht nur ein schönes Wort ist, sondern in vielen Unternehmen gelebte Praxis ist.

Konsolidiert kam es zu folgenden Zielen/Erwartungen im Bereich MitarbeiterInnen:

- *Sinnerfüllte Arbeit und gesteigerte Mitarbeiterzufriedenheit …*
- *Funke der Nachhaltigkeit springt auch auf Mitarbeiter über*
- *Mitarbeiterbindung und Steigerung der Zufriedenheit*
- *Verbesserte Mitarbeitermotivation*
- *Über Mitarbeiter soll CSR zum Kunden wirken*
- *Stärkung der Zusammengehörigkeit*
- *Betrieb als „Familie"*
- *Verbesserung der Kommunikation*
- *Steigerung des Teamgeistes*
- *Steigerung der Eigenverantwortung*
- *Steigerung der Loyalität*
- *Steigerung der gegenseitigen Wertschätzung (Geschäftsführung/Mitarbeiter)*

Der Großteil der Erwartungen im Bereich „MitarbeiterInnen" beruht auf sogenannten „weichen Faktoren" bzw. „Soft Facts". Entsprechend schwierig ist es daher, diese Erwartungen zu konkretisieren. – Beim Nutzen werden wir dann sehen, dass die subjektiven Erwartungen der UnternehmerInnen zum Großteil erfüllt wurden. Dies wurde möglich, da die MitarbeiterInnen Teil der Umsetzung waren.

Umwelt

Die Wünsche und Erwartungen nach Verbesserungen im Umweltbereich waren in dieser ersten Phase der Implementierung immer spärlich und wenig griffig. – Erst im Zuge der detaillierten Ist-Analyse (wo den Betrieben klar wurde, was alles im Umweltbereich Sinn machen kann) wurden die Erwartungen spezifischer.

Gesellschaft

Dasselbe Phänomen wie im Umweltbereich hatten wir im Bereich Gesellschaft. In der ersten Phase der Implementierung konnten die Unternehmer noch keine Erwartungen zu diesem Bereich äußern. Erst durch die Identifikation der Anspruchsgruppen und der Themenbereiche dieser Gruppen wurden Verbesserungspotentiale sichtbar.

Zusammenfassung der Erwartungen/Ziele an CSR

In der Praxis hat sich gezeigt, dass es für die Implementierung von CSR/Nachhaltigkeit unumgänglich ist, die ersten Ziele (den gewünschten Nutzen) gemeinsam mit den CSR-Team zu erarbeiten. Diese Ziele leiten den Implementierungsprozess.

Doch war ein Muster in all diesen Projekten erkennbar, das wesentliche Auswirkungen auf das Managementmodell hatte. Speziell die Erwartungen (Nutzen) im Bereich Umwelt und Gesellschaft konnten in diesen ersten Dialogen nicht klar definiert werden.

Dies führte zur Entwicklung des CSR-Brückenprozesses, der verankert an den CSR-Masterprozess eine entsprechend dynamische/agile Vorgehensweise ermöglicht. So wurden weitere Ziele/Nutzenpotentiale im Zuge der Umsetzungsmaßnahmen gefunden und entsprechend in die strategische Ausrichtung integriert.

Somit sind wir nun am Punkt angelangt, wo wir zur anderen Seite des Implementierungsprozesses von CSR/Nachhaltigkeit kommen – zum eingetretenen Nutzen.

2.3 Der Nutzen nach der ersten Implementierungsphase

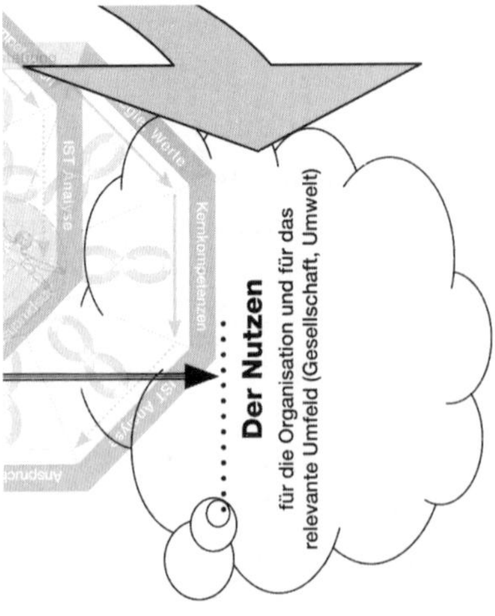

Die „Brückenprozesse" (die agile und dynamische Herangehensweise im Zuge des CSR-Prozesses) erklären, wie es nach der Implementierungsphase (in der Regel 6 bis 12 Monate) zu einem Nutzen in **allen Bereichen** der Nachhaltigkeit gekommen ist (Führung, Markt, Mitarbeiter, Umwelt, Gesellschaft).

Die Themen und Maßnahmen wurden immer konkreter. Von einem anfänglichen „Philosophieren" kamen wir rasch zu einem „konkreten Tun". Die erste große Herausforderung dabei war, die strategischen Themen in kleine und umsetzbare Schritte zu zerlegen. Die zweite große Herausforderung war, die CSR-Teams zu lehren, wie wichtig Reflexionen sind – Reflexionen, in denen fachliche Themen, aber auch Emotionen (das Menschliche) Platz finden müssen.

Nach und nach wuchs das Selbstvertrauen der CSR-Teams und die ursprünglichen Vorbehalte gegenüber transparenten Dialogen – welche die Basis für jede nachhaltige Lösung sind – verflogen nach und nach. Wenn wir heute in diese Unternehmen kommen, so können wir erkennen, dass die Selbstverantwortung, aber auch die Selbstorganisation zugenommen hat. In vielen Unternehmen sind die CSR-Teams noch aktiv, da es in der Regel eine Person gibt, welche den CSR-Masterprozess am Leben erhält.

Betrachten wir nun, welchen konkreten Nutzen CSR/Nachhaltigkeit den Unternehmen/Organisationen gebracht hat – Damit ist gemeint, wir betrachten die Veränderungen, welche nach der ersten Implementierungsphase eingetreten sind.

Wie bereits bei der Vorprozessphase (Was soll der Nutzen sein?) teilen wir die Veränderungen in die fünf Kategorien ein:

- Führung und Gestaltung
- Markt
- MitarbeiterInnen
- Umwelt
- Gesellschaft

Unternehmensführung und Gestaltung

Wie bereits in der Vorprozessphase dargelegt wurde, waren hier die Wünsche der Unternehmen in zwei Richtungen ausgelegt. Einerseits die Zahlenebene und anderseits die Mitarbeiterebene.

Nach der Implementierung ergab sich in der Regel noch eine dritte Ebene, in der ein Nutzen spürbar wurde. Dabei handelt es sich um den Bereich, welcher die Zukunftsfähigkeit der Organisation verbessert hatte.

Zusammenfassend kam es in diesen Projekten zu folgenden Aussagen (daher in Anführungszeichen) zum eingetretenen Nutzen:

- *„Wir haben uns Ziele gesetzt und konkretisiert."*
- *„Die ersten Schritte wurden bereits umgesetzt."*
- *„Wir haben uns endlich mal die Zeit genommen, über strategische Themen nachzudenken und diese zu konkretisieren."*
- *„Wir haben nun endlich Kennzahlen, welche uns helfen Zielvereinbarungen mit den Mitarbeitern zu treffen."*

- *„Uns wurde klar, wo unsere Schwächen sind und wie wir strategisch etwas ändern müssen."*
- *„Nun haben wir Klarheit, was wir an Bewahrenswertem erhalten möchten und was wir verändern sollen."*
- *„Jetzt wissen wir, wie wir aus Risiken Chancen machen können."*
- *„Die Mitarbeiterbefragung brachte überraschende Erkenntnisse, was zu einer Neuausrichtung der Führungspolitik führte."*
- *„Mitarbeiter haben sich konstruktiv am Prozess beteiligt und sind motivierter."*

Markt

Beim Thema Markt hat sich der Fokus bei den beteiligten Unternehmen sehr stark in Richtung „Glaubwürdigkeit" und „Innovationen" verschoben. Dabei soll und muss bei der Kommunikation immer auf „Bescheidenheit" und „Ehrlichkeit" geachtet werden. Denn Glaubwürdigkeit entsteht erst, wenn das gelebt wird, was kommuniziert wird.

Der rückgemeldete Nutzen war:

- *„Durch den verbesserten Kundendialog haben wir neue Ansätze für Innovationen gefunden."*
- *„Seit der Veröffentlichung unseres Nachhaltigkeitsberichts bekommen wir viel mehr Bewerbungen als früher."*
- *„Wir haben erkannt, dass die Kunden uns kritische Fragen stellen. – Jetzt können wir darauf antworten."*
- *„Seit der Einführung des Umweltzeichens werden unsere Produkte von den Kunden mehr geschätzt."*
- *„Wir haben unser Ziel, in der Kundenpartnerschaft die Nummer 1 zu bleiben, halten und ausbauen können."*
- *„Das neue Reklamationsmanagement hat zur Verbesserung der Kundenzufriedenheit beigetragen."*
- *„Unsere neue transparente Kommunikation hat unsere Kunden positiv überrascht."*
- *„Wir wurden weiterempfohlen."*

MitarbeiterInnen

Die Entwicklungen im Bereich MitarbeiterInnen überraschen uns selbst immer wieder. Erstaunlich war zu erkennen, in welch kurzer Zeit die Motivation und das Miteinander in den Unternehmen zunahm. Dies lässt sich wohl auf den Umstand zurückführen, dass UnternehmerInnen im Bereich von KMUs ein sehr gutes „Gespür" für Menschen haben.

Doch gibt es einen entscheidenden Feind in diesem Bereich; den ständigen Zeitdruck. – Erst als die MitarbeiterInnen und die UnternehmerInnen erkannten, dass sich die investierte Zeit auch nachhaltig rechnete, wuchs die Bereitschaft, sich gemeinsam den offenen Problemen zu stellen.

Durch die Fokussierung auf das „gemeinsame Sinnvolle" unter der Zuhilfenahme der Dynamischen/Agilen Prinzipien wurden entsprechende Lösungen möglich, umgesetzt und es wurde daraus gelernt.

Folgender Nutzen wurde uns im Bereich MitarbeiterInnen rückgemeldet:

- *„Die Zusammenarbeit hat sich wesentlich verbessert."*
- *„Nun haben wir mehr offene Fragen."*
- *„CSR ist nicht nur Show, sondern bringt was, wenn wir es gemeinsam machen."*
- *„Wir haben begonnen voneinander zu lernen und Wissen zu teilen, um gemeinsam besser zu werden."*
- *„Die Zusammenarbeit mit MitarbeiterInnen mit Migrationshintergrund hat sich massiv verbessert."*
- *„Wir sind vom Reden ins Tun gekommen."*

Umwelt

Im Zuge dieses „Datensammelns" – in Verbindung mit den Kernprozessen – entstanden rasch neue Ideen zu Verbesserungen im Bereich Umwelt. Dabei gilt es zu beachten, dass diese Verbesserungen öfters auch Investitionskosten verursachen können. Daher wurden alle Ideen entsprechend auf Kosten/Nutzen geprüft. – Verbunden mit den Risiken/Chancen der Zukunft ergaben sich Projekte, die es wert waren, umgesetzt zu werden.

Der entstandene Nutzen war:

- *„Wir haben die Investition vorgezogen, da sich gezeigt hat, dass sich enorme Energiekosten einsparen lassen, welche die Investition bereits in drei Jahren rentabel machen. Zusätzlich schonen wir die Umwelt."*
- *„Verbesserungen im Bereich Logistik/Mobilität brachten enorme Einsparungspotentiale."*
- *„Eine Erhöhung des Prozentsatzes an regionalen Produkten half uns flexibler zu werden. – Außerdem schätzen die Kunden diesen Umstand."*
- *„Die Berücksichtigung von Nachhaltigkeitsaspekten hat die Produktentwicklung entscheidend beeinflusst (Reparatur, Wiederverwendbarkeit, Langlebigkeit, Art der verwendeten Materialien/Rohstoffe)."*
- *„Dass wir auf alternative Energiequellen (Holz) umgestellt haben, spart Geld und lässt mich ruhiger schlafen."*

Gesellschaft

Der Schlüssel in diesem Bereich ist und bleibt die Identifikation der Anspruchsgruppen und die Ableitung von Dialogstrategien. Je detaillierter wir in diesem Bereich wurden, desto größer wurden die Potentiale, die generiert werden konnten.

Primär galt es, die Menschen in der Organisation für den Umstand zu sensibilisieren, dass Anspruchsgruppen einen entscheidenden Einfluss auf das Kerngeschäft haben können. Dies war für viele Menschen zunächst verwirrend bzw. abstrakt. Der Weg, der in der Praxis am besten funktioniert hat, war die Implementierung des „Stakeholderansatzes" auf Projekt-/Prozessebene. Indem wir hier Checklisten/Prozessschritte mit entsprechenden Fragen einführten, konnte ein Wandel eingeleitet werden.

Der Nutzen, der sich einstellte, war:

- *„Nun verstehe ich endlich, warum das bisher nie funktioniert hat."*
- *„Projekte laufen nun viel konfliktfreier und reibungsloser."*
- *„Die Anrainer schätzen uns für unsere Offenheit. – Wir konnten gemeinsam Lösungen finden und die Widerstände nahmen ab."*
- *„Aus der Kooperation mit der Fachhochschule konnten wir neue Mitarbeiter finden."*
- *„Im Dialog kamen Aspekte zu Tage, welche uns so noch gar nie bewusst waren."*
- *„Wir wussten gar nicht, wie viele Leute wir kennen."*
- *„Nun wissen die Kinder der Mitarbeiter endlich, was der Papa unter dem Tag macht."*
- *„Wir hatten ein komplett falsches Bild von den Lehrern."*
- *„Mit Behörden kann man auch sinnvoll reden und Lösungen finden."*
- *„Uns war gar nicht bewusst, welche Risiken in unserer Lieferkette schlummerten. Gut dass wir diese minimieren konnten."*
- *„Für das Thema Nachhaltigkeit interessieren sich mehr Menschen, als wir glaubten."*
- *„Nun habe ich eine Lösung, wie mein Herzensthema (Fußballverein) auch nach meinem Abtreten weitergeführt werden kann."*
- *„Wir werden von außen ganz anders wahrgenommen, als wir dachten."*
- *„Indem wir nun aktiv auf unsere Bank zugehen, konnten wir das Vertrauen stärken."*

Zusammenfassung des Nutzens

In den mehr als 100 Projekten gab es viele Gemeinsamkeiten, aber auch viele Unterschiedlichkeiten.

Die größte Gemeinsamkeit konnten wir in den Bereichen Gesellschaft/Umwelt/MitarbeiterInnen erkennen. Hier schlummert, speziell im KMU-Bereich, das größte Potential, welches durch eine Professionalisierung der gesellschaftlichen Verantwortung genutzt werden kann.

Die Ideen und Lösungen, welche in diesem Bereich entstanden sind, verdienen Respekt. Es wäre schade – wenn nicht sogar ein großer volkswirtschaftlicher Schaden –, diese Potentiale nicht zu nutzen.

Kritiker werden nun behaupten, dass eine gute betriebswirtschaftliche Führung diesen Nutzen so und so zu Tage gebracht hätte. Dabei zeigen die klassischen Konzepte eine zentrale Schwäche – sie vergessen den Faktor Mensch.

Erst in der Kombination von betriebswirtschaftlichen Werkzeugen und der wertschätzenden Einbindung der Menschen kamen wir in die Lage, diese Potentiale zu entwickeln und zu einem Nutzen für die Organisation, aber auch für die Gesellschaft und Umwelt zu verwandeln.

Daher erscheint **eine Marktwirtschaft für Menschen** (humane Marktwirtschaft) als einer der funktionierenden Lösungswege für die Probleme des 21. Jahrhunderts. Sicherlich werden wir auch noch andere Lösungsansätze finden, dieser jedoch passt hervorragend zu unseren mitteleuropäischen Werten und Traditionen.

3. Abschließende Bemerkungen

CSR der dritten Generation

Projekte von CSR der dritten Generation zielen darauf ab, gemeinsam regionale gesellschaftliche Probleme zu lösen, welche ein Unternehmen alleine nicht mehr lösen kann.

Dabei handelt es sich, ebenfalls wie bei CSR der zweiten Generation, um einen Prozess. Entscheidend dabei ist, dass dieser Prozess von einer erfahrenen Person moderiert und begleitet werden muss. Des Weiteren gilt es, regionale Netzwerke, Unternehmensverbände (wie eine regionale Wirtschaftskammer, IHK, …) als Partner zu gewinnen. Diese Partner sind in der Lage, die entsprechenden Ressourcen zur Verfügung zu stellen.

Die Dauer solcher Projekte beläuft sich auf mindestens ein Jahr. In der Vorprozessphase gilt es, einen Initiativkreis zusammenzustellen, welcher das zentrale Thema (Problem) definiert, welches mit dem Projekt gelöst werden soll.

Die weiteren Schritte im Ablauf sind:

- Probleme sammeln
- Bewerten und Projekte ableiten

- Projektteams zusammenstellen und einen Verantwortlichen und Stellvertreter finden
- Spielregeln der Zusammenarbeit definieren
- Ziele/Nutzen definieren
- Analyse der Anspruchsgruppen, Kräfte bündeln
- Planen und umsetzen
- Messen und steuern
- Kommunizieren
- Verstetigen und den langfristigen gesellschaftlichen Nutzen sichern

Reinhard Hofbauer und Stefan Wally

Warum sollen Unternehmer ethisch handeln?

1. „Moralisches Fehlverhalten“ als Ursache der Finanzkrise?

Die Finanz- und Wirtschaftskrise der Jahre 2008 und 2009 bedeutete einen massiven Anstieg der Arbeitslosigkeit in Europa und den USA. Allein in den Staaten, die den Euro verwenden, verzeichneten wir 2010 um vier Millionen mehr Arbeitslose als 2007. Auch wenn die wirtschaftliche Erholung der Wirtschaft mit kaum für möglich gehaltener Geschwindigkeit eingesetzt hat, stehen nahezu alle Staaten Europas wie auch die USA vor gravierenden finanziellen Schwierigkeiten in Form von Defiziten. In der Euro-Zone stiegen die Staatsschulden von 2007 bis 2009 von 66 auf 79 Prozent der Wirtschaftsleistung.[1] Den Defiziten soll maßgeblich auch durch Kürzungen der Sozialausgaben beigekommen werden. Die Werte der börsenotierten Unternehmen im Deutschen Aktienindex DAX hatten sich bis Mitte 2010 bereits wieder erholt und erreichten den Wert von Mitte 2008.

Als unmittelbarer Auslöser der Finanzkrise wird vor allem spekulativer Handel mit ausstehenden Krediten an wenig kreditwürdige soziale Gruppen („subprime“) genannt. Für viele Kommentatoren ergab dies das Bild, wonach die Suche nach möglichst hohen Gewinnmargen auf den Finanzmärkten eine Krise auslöste. Viele Finanzinstitutionen wurden von Staaten mit Steuergeldern aufgefangen. In der Folge der Krise waren es vor allem Arbeitnehmerinnen und Arbeitnehmer sowie Steuerzahlerinnen und Steuerzahler oder Bezieher von Leistungen des Wohlfahrtsstaates, die nun die Folgen der Krise zu zahlen hätten. Selbst der Economist schrieb: “Viewed politically, in fact, the recovery in profits that has given encouragement to the bulls has been a mixed blessing. With growth in the rich world sluggish, the corollary of the rise in profits has been a fall in the share of income going to labour, because of job losses and stagnant wages. To the ordinary voter, the picture seems perverse: the bankers and bosses who caused the crisis and were then bailed out by taxpayers are now reaping a disproportionate share of the rewards. Meanwhile, public services and public-sector pensions and wages

[1] Monthly Bulletin of the ECB, June 2010.

face deep cuts — seemingly at the insistence of the same financial elite. No wonder voters are angry."[2]

Während klar scheint, wieso Wählerinnen und Wähler verärgert sind, so bleibt die Frage heftig diskutiert, worin denn die tieferen Ursachen zu sehen sind, die zu diesen Auswirkungen führten. Eine prominente Erklärung ist, dass in den Managementetagen der Finanzinstitutionen Ethik und Moral verloren gegangen seien. Die Finanzkrise sei eine ethische Krise, erklärte Erzbischof Giampaolo Crepaldi. Es habe sich eine Wunde im globalen Moralsystem aufgetan.[3] Ähnlicher Meinung war die Bild-Zeitung: „Gibt es einen Schuldigen? Mehrere? Weltweit gehen die Finanzmärkte in die Knie. Doch wer ist für die Milliardenverluste und Existenzängste wirklich verantwortlich? Banker, Politiker, Ratingagenturen oder doch die mächtigen Zentralbanken? Ein Hauptschuldiger ist so leicht nicht zu finden. Eher scheint es ein Zusammenspiel aus Ignoranz, Größenwahn und Geldgier vieler Spielmacher zu sein."[4] Ähnlich bedeutend wie die Bild-Zeitung ist noch der UN-Generalsekretär Ban Ki Moon, der vor der Vollversammlung der Vereinten Nationen meinte: „Wir brauchen ein neues Verständnis von Unternehmensethik und Führung, mit mehr Mitgefühl und weniger unkritischem Glauben an die ‚Magie' des Marktes".[5]

Wenn die Finanzkrise ihre Ursache in einer Wunde im globalen Moralsystem hat (Vatikan), die man vielleicht mit den Begriffen Ignoranz, Größenwahn und Geldgier umschreiben kann (Bild), dann kann ein neues Verständnis von Unternehmensethik (UNO) die Wiederholung der Krise verhindern. Oder anders: „Das Debakel der Finanzbranche gilt als Symptom eines kollektiven Sittenverfalls, der sich vor allem an den Banken festmacht. … Die vier Grund- oder Kardinaltugenden, die einst Platon als Definition des guten Seins identifizierte, sind aktueller denn je: Weisheit, Gerechtigkeit, Tapferkeit und Mäßigung. Vier Tugenden, die – wenn gelebt in der Wirtschaftswelt – eine Wiederholung der Exzesse unmöglich machen sollten. Und so spricht viel dafür, dass die Wertedebatte das neue Jahrzehnt prägen wird. … Für Aristoteles, den Schüler Platons, war Tugend der Weg zur Glückseligkeit. Diese verstand er jedoch nicht als subjektives Glücksgefühl, sondern als geglücktes Leben. Vielleicht ist es das, was so einige Manager noch nicht verstanden haben."[6]

---

2 The Economist, 27. Mai 2010.

3 Radio Vatikan, 14. November 2008.

4 Bild, 9. Oktober 2008.

5 Süddeutsche Zeitung, 23. September 2008.

6 Eigendorf, J. (2009): „Was kommt nach der Dekade der Finanzexzesse". In: Die Welt, 27.12.2009.

2. Warum hätten die Manager moralisch „richtig“ handeln sollen?

Entscheidungsträger im Wirtschaftsleben sollen also tugendhaft handeln. Die Philosophie fragt sich nun aber, warum man das soll. Zwei Antworten hält die philosophische Ethik im Wesentlichen bereit: Erstens könnte man argumentieren, dass das Gute um seiner selbst willen verfolgt werden muss und keine Begründung braucht. Moralisch richtiges Handeln kann nicht durch etwas begründet sein, das außermoralisch ist, denn das würde der Moral die autoritative Grundlage entziehen. Die zweite mögliche Antwort würde lauten: Handle tugendhaft, weil es (langfristig) zu deinem Vorteil ist.

Gut gemeint ist das Gegenteil von gut gemacht. Anhand dieses auch in der Wirtschaft verbreiteten Sprichworts lässt sich diese Debatte veranschaulichen. Gute Ergebnisse sollen am Ende einer Handlung stehen. Diese Auffassung ist konsequentialistisch. Es ist für ihre Vertreter kein moralisches Problem, Gutes zu schaffen – auch wenn es aus egoistischen Motiven herrührt. Immanuel Kant würde sich dagegenstellen: Das Gute ist nicht gut, weil es nützlich ist, sondern weil es gut ist. Was ist das für eine Grundlage unseres Handelns, die selbst von ihrer Nützlichkeit abhängt? Kant würde argumentieren, dass eine konsequentialistische Sicht des Guten viele Gefahren in sich birgt: Wir wissen nicht, wozu unser Handeln letztlich führt; entfällt einmal die Nützlichkeit des Guten, würde die Gesellschaft allein auf Egoismen zurückgeworfen. Er beharrt darauf, dass es um die Intention, die Absicht geht. Man nennt seine Meinung intentionalistisch.[7]

Der Begriff Ethik steht für das Richtige, Gute, Gerechte. Verbirgt es sich aber tatsächlich hinter dem, was unter dem Label „Ethik“ von Unternehmen praktiziert wird? Der kategorische Imperativ Kants fordert: „Handle so, dass du die Menschheit sowohl in deiner Person, als in der Person eines jeden andern jederzeit zugleich als Zweck, niemals bloß als Mittel brauchst.“ Ist durch Unternehmensethik nun der Zweck – das Gute und Richtige – adressiert, oder firmiert das Gute und Richtige als Mittel zum Zweck – dem Unternehmenserfolg?

Analysiert man die Fachliteratur zur Ethik für Führungskräfte in der Wirtschaft entlang der ethischen Grundpositionen, so dominieren Texte, in denen nachgewiesen wird, dass man mit eigennützigen Intentionen Gemeinnutz stiften kann. Ein Beispiel unter vielen ist der Sammelband „Ethik im Management“[8]. In

---

7 Vgl. v.a. Waibl, E. (2007): „Vom Anreiz zum Guten und den Zwängen zum Bösen – Zur ethischen Bewertung von Wirtschaftsakteuren“. In: Fischer, M./Hammer, R. (Hg.): Wirtschafts- und Unternehmensethik. Frankfurt am Main: Peter Lang. S. 85–98.

8 Ruh, H./Leisinger, K. M. (Hg.) (2004): Ethik im Management. Ethik und Erfolg verbünden sich. Zürich: Orell Füssli.

den meisten Beiträgen wird konsequentialistisch argumentiert. Schon die Einleitung macht klar, worum es geht: „Who cares, wins".[9]

Einige Beispiele: Die Entwicklung einer moralisch glaubwürdigen Unternehmenskultur bringt auch unternehmerisch größere Vorteile als lediglich reaktive Situationsbewältigung. Eine Unternehmenskultur, die ganzheitliche Verantwortung empfindet gegenüber allen von den positiven und negativen Auswirkungen unternehmerischen Handelns betroffenen Akteuren sowie gegenüber der Wahrung ihrer berechtigten Interessen, führt ein Unternehmen nicht nur auf den rechten, weil „positiven" Weg, sondern verhindert tendenziell auch zunehmende staatliche Regulierung. Ein langfristig gesicherter Goodwill des gesellschaftlichen Umfelds und ein guter Markenname kommen dadurch zustande, dass das jeweilige unternehmerische Handeln auch ethischen Kriterien standhalten kann.[10]

Nun ist evident, dass sich ethisches Verhalten und Unternehmenserfolg nicht ausschließen. So werden Unternehmen von ihren Kunden etwa aufgrund ihrer Produkte bevorzugt, wenn diese besonderen moralischen Ansprüchen genügen. Dies gilt für Hersteller von Bio-Produkten, bei nachhaltigen Geldanlagen oder im Bereich des Fair-Trade. Bestimmte moralische Verhaltensweisen sind mit dem Gewinnstreben von Unternehmen offensichtlich in Einklang zu bringen. Ethik zahlt sich langfristig aus – das bedeutet, es ist ökonomisch geboten, sich ethisch zu verhalten. Wenn eine Unternehmung sich unethisch verhält, droht ihr langfristig (oder manchmal schon ziemlich bald) Konsumentenabstinenz oder sogar ein Konsumentenboykott. Im Zeitalter von Wikileaks wird es für große Unternehmen auch immer schwieriger, sich unethisch zu verhalten. Hier ist also die Macht der Konsumenten ausschlaggebend, die sie mit ihrer Kaufkraft ausdrücken. Sie könnten ja, wenn man ihre moralischen Präferenzen allzu sehr ignoriert, ihr Geld woanders ausgeben. Im Umkehrschluss heißt das: Dort, wo die Kaufkraft der Konsumenten nicht ausreicht, um ein Unternehmen zur Umkehr zu bewegen, dort zahlt sich „Ethik" auch nicht aus.

Die Auffassung, „Ethik" zahle sich langfristig aus, entspricht damit einem konsequentialistischen Konzept von Wirtschafts- und Unternehmensethik. „Ethik", oder was dafür gehalten wird, wird nach Maßgabe ihrer Funktionalität für den Unternehmenserfolg berücksichtigt. Der dominante Diskurs über Unternehmensethik scheint also zu argumentieren: Moralisches Verhalten ist gut für den Gewinn, und moralisch schlechtes Verhalten der Einzelnen führt in die Systemkrise.

---

[9] Ebda., S. 11.

[10] Ebda., S. 23–28.

3. Ist die Unternehmensethik moralisch, wenn sie konsequentialistisch ist?

Die Auffassung, Ethik zahle sich langfristig aus, wird aber nicht gerne laut vertreten. Denn Konsumenten, zumindest kritische, spüren deutlich den Opportunismus, der in dieser Position der Anpassung an den jeweils vorherrschenden „ethischen" Common Sense steckt. „Ethik" zahlt sich für Unternehmen aus, nur soll es nicht laut gesagt werden.

Wenn sich ein Unternehmen verantwortungsvoll verhält, sollen die berechtigten Anliegen der von Unternehmensentscheidungen Betroffenen berücksichtigt werden. Unternehmensethik fordert die Berücksichtigung der Interessen der Stakeholder. Aber welche Stakeholder sind gemeint, wenn etwa ein Stromversorger den Ausbau seiner Leitungskapazitäten plant? Versorgungssicherheit und billiger Strom für die Kunden? Die Interessen der betroffenen Anlieger? Die Interessen des Umweltschutzes, die Interessen der betroffenen Wirtschaft, die Eigentümerinteressen nach hohen Renditen usw.? Ist es wahrscheinlich, dass ein Unternehmen unter Wettbewerbsbedingungen die angemessenen Interessen der Stakeholder gleichberechtigt berücksichtigen kann? Oder ist es wahrscheinlicher, dass Unternehmen nach Maßgabe des geringsten Widerstands versuchen ihr Betriebsergebnis zu optimieren? Die Erfahrung legt nahe, dass die Ansprüche anderer (der Stakeholder) nach Maßgabe ihrer Macht bzw. Gegenmacht, und nicht nach Maßgabe ihrer Berechtigung berücksichtigt werden. Bezogen auf den Unternehmenszusammenhang: Die Stakeholder werden „als Mittel", nicht „als Zweck" betrachtet.

Dass gutes Handeln im Wirtschaftsleben also konsequentialistisch gesehen wird, überrascht uns wenig. Welche Verkaufszahlen hätte ein Ratgeber für Führungskräfte: Tue Gutes, was auch immer es für dein Unternehmen bedeutet? Der Markt für das Buch wäre sicher überschaubar.

4. Was führt zu moralischem Handeln?

Moralisches Handeln wird meist als extrinsisch oder intrinsisch motiviert begründet. Moralisches Handeln aus extrinsischen Motiven wird von außen angeregt, quasi durch Belohnung. Intrinsische Motivation meint dagegen ein Handeln „um seiner selbst willen", also überwiegend nicht als Mittel zu einem Zweck. Genau genommen ist auch intrinsisch motiviertes moralisches Handeln etwas anderes als ein Befolgen der Moral um ihrer selbst willen. Denn mit dem Befolgen moralischer Regeln wird selbst ein Motiv befriedigt, nämlich das, im Einklang mit einer natürlichen Veranlagung (inkl. der Fähigkeit zur Empathie) zu leben.

Außerdem wird moralisches Verhalten durch einen Lernprozess vermittelt, der selbst den Regeln positiver und negativer Sanktionen unterworfen ist.

Vieles, vor allem eine Vielzahl empirischer Untersuchungen, spricht daher dafür, davon auszugehen, dass Menschen selten „um ihrer selbst willen", also intrinsisch moralisch handeln, sondern dass der (extrinsische) Kontext des Handelns entscheidend ist.

Unser Handeln beruht auf einer Vielzahl handlungsleitender Gründe, die ihrerseits auch auf Institutionen unterschiedlichster Art Bezug nehmen. Dazu gehören Verträge, Vermeidung von Strafe, Akzeptanz überlegener Macht und Autorität, die Verfolgung eigener Interessen und Bedürfnisse, Anerkennung, Wertschätzung und Zuneigung durch andere, die Schaffung von Erwartungssicherheit durch gesellschaftliche Regeln und eine weitere Vielfalt sozialer Rollen. „Diese Institutionen werden durch normative Regeln konstituiert, die moralische Ansprüche beinhalten, denn dieses komplexe System von Institutionen und sozialen Rollen bildet die Grundlage gesellschaftlicher Kooperation."[11]

Dabei kommt es wesentlich auf die Situation an, ob, und wenn ja, in welcher Intensität wir moralisch handeln. Moralisches Handeln wird in der Regel dann stattfinden, wenn und insoweit dieses Handeln in der Person, der Organisation oder der Gesellschaft befolgt, geschätzt und belohnt wird.[12]

Die Rahmenordnung bestimmt die Handlungsregeln, auch in der Marktwirtschaft. Moralische Vorgaben müssen sich folglich auf die Institution des Marktes richten. Würde man sie als Maßstab des individuellen Handelns einsetzen, könnte der Markt kaum jene Wirkungen erzielen, die sich aus dem Prinzip der Marktordnung ergeben. Schon mit Adam Smith, dem „Gründervater" der modernen Volkswirtschaftslehre, erlangt das egoistische Verhalten in der kapitalistischen Marktwirtschaft seine ethische Rechtfertigung.

Es ist die „unsichtbare Hand" des Marktes, die dafür sorgt, egoistisches Handeln der Akteure über den Mechanismus von Angebot und Nachfrage in ein gutes gesellschaftliches Ergebnis zu übersetzen. Für Smith war zwar klar, dass es im Selbstinteresse des Menschen liegt, seine Wohlfahrt zu maximieren, um damit Wohlstand und Ansehen zu erlangen; aber den daraus entstehenden Nutzen für das Individuum erachtete er eigentlich als gering, die „Täuschung" jedoch als notwendig für den wirtschaftlichen Fortschritt. Für Smith sind ethische und ökonomische Handlungen zwar zwei voneinander getrennte Handlungsebenen, aber im Zusammenspiel von moralischen Tugenden und ökonomischen Aktivitäten sah Smith, wie von einer unsichtbaren Hand gelenkt, die gesellschaftliche Wohlfahrt.

---

[11] Nida-Rümelin, J. (2005): Theoretische und angewandte Ethik: Paradigmen, Begründungen, Bereiche. In: Nida-Rümelin, J. (Hg.): Angewandte Ethik, Stuttgart: Kröner.

[12] Vgl. Wieland, J. (2007): Die Ethik der Governance. Marburg: Metropolis.

In der Nachkriegszeit haben sich Unternehmen zwar sukzessive von moralischen Tugenden um den Preis höherer Steuern und Abgaben entlastet, unverändert aber lebte die Überzeugung weiter, dass die Leitprinzipien „Wettbewerb" und „Gewinnstreben" der Marktwirtschaft das Potential verleihen, den Wohlstand zu steigern, auch wenn diese Wirkung vom einzelnen Marktteilnehmer gar nicht beabsichtigt ist.

In der Institution der Marktwirtschaft, die sich über Jahrhunderte sukzessive entwickelt hat, sind die normativen Ansprüche der Gesellschaft gespeichert: Individuelle Rechte, Fleiß, Gewinnstreben, Massenkaufkraft und Konsumglück.

Die gesellschaftliche Funktion von Unternehmen in einer marktwirtschaftlichen Ordnung ist es dabei, Produkte und Leistungen bereitzustellen und dabei Gewinne zu erzielen. Solange dies ohne Verstöße gegen die bestehende Rahmenordnung geschieht, ist die Unternehmenstätigkeit ethisch weder gut noch böse.

Es ist daher falsch, marktwirtschaftliches Handeln, das in Übereinstimmung mit der herrschenden Rahmenordnung erfolgt, moralisch als gut oder böse zu bewerten.

Ethische Prinzipien in der Marktwirtschaft durchzusetzen ist nur möglich, wenn diese Prinzipien als allgemeine Regeln für alle Marktteilnehmer in gleicher Weise gelten. Dies kann erreicht werden, indem man die Rahmenordnung entsprechend gestaltet. Der Ökonom Karl Homann vergleicht es mit dem Sport: Individuellem Handeln in der Marktwirtschaft entsprechen die Spielzüge im Sport, die Rahmenordnung dagegen sind die jeweiligen Spielregeln. „Der systematische Ort der Moral in einer Marktwirtschaft ist die Rahmenordnung."[13]

Ludwig Erhard und Alfred Müller-Armack, Mitbegründer der sozialen Marktwirtschaft deutscher Prägung, vertraten übrigens auch schon die These: „Wirtschaften ist an sich frei von moralischem Gehalt."[14] Der Staat muss die Rahmenordnung vorgeben.

Wir nehmen zur Kenntnis, dass gutes Handeln in der Wirtschaft regelmäßig einen Nachweis seiner Nützlichkeit vorweist, um gewählt zu werden. Immanuel Kant ist enttäuscht. Andere machen sich weniger Sorgen. Sie argumentieren: Na gut, dann sollten wir also Institutionen schaffen, in denen das Gute für den Akteur auch nützlich ist und das Böse dem Akteur schadet. – Das gute Handeln wäre damit das Schaffen von Institutionen, in denen eigennütziges Handeln Gutes hervorbringt.

---

[13] Homann, K. (1997): Individualisierung. Verfall der Moral? In: Aus Politik und Zeitgeschichte B 21/97, 14.

[14] Erhard, L./Müller-Armack, A. (1972): Soziale Marktwirtschaft. Ordnung der Zukunft. Frankfurt (M.), Berlin, Wien: Ullstein.

5. Welche Rahmenbedingungen des Wirtschaftens brachten Gutes hervor?

Für den Begründer des Utilitarismus, J. Bentham, hat die Natur den Menschen unter zwei Herrscher gestellt: Lust und Leid. Daher strebe der Mensch nach Vermeidung von Leid und Vermehrung von Lust. Den Übergang von dieser anthropologischen These zur ethischen Theorie bildet der Grundsatz, dass Lust das einzig intrinsisch Wertvolle ist, das Einzige, das an sich und nicht (wie Gesundheit oder Reichtum) als Mittel zum Zweck wertvoll ist.

Daran knüpft die moderne Glücks- und Lebensqualitätsforschung an, die nach den Bedingungen fragt, unter denen Lust – und die reflektierteren Formen des Glücks wie Zufriedenheit und Lebensqualität – möglich werden. Während die Glücksforschung wesentlich die subjektiven Zugänge zum Glück im Blick hat, fragt die Lebensqualitätsforschung stärker nach den objektiven Rahmenbedingungen des guten Lebens.[15]

Diesen Bezugspunkt wollen wir nun nutzen, um zu fragen, welche Rahmenbedingungen in den vergangenen 100 Jahren am ehesten halfen, egoistisches Handeln in Gutes zu übersetzen.

Wir erlauben uns dazu folgende These: Gemessen an der Vermeidung von Leid als auch der Herstellung hoher Lebensqualität fallen sowohl gesellschaftliche Formationen des weitgehend ungeregelten, freien Marktes als auch gesellschaftliche Formationen des Kommunismus hinter Formen des regulierten Marktes zurück. Auch wenn diese Ansicht nun instinktiv wahrscheinlich von vielen Leserinnen und Lesern geteilt wird, so ist es doch schwierig, sie plausibel zu belegen. Die Schwierigkeit besteht darin, das Kriterium „Vermeidung von Leid oder hohe Lebensqualität" zu operationalisieren.

Annäherungsweise gibt es im Wesentlichen zwei akzeptable Wege sowie eine Mischform davon, um das Gute zu operationalisieren. Zum einen kann man auf plausible Indizien setzen: Geringe Arbeitslosigkeit, gute Gesundheitsversorgung, hohes Maß an Wohlstand oder geringes Ausmaß an sozialer Ungleichheit deuten auf Gesellschaften mit hoher Lebensqualität hin. Zum anderen kann eine eher individualistische Perspektive gewählt werden, die auf den Punkt gebracht lautet: Was hohe Lebensqualität bedeutet, wissen nur die Menschen selbst, also befragt man sie auch am besten selbst. Die Mischform bringt sozialstrukturelle Indikatoren und Befragungsergebnisse zur subjektiven Lebensqualität zusammen.[16]

---

[15] „Glücksgütertheorien" sind in der Ethik der letzten Jahre z. T. unter Anknüpfung an die aristotelische Glückslehre (Eudaimonia) entwickelt worden, etwa bei A. Sen oder M. Nussbaum.

[16] Überlegungen zur Operationalisierung des Lebenqualitätskonzepts finden sich in Popp

Der Human Development Index 2009 errechnet sich aus Lebenserwartung, Alphabetisierungsquote, Schuleinschreibungsrate und realer Kaufkraft je Einwohner. Die Reihenfolge lautet Norwegen vor Australien, Island, Kanada, Irland, den Niederlanden, Schweden, Frankreich, der Schweiz und Japan. Die USA liegen auf Rang 13. Die besten Plätze erreichen in der Mehrzahl Länder mit stärker regulierten Marktwirtschaften.[17]

Der Legatum Prosperity Index 2009 errechnet sich aus ökonomischen Fundamentaldaten, Innovationsfähigkeit, der Stärke der demokratischen Institutionen, Bildungsniveau, Gesundheit, Sicherheit, Regierungsqualität, persönlicher Freiheit und sozialem Kapital. Hier liegt Finnland vor der Schweiz, Schweden, Dänemark, Norwegen, Australien, Kanada, den Niederlanden, den USA und Neuseeland.[18]

Eine dritte Untersuchung sei noch erwähnt, die sich um das andere Ende der Skala kümmerte. Am Massachusetts Institute of Technology (MIT) fragte man sich, welche Faktoren am besten erklären, was die Instabilität von gesellschaftlichen Institutionen begründet, wenn Staaten in Anarchie und Chaos versinken. Dazu wurden zwölf unabhängige Wissenschafter gebeten, die Schicksale von Staaten in den Jahren 1955 bis 2002 zu bewerten. Sie kamen zu dem Ergebnis, dass die Schlüssel zur Vermeidung von Chaos in der Entwicklung demokratischer Institutionen (um die es offenen und fairen Wettbewerb gibt) die Verhinderung von politischer Polarisierung und rechtsstaatliche Beschränkungen der Regierungsmacht sind.[19]

Yi Feng hat ebenfalls am MIT die politischen Determinanten von langfristigem Wirtschaftswachstum (statistisch) zu erheben versucht. Er kommt zu ähnlichen Ergebnissen: "A politically unfree, unstable and uncertain nation is destined to have its economy wrecked."[20] Demokratie, stabile Institutionen und Klarheit über die politischen Inhalte sind für ihn die entscheidenden Faktoren.

Aber sind die Menschen in Ländern mit einem hohen Maß an persönlicher Freiheit, hohem Wohlstand und geringer sozialer Ungleichheit auch zufriedener? Ist ihre Lebensqualität höher? Würden sie ihre Lebensumstände selbst als gut beschreiben? Dazu muss man die Menschen direkt befragen. Eine Untersuchung des österreichischen Wirtschaftsforschungsinstituts korrelierte die Ergebnisse einer Zufriedenheitsbefragung europäischer Bürger (Eurobarometer) mit sozialsta-

R., Hofbauer R., Pausch M., (2010): Lebensqualität in Österreich. Wien: Lit-Verlag.

[17] United Nations Development Programme (2009): Human Development Index 2009. New York.

[18] Legatum Institute (2009): The 2009 Legatum Prosperity Index. London.

[19] Goldstine, J. A./Ulfelder, J. (2004): „How to Construct Stable Democracies". In: The Washington Quaterly, Winter 2004-05. S. 9–20.

[20] Feng, Y. (2003): Democracy, Governance, and Economic Performance. Theory and Evidence. Cambridge, Mass. [u. a.]: The MIT Press. S. 90.

tistischen Indikatoren. Ausgewählt wurden dazu die Variablen Einkommensungleichheit, Armutsrate, Lebenserwartung, Kindersterblichkeit, Anzahl der jährlich geleisteten Arbeitszeit sowie die Zahl der Gefängnisinsassen, um zu untersuchen ob es einen Zusammenhang gibt zwischen der Lebenszufriedenheit („happiness") in einem Land und dem Ausmaß der staatlicher Eingriffe. Das Ergebnis zeigt die Gruppe skandinavischer Staaten bei Lebenszufriedenheit, Lebenserwartung, geringster Armutsrate, geringster Einkommensungleichheit und geringster Gefangenenpopulation deutlich vorn.[21]

Zu ähnlichen Ergebnissen kommt eine umfassende Lebensqualitätserhebung des European Quality of Life Survey. Der EQLS zeigt Dänemark, Schweden, Finnland und Luxemburg an der Spitze der Zufriedenheit. Insgesamt kann für Europa gelten: je höher das Einkommen (BIP pro Kopf), desto höher die Zufriedenheit. Die Studie zeigt auch, dass die Zufriedenheitsunterschiede innerhalb der Gesellschaften in den wohlhabenderen Gesellschaften Europas deutlich geringer sind als in den armen Ländern.

Wir kommen zum Ergebnis, dass von den großen konkurrierenden Rahmenbedingungen des 20. und 21. Jahrhunderts am ehesten Gesellschaftsformationen in der Lage waren, hohe Lebensqualität herzustellen, die Demokratie, soziale Marktwirtschaft, Rechtsstaat und Ungleichheitsreduzierung als Merkmale hatten.

6. Ethische Überforderung des Einzelnen und die Chancen bei der Gestaltung der Rahmenbedingungen

In ökonomisch prosperierenden Zeiten sind die Spielräume zur Verteilung des erwirtschafteten Wohlstands naturgemäß größer. Vor allem in der Nachkriegsperiode sind in den meisten heute wohlhabenden Ländern sozial- und ordnungspolitische Standards etabliert worden, die heutigen ethischen Vorstellungen nach allgemeiner Auffassung besser entsprechen als jene der Vorkriegszeit.

Ethisches unternehmerisches Handeln dürfte also in einem Zusammenhang mit Freiräumen stehen, die sich aufgrund ökonomischen Erfolges ergeben. Nehmen wir einen Mitarbeiter, der einen unzureichenden Beitrag zur Deckung seiner Lohnkosten erwirtschaftet. Trotzdem wollen wir ihn weiter beschäftigen, da wir um seine prekären privaten Umstände Bescheid wissen. Solange unsere Firma sich das leisten kann, können wir es tun. Sobald die Marktlage es nicht mehr zulässt, werden wir uns von ihm trennen müssen.

[21] Guger, A./Leoni, T./Walterskirchen, E. (2007): European Socio-economic Models, Euroframe Autumn Report 2007.

Was passiert aber in Zeiten der wirtschaftlichen Extremsituation, wenn ein Unternehmen existenziell bedroht ist, eine Volkswirtschaft schrumpft? Genauso wie die Zuteilung von Aufmerksamkeit und von Ressourcen auf nicht-ökonomische Bereiche in Zeiten der Freiräume ansteigen, gehen sie in diesen Zeiten zurück. Sie werden bis auf den Punkt zurücksinken, bei dem weitere Rückgänge nicht mehr möglich sind. Auch wenn ich den unproduktiven Mitarbeiter in der Krise kündige, werde ich nicht umhin kommen, ihm eine Abfertigung auszuzahlen. Als Unternehmer wird es für mich aussichtslos sein, erfolgreich für ein Abändern bestehender Gesetze in entsprechender Geschwindigkeit zu werben. Auch werden bestehende Institutionen wie Gewerkschaften mich bremsen. Und schließlich wird es auch mir als Unternehmer schwerfallen, kurzfristig einer gesellschaftlichen Kultur zu widersprechen, die bestimmte Umgangsweisen im Wirtschaftsleben nicht toleriert.

Rechtliche Normen, Institutionen und gesellschaftliche Kulturen stellen Einschränkungen für ökonomisches Nutzenoptimieren in der Krise dar. Eine Wirtschaftsethik steht dabei vor allem in Krisenzeiten vor einem Dilemma: Ein Unternehmen, das unter harten Wettbewerbsbedingungen aus moralischen Gründen kostenträchtige Vor- und Mehrleistungen erbringt, droht in Wettbewerbsnachteil zu geraten. Moral, die etwas kostet, ist im Wettbewerb unmöglich von einzelnen Akteuren zu realisieren. „Die Ausbeutbarkeit moralischen Verhaltens im Wettbewerb ist das Problem.“[22]

Unser Fazit: Ethisches Handeln manifestiert sich vorrangig in der Schaffung von Rahmenbedingungen in Zeiten ökonomischer Freiräume, die in Zeiten der ökonomischen Zuspitzung die Handlungsoptionen aller zueinander in Konkurrenz stehenden Akteure einschränkt. Ethisches Handeln misst sich folglich für uns nicht am Verhalten in Extremsituationen. Dies stellt in der Regel eine Überforderung der Betroffenen dar, die in solchen Kontexten der primären Handlungslogik ihres Bezugssystems folgen müssen.

Gesellschaftlich unerwünschte Resultate sind in modernen Gesellschaften nicht dem Werteverfall, der Charakterschwäche der Politiker oder der Geldgier der Manager zuzuschreiben. Zwar sind solche Erscheinungen zu beobachten, aber als ursächliche Begründung für schwere negative gesellschaftliche Folgen greifen solche Erklärungen zu kurz. Vielmehr liegt es an unzureichenden Handlungsbedingungen und Institutionen. Zwar gehören ethische Standards von Gesellschaften wesentlich zu den Handlungsbedingungen, die Fragmentierung der modernen Gesellschaft und der Märkte erweist sich aber als ein großes Hinder-

[22] Homann, K. (1997): Individualisierung. Verfall der Moral? In: Aus Politik und Zeitgeschichte B 21/97, 14

nis für die Entwicklung von ethischen Standards, weil in verschiedenen Kulturen sehr verschiedene Ethiken herrschen.

Realitätsnäher ist doch davon auszugehen, dass in einer stark dezentralisierten Wirtschaftsordnung gesamtwirtschaftliche Probleme zwar von den Einzelunternehmen erzeugt, aber kaum – freiwillig – von ihnen gelöst werden. Das hängt nicht ursächlich mit mangelnder Ethik zusammen, sondern systematisch mit ihrer Stellung im Wettbewerb.

Gesellschaftlich erwünschte Resultate können am besten als Nebenprodukte von eigeninteressierten Handlungen unter klaren ordnungspolitischen Rahmenbedingungen erreicht werden. Arbeitslosigkeit, Umweltkatastrophen oder Kinderarbeit sind damit nicht durch Appelle an eine vermeintliche gesamtgesellschaftliche Verantwortung von Unternehmen zu bekämpfen, sondern durch kluge ordnungspolitische Eingriffe, die Unternehmen den Raum lassen, das zu tun, was ihre Aufgabe ist: Gewinne zu machen.

Denn die Gewinnerzielung ist als nicht zu ersetzende Quelle unseres Wohlstands quasi selbst zur moralischen Pflicht aufgestiegen. Zu viele gesellschaftliche Interessen und Triebkräfte sind daran gekoppelt, als dass es möglich wäre, den Zusammenhang von Fülle und Lebensqualität nicht immer wieder neu zu behaupten. Ohne Gewinne und anschließende Umverteilung der Gewinne sind Sozialstaat, Wohlstand und Lebensqualität nicht zu halten. Die Rolle ethisch handelnder Unternehmen bleibt demgegenüber recht bescheiden.

Bernd Gaubinger

Ethik im Spannungsfeld zwischen unternehmerischer Freiheit und gesellschaftlicher Verantwortung

Wenn heute, am möglichen Ende der internationalen Wirtschafts- und Finanzkrise, allerdings mit gravierenden und noch lange wirksamen Folgen, verstärkt die Forderung nach einer neuen „werteorientierten" Wirtschaft, einer neuen Kultur des Wirtschaftens von verschiedensten gesellschaftlichen Gruppen erhoben wird, so darf zunächst daran erinnert werden, dass die Berücksichtigung ethischer Aspekte schon seit längerem, verstärkt seit Beginn des letzten Jahrzehnts, Gegenstand der ordnungspolitischen Diskussion war, jedoch zunächst überwiegend im wissenschaftlichen bzw. akademischen Diskurs. Als Beispiel dafür auf Landesebene sei auf das hervorragend besetzte Salzburger Humanismusgespräch „Wirtschaft & Ethik" hinzuweisen, das im September 2000 vom ORF gemeinsam mit der Wirtschaftskammer Salzburg veranstaltet wurde.

Nun hat gerade die jüngste weltweite Wirtschafts- und Finanzkrise die Schwächen des marktwirtschaftlichen Systems offengelegt, allerdings in den einzelnen Volkswirtschaften in unterschiedlicher Intensität – entsprechend der jeweiligen konkreten Ausgestaltung des marktwirtschaftlichen Modells, d. h. besonders stark in den Industrieländern mit ausgeprägtem Neoliberalismus, also mit weitgehend freier Marktwirtschaft, wie etwa in den USA oder Großbritannien. In seinem letzten Buch über die „Ökonomie des unschuldigen Betrugs" übt der amerikanische Nationalökonom J. K. Galbraith scharfe Kritik an einer „ungezügelten und selbstherrlichen Privatwirtschaft", die alle Bereiche des gesellschaftlichen Lebens zu dominieren beginnt.

Die Ursachen dieser seit rund acht Jahrzehnten schwersten Krise liegen aber bereits länger zurück und sind sowohl auf Schwächen im institutionellen Rahmen der Marktwirtschaft als auch ganz wesentlich auf gesellschaftspolitische Phänomene und Entwicklungen, vor allem auf Defizite im sogenannten gesellschaftlichen Wertekatalog zurückzuführen.

Etwas differenzierter als Galbraith analysiert Klaus Woltron in seinem kürzlich erschienenen Buch „Die Perestroika des Kapitalismus" die Entwicklung, wenn er meint, es liege auf der Hand, dass Neoliberalismus, Globalisierung und alle damit verbundenen negativen Erscheinungen bei weitem nicht als die Urquelle sämtlicher Übel herhalten können. Viel eher könne man sie als eine durch den Wegfall vieler Beschränkungen entfesselte Folge geschichtlicher und technischer

Entwicklungen deuten. Alle dahinterliegenden Mechanismen, „die menschlichen Urtriebe“ – Egoismus, Entfremdung, Macht- und Geldgier, Brutalität und Aggression – seien im tiefsten Kern der menschlichen Seele begründet und würden sich auch in allen anderen gesellschaftlichen Systemen Bahn verschaffen. Diese Analyse bietet ein entscheidendes Argument dafür, dass es wohl nicht gerechtfertigt erscheint, die Fehlentwicklungen der letzten Jahre – wie etwa Marktversagen oder zu geringen Wettbewerb in manchen Märkten, Marktmachtmissbrauch oder Fehlverhalten wie etwa die Spielcasinomentalität von Akteuren der Finanzwirtschaft, nicht zuletzt auch staatliches Versagen in der Kontrolle der Finanzmärkte – pauschal dem System der sozialen Marktwirtschaft anzulasten.

Es scheint unbestritten, dass das Modell der sozialen Marktwirtschaft mit den entsprechenden staatlichen Rahmenbedingungen immer noch das am besten geeignete Ordnungssystem ist, das den Ansprüchen einer allseits eingeforderten Wirtschaftsethik mit den Grundwerten wie Gleichberechtigung, Gerechtigkeit, Menschenwürde, soziale Partnerschaft und Solidarität, Leistungsbereitschaft sowie einem gewissen karitativen Wohltunsprinzip Rechnung tragen kann und mit dem die wichtigsten wirtschafts- und gesellschaftspolitischen Ziele Vollbeschäftigung, Wirtschaftswachstum, Geldwertstabilität, Verteilungsgerechtigkeit und letztlich die Steigerung der gesellschaftlichen Wohlfahrt am effizientesten erreicht werden.

Bruno Molitor führt zur sozialethischen Begründung und Rechtfertigung der marktwirtschaftlichen Ordnung drei Argumente an: Sie ist effizient, sie bietet den höchsten Freiheitsgrad und sie dient – so sein entscheidendes Argument – der Konsumentenorientierung. Aufgrund dieser Argumente könne man dem System der Marktwirtschaft prinzipiell den ethischen Vorzug geben. („Wirtschaftsethik“, München 1989)

Der freie ungehinderte Wettbewerb als zentrales Element der Marktwirtschaft wird zwar von Systemkritikern häufig als unmenschlich und brutal bezeichnet, weil er ja auch das Ausscheiden von Konkurrenten aus dem Markt, also den Untergang von Unternehmen und Arbeitsplatzverluste impliziert; aber vollkommene Konkurrenz, d. h. der vollkommene Markt, dient am besten den Konsumenten, verhindert überhöhte Preise mit sogenannten Oligopolrenten und trägt daher zur gesamtwirtschaftlichen Preisstabilität bei. Sie kann daher sinnvollerweise auch nicht – wie heute verschiedentlich vorgeschlagen – durch Kooperation ersetzt werden. Diese wirtschaftliche Effizienz des funktionierenden Marktes kann somit nicht grundsätzlich unethisch sein.

Aber: gerade im ökonomischen Bereich gibt es heute trotz des erreichten hohen Wohlstandsniveaus – das allerdings ungleich verteilt ist – auch viele Verlierer. Wenngleich die Tatsache zu akzeptieren ist, dass unser System der Wettbewerbswirtschaft immer mit Unsicherheit und Risiko verbunden ist und diese Faktoren durch den Rückzug des Staates noch mehr an Bedeutung gewonnen haben, so ist unbestritten, dass im derzeitigen Prozess rascher Strukturveränderungen, Veränderungen von Marktstrukturen, Veränderungen auf den Arbeitsmärkten – all das spielt sich ja nicht nur auf globaler, sondern auch auf der regionalen Ebene ab – sich sehr viele erwerbstätige Menschen als Verlierer, als Auf-der-Strecke-Gebliebene fühlen; der kleine Lebensmittelhändler, der Unternehmer im Ortszentrum mit Funktionsverlust, der traditionelle Dienstleister, der den Umstieg auf die sogenannte New Economy nicht mehr schafft, oder der Arbeitnehmer, der einer Unternehmensinsolvenz, einer Firmenfusion oder Restrukturierungsmaßnahmen eines Großbetriebes zum Opfer fällt.

Es ist auch eine Frage der Ethik, dass diese Gruppen nicht einfach als Ergebnis marktwirtschaftlicher Prozesse gesehen werden und eben Pech gehabt haben. Hier haben sowohl der Staat mit einer gestaltenden Wirtschaftspolitik auf der Grundlage des Modells der sozialen Marktwirtschaft als auch die Gesellschaft eine ethische Verpflichtung wahrzunehmen, vor allem die Verantwortung als Solidargemeinschaft, die für einen sozialen Ausgleich zu sorgen hat. In diesem Zusammenhang ist schließlich auch die Verantwortung des Staates zu sehen, für entsprechende Rahmenbedingungen zu sorgen, welche die Erhaltung einer ausgewogenen, mittelständisch geprägten Wirtschafts- bzw. Unternehmensstruktur ermöglichen.

Mit der sozialen Marktwirtschaft im Sinne des Konzepts von Müller-Armack wird der soziale und damit auch ethisch orientierte Charakter dieses Ordnungssystems sowohl durch die staatliche Korrektur der primären Einkommensverteilung, d. h. einer Einkommensumverteilung zugunsten sozial Schwacher, als auch durch die rechtliche Sicherung des Wettbewerbs und durch die Sozialbindung des Eigentums verankert, drei aus ethischer Sicht wesentliche Aspekte. Auch für den einzelnen Unternehmer stellt die soziale Marktwirtschaft den tauglichsten Rahmen für seine persönlichen Entfaltungsmöglichkeiten dar.

In diesem durch staatliche Normen (z. B. im Sozial- und Steuerrecht) abgegrenzten Freiraum, der gerade in Österreich durch eine hohe Regulierungsdichte und Bürokratie noch weiter eingeengt wird, ist der selbstständige Unternehmer tätig, natürlich mit dem vorrangigen Ziel, Gewinne – verschiedentlich auch abwertend als „Profits" bezeichnet – zu erwirtschaften und die Wettbewerbsfähigkeit seines Betriebes durch möglichst hohe Produktivität und Leistungsbereitschaft zu stärken sowie Arbeitsplätze zu sichern bzw. zu schaffen.

Das Streben nach Gewinn ist zunächst nicht unethisch; die Frage der Ethik stellt sich erst im Zusammenhang mit dem Kriterium der Angemessenheit des Einkommens zur Leistung, ein schwierig zu definierendes und kaum objektivierbares Kriterium. Gleichwohl sind jedenfalls ethikbezogene Diskussionen bei einem Jahresgewinn eines Gewerbebetriebs von beispielsweise 50.000 Euro kaum erforderlich – im Gegensatz zu einer Millionen-Bonifikation eines Managers der Finanzwirtschaft.

Bei der Beurteilung des allgemeinen Unternehmerverhaltens bedarf es keiner besonderen Erklärung, dass, von einer Minderheit abgesehen, die mittelständisch strukturierte Wirtschaft – immerhin machen die Gruppe der Einzelunternehmen und alle Kleinbetriebe mit bis zu 9 Beschäftigten rund 90 % der österreichischen Betriebe aus – dem Prinzip der Verantwortung (auch der gesellschaftlichen) in vielfältiger Hinsicht Rechnung trägt und mit Namen wie Lehman Brothers, Freddie Mac oder Hypo Alpe Adria wohl gar nichts gemein hat.

So belegt etwa die im Vorjahr präsentierte Studie der KMU Forschung Austria eindrucksvoll am Beispiel der Salzburger Wirtschaft das verantwortungsvolle Engagement sowohl im Mitarbeiter- und Geschäftspartnerbereich wie auch für die Gesellschaft. Nach dieser Untersuchung sind z. B. 87 % der Unternehmer sozial engagiert, vor allem in der eigenen Gemeinde oder Region. Ich sehe generell in der österreichischen Wirtschaft – ähnlich wie in den skandinavischen Ländern – eine von sozialer Partnerschaft getragene Unternehmenskultur, in der die gesellschaftliche Verantwortung im Vordergrund steht, bei Großbetrieben die langfristige Entwicklungsperspektive und weniger der Shareholder-Value. Allerdings reden die meisten Unternehmer eher wenig über dieses Engagement, das nachhaltige Handeln.

In der Diskussion über den Shareholder-Value wäre es zwar falsch, einen grundsätzlichen ideologischen Gegensatz zwischen Shareholder-Value und Stakeholder-Value zu konstruieren. Eine stärker auf den Shareholder-Value ausgerichtete Veränderung der Unternehmenskultur und -struktur, verbunden mit einer zunehmenden Anonymisierung des unternehmerischen Eigentums, würde jedoch die gesellschaftliche Akzeptanz des sozial-marktwirtschaftlichen Systems und damit auch dessen hohe Effizienz beeinträchtigen.

Natürlich gibt es gerade in der globalisierten Marktwirtschaft auch Defizite und Fehlentwicklungen und damit auch vielfachen Handlungsbedarf, wenn die sogenannte Selbstregulierung des Marktes nicht funktioniert, wenn etwa internationale Konzernunternehmungen oder ganze Branchen den Markt abschotten, ihre Marktmacht missbrauchen und den Wettbewerb ganz ausschalten. Da gibt es drastische Beispiele wie z. B. die zahlreichen Kartelle (Vitaminkartell, Aufzugskartell, Zementkartell oder Paraffinkartell), die weltweit und jahrelang die Konsumenten und die Mitbewerber geschädigt haben und über die von der EU Milliardenstrafen verhängt wurden, welche aber scheinbar mit Leichtigkeit aus der „Portokassa" beglichen worden sind. Und es fehlt einer breiten Öffentlichkeit auch das Verständnis etwa für eine Preispolitik der Mineralölwirtschaft, wenn der Eindruck vermittelt wird, dass die Oligopolisten dieser Branche die Benzinpreise zeitweise nicht nach betriebswirtschaftlichen Kriterien kalkulieren, sondern eher am liturgischen Kalender orientieren. Das reicht aber für eine ethische Begründung wohl nicht aus.

Es ist daher die dringliche Aufgabe des Staates, zum einen Fehlentwicklungen oder systemimmanente Schwächen des Marktes zu korrigieren und für fairen Wettbewerb der Unternehmen zu sorgen und zum anderen auf der Verteilungsseite der Volkswirtschaft für eine – möglichst wenig leistungshemmende – Umverteilung der Primäreinkommen zugunsten der einkommens- und sozial schwachen Gruppe zu sorgen.

Systemrelevante, konkret auf die marktwirtschaftliche Ordnung bezogene Ethik braucht auch eine Unternehmerethik: das heißt, das Handeln des unternehmerischen Menschen, bei dem Gewinnstreben, Risikobereitschaft, schöpferische Tätigkeit, aber auch Machtstreben miteinander verknüpft sind, kann angesichts der Fülle von Motivationen im Sinne einer Entscheidungsethik nicht alleine aus ökonomischer Sicht bestimmt werden. Auch die gemeinwohlorientierte, der Gesellschaft verpflichtete, sozial verträgliche Funktion des unternehmerischen Handelns ist ein unverzichtbares Element der sozialen Marktwirtschaft.

Zur Frage, wie für Unternehmer und leitende Manager im sozial-marktwirtschaftlichen System ein ethischer Verhaltenskodex formuliert werden könnte, hat bereits vor 10 Jahren Kardinal König bei einem Vortrag („Ethik und Wirtschaft im dritten Millennium", Oktober 2000, Melk) sehr eindrucksvoll drei Grundsätze zur unternehmerischen Ethik dargestellt: „Handle als Mann der Wirtschaft erstens sachgerecht, handle aber zweitens auch menschengerecht und handle drittens, mit dem Blick auf soziale Zusammenhänge, auch gesellschaftsgerecht." Sachgerechtes Wirtschaften bedeutet für König zunächst, die Gesetzmäßigkeiten der Wirtschaft zu kennen. Die Wirtschaft, die ständig durch technische Neuerungen und eine Dynamik der internationalen Märkte bestimmt wird, braucht Menschen, die ein hohes Maß an Sachwissen und fachlichem Können sowie die Bereitschaft zur Verantwortung haben. „Sie braucht mutige Unternehmer, die imstande sind, die Märkte zu kennen, Investitionen in Angriff zu nehmen und damit neue Arbeitsplätze zu schaffen." Wer um diese Fähigkeiten verantwortlich bemüht ist, handelt ethisch. „Denn, was auf weite Sicht – im rechten Sinn verstanden – wirtschaftlich wichtig ist, kann daher auch ethisch nicht falsch sein." Es gilt aber auch umgekehrt, „was ethisch wichtig ist, kann auf weite Sicht gesehen wirtschaftlich nicht falsch sein." Diese Sichtweise Kardinal Königs darf als bemerkenswert angesehen werden, weil mit ihr ökonomische Sachzwänge, die mit ethischen Verhaltensweisen fallweise konkurrieren, nicht einfach ausgeblendet werden.

Ein menschengerechtes Wirtschaften bedeutet für König, den Wirtschaftsprozess so zu lenken, dass die Arbeitsbedingungen die Rechte und die Würde der Menschen, also der Mitarbeiter, nicht beeinträchtigen oder sogar zerstören. Eine ethische Orientierung in der Wirtschaft verpflichtet den Unternehmer, sich nicht nur darum zu kümmern, technische Neuerungen im Betrieb erfolgreich einzusetzen, sondern zuerst den Menschen und seine berechtigten Ansprüche zu bedenken und ihm die Möglichkeit zur Mitverantwortung und zur Selbstentfaltung zu geben.

Der dritte Grundsatz, gesellschaftsgerecht zu wirtschaften, kommt für Kardinal König in der heute kaum mehr bestrittenen Auffassung zum Ausdruck, dass in den Unternehmen nicht mehr alleine die Lösung rein ökonomischer Probleme, z. B. Produktionsverfahren oder Absatzstrategien, im Vordergrund steht; vielmehr erwarte man heute vom Unternehmer auch, dass er etwa auf die Umwelt, auf kommunale und soziale Belange Rücksicht nimmt. Damit ist aber auch die wesentliche grundsätzliche Erkenntnis verbunden, dass zwar die Sicherung des Gemeinwohles eine wichtige Aufgabe des Staates ist, es jedoch falsch wäre, die Verwirklichung des Gemeinwohles ausschließlich in den Händen des Staates zu belassen. „Ein menschengerecht organisierter Staat wirkt dann am besten, wenn die verschiedenen gesellschaftlichen Kräfte in ihrer eigenen Verantwortung einen Beitrag dazu leisten. Es liegt im Interesse der Wirtschaft, dass der Wert der Freiheit erhalten bleibt und nicht durch Machtstrukturen von außen zerstört wird."

Wenngleich mit diesen drei Grundsätzen alleine die vielen Herausforderungen der Wirtschaft wohl kaum lösbar sind, so sind diese für Kardinal König als Hinweis zu verstehen, dass man mit bloß technischen oder organisatorischen Lösungsversuchen nicht alle Probleme lösen kann; „eine menschengerechte Zukunft braucht auch das, was jenseits von Angebot und Nachfrage liegt."

Abschließend sei noch auf die Notwendigkeit hingewiesen, dass die Thematik der Ethik in der Wirtschaft umfassend, d. h. unter Einbeziehung aller am Wirtschaftsprozess beteiligten Gruppen, also Unternehmer und anderer selbstständig Erwerbstätiger, Arbeitnehmer und Konsumenten, gesehen und diskutiert wird.

Ohne ins Detail zu gehen, muss angesichts der wachsenden Finanzierungsprobleme des Staates, die über die steigenden Staatsschulden auch zu einer nicht mehr verantwortbaren Belastung der nachfolgenden Generationen führen können, in vielen Bereichen, etwa im Sozial-, Gesundheits- oder Umweltbereich, auch mehr Eigenverantwortung eingefordert werden, zumal der Wohlfahrtsstaat auch ein hohes Maß an Entsolidarisierung, Anspruchsdemokratie, Gratis- und Vollkaskomentalität hervorgerufen hat.

Dazu kommt eine in weiteren Teilen der Gesellschaft erkennbare Verschiebung der Prioritäten von der Leistungsgesellschaft (mit ihrem wie auch immer zu interpretierenden Prinzip der Leistungsgerechtigkeit) zur Erfolgsgesellschaft. Es geht heute für viele nur mehr um den Erfolg, der auch ohne Leistung erzielt wird, wie uns alte und neue Beispiele aus der Finanzwirtschaft, aber auch Geschichten aus anderen gesellschaftlichen Bereichen belegen.

Ein gesteigertes Verantwortungsbewusstsein der Gesellschaft, das auch als eine Ausprägung des Subsidiaritätsprinzips gesehen werden kann, könnte die finanziellen Möglichkeiten des Staates so verbessern, dass sehr gezielt für die sozial Schwachen und die gesellschaftlichen Randgruppen mehr getan werden könnte – das wäre ein lohnendes Ziel eines gesamtgesellschaftlich solidarischen und damit ethischen Verhaltens aller.

In Anlehnung an das „Prinzip Verantwortung“ von Hans Jonas mit dessen „Ethik für die technische Zivilisation“ ist eine „Ethik für die Erneuerung der ökonomischen Zivilisation“ als wesentliches wirtschafts- und gesellschaftspolitisches Prinzip und damit als Anspruch an die Wirtschaftspolitik für eine „Humane Marktwirtschaft“ zu verstehen.

Andreas Exenberger

Wirtschafts- und sozialhistorische Reflexionen zur „Marktwirtschaft für den Menschen"

Einleitung

Die finanzkapitalistische Marktwirtschaft hat in den letzten Jahren deutlich gezeigt, dass sie nicht „für die Menschen" da ist. Damit ist ein bereits seit Langem anhaltender Zustand freilich nur offensichtlich geworden. Wie aktuelle Realitäten ebenso zeigen wie historische Entwicklungen, war ein beträchtlicher Teil der Weltbevölkerung von den „Segnungen" dieses Wirtschaftssystems immer schon praktisch ausgeschlossen, während eine relativ kleine Gruppe den Großteil der Vorteile abschöpft, die diesen Zustand zudem energisch verteidigt und ihn damit rechtfertigt, dass ja auch für andere ein Stück des Kuchens abfällt. Der Globus ist geprägt von einer Schieflage, die zudem noch dazu neigt, weiter zu eskalieren.

Das freilich hat mehr mit dem „finanzkapitalistischen" Charakter dieses Systems zu tun als mit seiner „marktwirtschaftlichen" Verfasstheit. Es hat aber auch damit zu tun, dass eine bestimmte Art der Wirtschaftswissenschaft zu viel Einfluss darauf gewonnen hat, wie man über die Wirtschaft denkt bzw. denken soll. Während eine „marktwirtschaftliche" Ordnung in historischer Rückschau zweifellos die im Hinblick auf den materiellen Lebensstandard der Menschen leistungsfähigste Form der Produktion und Verteilung von Gütern ist (unbedingt abgesehen allerdings von akuten Krisensituationen), ist die „finanzkapitalistische" Orientierung am Börsenwert von Unternehmen im Speziellen und an der Geldwirtschaft im Allgemeinen eine insgesamt ungünstige Einschränkung und mindestens ebenso gefährlich (für alle) wie nützlich (für manche). Das wird umso deutlicher, wenn man statt des materiellen Lebensstandards andere Ziele (wie etwa breiter verstandenen Wohlstand, Gerechtigkeit oder gar Zufriedenheit) in den Blick nimmt und wenn man Verteilungsfragen berücksichtigt.

Zwei kurze Blicke in die Geschichte können dabei helfen, eine andere Sicht auf diese Dinge zu gewinnen. Der erste Blick wird auf den Gründervater der Volkswirtschaftslehre geworfen, auf Adam Smith: Betrachtet man sein Gesamtwerk (und damit neben dem *Wohlstand der Nationen* vor allem auch die *Theorie der ethischen Gefühle*) und deutet man es aus der Entstehungszeit heraus, wird klar, dass sich auf Adam Smith eine vielmehr ethische als kapitalistische und selbstverständlich eine vielmehr politische als reine Ökonomie bauen ließe, was in den meisten Anleihen an Smith allerdings viel zu kurz kommt. Der zweite Blick wendet sich – ganz aktuell – auf die Bewältigung von Wirtschaftskrisen in der Vergangenheit. Dabei erschließen sich erstaunliche Parallelen zur Gegenwart, die sowohl zeigen, dass man aus der Geschichte lernen kann, wie auch, dass man dazu verdammt scheint, sie zu wiederholen.

Dass es sich dabei um kein „Entweder-oder" handelt, wie man es gerne wahrhaben will, sondern dass die Welt und vor allem das menschliche Handeln komplizierter sind, als solch simple Formeln, das ist eine generelle Botschaft dieses Beitrags. So stimmt es abschließend bedenklich, dass aus den vielfältigen Krisenerscheinungen der letzten Jahre bislang keine nennenswerten Konsequenzen auf der Ebene der Politik und der Weltwirtschaft gezogen wurden und damit der Boden für die nächste, sehr wahrscheinlich tiefere Krise bereitet wird. In diesem Sinne will dieser Text als der reflexive Essay, der er ist, aber primär Denkanstöße liefern und Bewusstsein schaffen, nicht etwa Lösungen konkret vorschlagen oder gar das Auftreten neuer Krisen prognostizieren.

1. Eine notwendig selektive Autopsie der Finanzkrise

Was in der Zeit seit September 2008 auf den Finanzmärkten abgelaufen ist und welche Phänomene dieser Zuspitzung vorausgegangen sind, das scheint – zumindest in einem technischen Sinn – relativ gut verstanden. Welche Elemente des Geschehens dabei betont werden und welche Folgerungen aus den Ereignissen gezogen wurden, das freilich ist in erster Linie durch das vorgefertigte Weltbild bestimmt und der verfolgten Ideologie geschuldet. Dabei sind zwei ideologische Grundlinien leicht zu unterscheiden, die man mit den alten Begriffen „links" und „rechts", zutreffender aber (und zugegeben in beiden Fällen in pejorativer Absicht) mit „sozialistisch" und „neoliberal" bezeichnen könnte, beide geprägt von der Rhetorik des Klassenkampfs.

Man kann nun den Lauf der Dinge vielleicht knapp (und zugegeben pointiert) wie folgt zusammenfassen:[1]

[1] Für eine allgemeinverständliche Analyse der Krise siehe Balzli, Beat et al.: „Der Bankraub", in: Der Spiegel 47/2008 (17. November), S. 44–80; eine interessante Sammlung wissenschaftlicher Essays, die bereits vor dem Ausbruch der eigentlichen Krise erschienen ist und die daher einen guten Einblick in die Gründe gibt, liefern Felton, A./Reinhart, C. M. (Hg.) (2008): The First Global Financial Crisis of the 21st Century. A VoxEU.org Publication, online unter: http://www.voxeu.org/index.php?q=node/1352. Aus ähnlichen Gründen interessant ist ein Buch des Finanzexperten R. J. Shiller (2008): The

1. Die langjährige Niedrigzinspolitik der US-amerikanischen Notenbank zur Beruhigung des Wirtschaftsklimas nach den Terroranschlägen vom 11. September 2001 brachte billiges Geld in den US-amerikanischen Wirtschaftskreislauf. Dieses billige Geld war einerseits günstig für Hypothekarkredite zu haben und andererseits auf der ständigen Suche nach lukrativen Anlagemöglichkeiten.
2. Als die Zinsen zu steigen begannen (langsam ab Mitte 2004), geriet das System der kurzfristigen Refinanzierung von langfristigen Investments mittelfristig in Schwierigkeiten und es ergaben sich mehr und mehr Bedeckungslücken.
3. Zudem kam es einerseits zu einer Überdehnung und Überhitzung des US-amerikanischen Immobilienmarktes (im Vertrauen auf Wertsteigerungen erfolgte Kreditgewährung oft ohne nennenswerte Bonitätsprüfung) und andererseits zu von „Finanzinnovationen" aufgepumpten spekulativen Blasen in verschiedenen Segmenten des Finanzmarktes, darunter sogar bei Nahrungsmitteln.
4. Erste Anzeichen eines Zusammenbruchs der Immobilienrefinanzierung zeigten sich bereits um den Jahreswechsel 2006/07, als es zu ersten Pleiten kam, zugespitzt nochmals im August 2007, als die Notenbanken weltweit massiv Liquidität in den Finanzmarkt pumpen mussten. Auch die allgemeine Börsenentwicklung geriet ins Stocken.
5. Die Pleite der Investmentbank Lehman Brothers am 15. September 2008 löste dann die bekannte Kettenreaktion aus (man könnte in sprechenden Bildern vom Zusammenbruch eines Kartenhauses ebenso sprechen wie von der Explosion eines Dampfkochtopfs), die zur dramatischen „Wertberichtigung" (so der einschlägige Euphemismus) auf den internationalen Finanzmärkten und einer von ihrem finanziellen Umfang her beispiellosen „Bankenrettungsaktion"[2] durch Staaten geführt hat, um die Insolvenz von sogenannten „system-

---

subprime solution: how today's global financial crisis happened, and what to do about it. Princeton/NJ: Princeton University Press. Für einige besonders interessante und allesamt gut lesbare Bücher, die nach September 2008 erschienen sind, vgl. z. B. Griffith-Jones, S./Ocampo, J. A./Stiglitz, J. E. (Hg.) (2010): Time for a visible hand: lessons from the 2008 world financial crisis. Oxford: Oxford University Press; Krugman, P. R. (2009): The return of depression economics and the crisis of 2008. New York: Norton; Perkins, J. (2009): Hoodwinked: an economic hit man reveals why the world financial markets imploded – and what we need to do to remake them. New York: Broadway Books; Roubini, N./Mihm, S. (2010): Crisis economics: a crash course in the future of finance. London: Allen Lane.

[2] Interessant und auch paradox ist dabei, dass diese Rettung eigentlich nur funktioniert, solange sie nicht nötig ist: Sobald die Pakete im großen Stil wirklich schlagend würden, wären sie unfinanzierbar; ihre Wirkung basiert daher auf dem bislang durchaus nicht unberechtigten Glauben, dass die bloße Ankündigung das Eintreten des Schadensfalls verhindert.

relevanten" Banken und damit den Zusammenbruch des Finanzsystems zu verhindern. Eine Folge war ein deutlicher und verbreiteter Anstieg der Staatsverschuldung, eine andere die Zwangsverstaatlichung mancher besonders maroder Finanzinstitutionen.

6. Dem folgte eine Wirtschaftskrise (der stärkste „Einschnitt" nach dem Zweiten Weltkrieg), ein markanter, weltweiter Konjunkturabschwung für vier bis fünf Quartale, der sich freilich in unterschiedlichen Ländern auf unterschiedlichen Niveaus und in unterschiedlicher Intensität vollzogen hat.[3] Diese Krise halten aktuell, also im Herbst 2010, manche bereits für im Wesentlichen überwunden, auch wenn die quantitativen und emotionalen Signale (oder die Kombination aus beidem, wie etwa bei einem Geschäftsklimaindex) weltweit sehr ambivalent sind. Die oben erwähnte Verschuldung hat zudem bereits mehrere Staaten an den Rand des Staatsbankrotts geführt (Island, Griechenland) und etwa innerhalb der EU zur Installation eines „Rettungsschirms" geführt.[4]
7. Dass es im Laufe all dieser Ereignisse immer wieder auch – und durch die Verhältnisse begünstigt – zu Betrug gekommen ist (von Bernard Madoff bis zum griechischen Statistikamt, aber auch zum Selbstbetrug von Menschen, die sich Kredite oder Anlagen aufschwatzen ließen), ist klar, aber sozusagen „allzu menschlich", um hier besonders betont zu werden. Dass die mittelfristigen Auswirkungen der Krise auf die globale Armut weitaus gravierender ausfallen als auf die Bevölkerungen in entwickelten Staaten, muss allerdings explizit betont werden. Das gilt insbesondere, weil Einkommensquellen ausfallen und weil die Zahlungen für Entwicklungszusammenarbeit zu den ersten zählen, die in Zeiten knapper Budgets reduziert werden. Der Verlust des Eigenheims ist zweifellos eine persönliche Katastrophe, sich das ohnehin karge tägliche Brot nicht mehr leisten zu können, ist hingegen tatsächlich lebensbedrohend.

Im Zusammenhang mit „Marktwirtschaft für den Menschen" und also der Beurteilung der Leistungsfähigkeit unseres herrschenden Wirtschaftssystems im Hinblick auf die Bedürfnisse der Menschen (die artikulierten ebenso wie die unbewussten), scheinen mir nun vorerst zwei Aspekte besonders interessant: die kri-

---

[3] Das reicht von einem „bloßen" Wachstumsrückgang, wie im Falle Indiens oder Chinas, bis zu zweistelligen Schrumpfungsraten, wie z. B. im Falle der baltischen Staaten. Für die EU-27 ergab sich 2009 eine Schrumpfung des Bruttoinlandsprodukts um 4,2 %, für Österreich von 3,6 % (Angaben der Oesterreichischen Nationalbank, online unter: http://oenb.at/isaweb/report.do?report=10.8; Zugriff am 1. September 2010).

[4] Andere betroffene Länder (wenn auch auf niedrigerem Niveau) waren Spanien, Portugal und Irland, wobei letzteres deshalb heraussticht, weil es infolge einer Bankenrettung 2010 ein Rekorddefizit von rund 30 % des Bruttoinlandsprodukts aufweisen wird (und damit das Zehnfache des im Stabilitätspakt tolerierten Werts).

senunabhängige globale Auseinanderentwicklung des Wohlstandes und die krisenbedingte Umverteilung desselben. Dass dabei Wohlstand vor allem in seiner ökonomisch-materiellen Dimension als Wirtschaftswachstum verstanden wird, ist dem Charakter der (wirtschafts-)wissenschaftlichen Debatte geschuldet, die nahezu ausschließlich auf diesen Aspekt abstellt bzw. andere Indikatoren der Lebensqualität als eng mit Wachstum zusammenhängend betrachtet. Dass ein sinnvolles Verständnis von Wohlstand notwendig breiter sein muss, sollte bei Lektüre dieses Textes klar werden.

Zum ersten Punkt gibt es zugegeben ambivalente empirische Befunde.[5] Das zeigt sich bereits bei oberflächlicher Betrachtung: Sowohl die teils katastrophalen Armutsphänomene (Hunger, Seuchen, Gewalt) in vielen Teilen der Welt, deren Ausmaß und insbesondere deren Hartnäckigkeit, wie auch der offensichtliche ökonomische Aufholprozess in anderen Teilen der Welt (den sogenannten „Schwellenländern") verstellen dabei aber den Blick für das komplizierte Gesamtbild. Beides löst überdies Bedrohungsbilder aus, im einen Fall massenhafte Armutsmigration, im anderen Fall eigener sozialer Abstieg. Was also mit globaler Auseinanderentwicklung des Wohlstandes gemeint ist, ist vor allem zweierlei, das auch empirisch schwer zu bestreiten ist: erstens, dass die Anzahl der Menschen, die von Armutsphänomenen betroffen sind, zumindest kaum kleiner wird, auch wenn deren Anteil an der Gesamtbevölkerung sinkt; zweitens, dass der absolute Abstand zwischen „reichen" und „armen" Gesellschaften und Menschen global zunimmt, auch wenn die „armen" schneller wachsen.

Empirisch wissen wir zu wenig Zuverlässiges über globale Armut vor etwa 1980,[6] um systematische Vergleiche anstellen zu können. Die vorliegenden Indizien sprechen aber kaum für eine fundamentale Verbesserung der Lage der *bottom billion* (so auch ein aktueller plakativer Buchtitel von Paul Collier) in den letz-

[5] In der Fachliteratur ist dies die „Konvergenzdebatte", wobei Beta- und Sigma-Konvergenz zu unterscheiden sind (Beta meint den Mittelwert, also z. B. das Pro-Kopf-Einkommen, Sigma dessen Schwankungsbreite). Die Summe vieler empirischer Arbeiten erlaubt leider keinen eindeutigen Schluss. Vielmehr zeigen sich je nach Ansatz unterschiedliche Muster in den Daten, die von zunehmender Konvergenz über partielle Konvergenz (z. B. in Form von mehreren „Gipfeln" in der Verteilung, also z. B. eine gleichzeitige Konvergenz auf hohem wie auch niedrigem Niveau bei gleichzeitiger Verstärkung des Abstandes zwischen den Niveaus) bis zu zunehmender Divergenz reichen. Die einzige Konstante scheint eine systematische Abschwächung von Wirtschaftswachstum mit steigendem Niveau der Wirtschaftsleistung zu sein, eine Art Sättigungsphänomen. Mittelfristig ist aber auch das zweifelhaft, weil für die aktuellen Dynamiken zuverlässige historische Vergleichswerte fehlen.

[6] Allerdings sind auch aktuelle Zahlen deswegen noch keineswegs „zuverlässig", immerhin aber verfügbar.

ten zwei Jahrhunderten, eher sogar für eine qualitative Verschlechterung. Dass in dieser Zeit auch eine große Zahl Menschen von bitterster Armut befreit werden konnte, darf an dieser Stelle freilich nicht ausgelassen werden. Unser Wissen über aktuelle Wachstumsraten reicht immerhin aus, um den Befund über die sich vergrößernde „Schere" leicht nachvollziehen zu können. Dazu nur ein einfaches Zahlenbeispiel: Schon 1 % Wirtschaftswachstum in Österreich entspricht in absoluten Zahlen, selbst wenn man Unterschiede in der Kaufkraft berücksichtigt (Angaben auf der Basis von Weltbank-Daten von 2008), z. B. 3,7 % in Brasilien, 6,2 % in China, 12,8 % in Indien oder 18,9 % in Nigeria und für die ärmsten Länder der Welt steigt der Wert auf über 50 %. Dem steht lediglich der Einwand entgegen, dass der „Grenznutzen" (also die relative Bewertung) eines gleich hohen zusätzlichen Einkommens auf niedrigerem Niveau höher ist. Auch wenn das Ausmaß dieses Effekts empirisch unsicher ist, reicht er aber jedenfalls nicht aus, um diese Größenordnungen zu kompensieren.

So viel zur krisenunabhängigen Divergenzdynamik der Weltwirtschaft. Kommen wir zur krisenbedingten Umverteilung des Wohlstandes, die sich sowohl auf individueller wie auch auf kollektiver Ebene vollzieht. Auf individueller Ebene fällt vor allem ein inzwischen breit diskutiertes Phänomen auf, nämlich die Bonuszahlungen für Bankmanager, die freilich diesen Namen längst nicht mehr verdienen, da sie in der Regel de facto sowohl leistungs- wie auch erfolgsunabhängige Zahlungen und damit eigentlich Gehaltsbestandteile darstellen. Ich erspare mir hier die Wiederholung von ohnehin sattsam bekannten Beispielen, als selbst mitten in existenzbedrohenden unternehmerischen Krisen Ende 2008 oder unmittelbar nach der im Wesentlichen staatsfinanzierten Erholung der Finanzlage von Banken Ende 2009 und Anfang 2010 verbreitet millionenschwere Zahlungen geleistet wurden. Vielmehr möchte ich darauf hinweisen, dass schon lange vor der Krise die Ignoranz der Wirtschaftswissenschaften für diese interessanten Dynamiken bei Kompensationszahlungen für Manager beklagt wurde. Die üblichen Vertragstheorien verschleiern Einflussnahme und Netzwerkeffekte, was Lucian Bebchuk und Jesse Fried bereits 2003 angesichts schon damals offensichtlicher, volks- und oft sogar betriebswirtschaftlich ineffizienter Kompensationsexzesse mit einem alternativen „managerial power approach" abzubilden versucht haben.[7]

[7] Vgl. Bebchuk, L. A./Fried, J. M. (2003), ein Jahr später auch im Buch: Pay without Performance (erschienen bei Harvard University Press) ausführlicher ausgeführt. Das Kernargument der Autoren basiert im Wesentlichen auf der innerbetrieblichen „Macht" des operativen Managements eines Unternehmens im Vergleich zum Aufsichtsrat und der gleichzeitigen überbetrieblichen Vernetzung dieser Berufsgruppe, die – überspitzt formuliert – eine Art Selbstbedienungsmentalität aufkommen lässt, dies allerdings nicht aufgrund moralischer Defizite, sondern als individuell ökonomisch effiziente und damit im spieltheoretischen Sinn „dominante" Verhaltensstrategie.

So oder so ist die Folge dieselbe: die Rechnung für dieses Verhalten bezahlen die Unternehmen und damit letztlich die Konsumentinnen und Konsumenten, die deren Produkte und Dienstleistungen erwerben, oder die Steuerzahlerinnen und Steuerzahler, die sie in der Krise vor dem Bankrott gerettet haben. Denn, wie ja auch angesichts aktueller Debatten zu Bankensteuern deutlich wird, es gibt immer mehr oder weniger ausgeprägte Möglichkeiten, um Lasten (egal ob aufgezwungene oder selbst auferlegte) auf andere zu „überwälzen", im Fall von Banken oder Unternehmen insbesondere durch höhere Gebühren oder Preise. Die kollektive Ebene führt schließlich zum *moral hazard* und zur Steuerdebatte: Manche Unternehmen sind, wie man so sagt, *„too big to fail"*, d.h., ihr Zusammenbruch hätte zu zerstörerische Auswirkungen auf die Gesamtwirtschaft, um ihn zulassen zu können; das wissen die Verantwortungsträger in besagten Unternehmen und können daher im Grunde jedes Risiko eingehen, weil sie ja von einem „Rettungsschirm" aufgefangen werden; diese über kurz oder lang unausweichliche Rettung (es werden immer höhere Risiken eingegangen, der Eintritt des Ausfalls wird daher irgendwann mathematisch nahezu zwingend) kann wiederum nur durch den Staat erfolgen, entweder weil niemand sonst die nötigen finanziellen Mittel hätte oder weil sich kein Privater für den Erwerb eines ja eigentlich insolventen Unternehmens interessiert; und dieser Staat ist zur Finanzierung im Wesentlichen auf Steuern angewiesen, zumindest indirekt. Ergebnis dieses Prozesses ist die Sicherung von Kapitalanlagen, die sich nur die Reichen leisten können, und eines „Finanzsystems", das letztlich vor allem den Eliten dient, durch die Steuerleistung der Massen. Nun ist diese Zuspitzung zu simpel, um in dieser Form immer zutreffend zu sein, als Faustregel taugt sie aber sehr wohl, vor allem, wenn man die Frage der Macht und des Gestaltungsspielraums bestimmter Interessengruppen in die Analyse einbezieht.

Was folgt, ist die schon oft konstatierte „Sozialisierung" von Verlusten nach vorangegangener „Privatisierung" von Gewinnen. Dies wird gerne als typisches Merkmal einer globalisierten, neoliberal verfassten kapitalistischen Marktwirtschaft beschrieben, ist aber vermutlich eine allgemeinere Tendenz von Wirtschaftssystemen.[8] Um die damit verbundenen Lasten zu finanzieren, wird nun gerne davon gesprochen, dass alle „ihren" Beitrag zur Bewältigung der Krise leisten müssen (dies vor allem aus dem neoliberalen Eck), teils aber auch davon, dass die „Verursacher" der Krise stärker „zur Kasse" gebeten werden sollen (dies vor allem aus dem sozialistischen Eck). Man sollte dabei nicht vergessen, dass dieser Disput letztlich ein politischer Kampf ist, dessen Ausgang nicht von vornherein

[8] Wie ja auch die Monopolisierungstendenzen und die damit verbundene Ausschaltung von Konkurrenz, die im Finanzbereich das „too big to fail" geradezu als Geschäftsmodell hervorgebracht haben.

feststeht (wobei einige der möglichen Ausgänge sehr unerfreulicher Natur sind). Gerade daher ist die verwendete Rhetorik bemerkenswert – die in beiden Fällen darauf abzielt, die Lasten „anderen" aufzubürden – und es wird am Ende dieses Beitrags auf den gerade bedenklich modischen Diskurs des Lebens „über die Verhältnisse" zurückzukommen sein, das freilich immer diese „anderen" führen.

2. Orientierung(slosigkeit)en

Treten wir für einen Moment einen Schritt zurück und reflektieren wir die Ereignisse anhand der Frage, was denn eigentlich hinter dieser Krise stecken mag. Auch darauf ist die Antwort notwendig selektiv, wird aber auch Hinweise auf mögliche Alternativen beinhalten und – was sich gerade aus wirtschafts- und sozialhistorischer Perspektive erschließt – insbesondere scheinbare Selbstverständlichkeiten als zumindest in längerer Frist gestalt- und wählbar (wenn auch natürlich nicht kostenlos) identifizieren. Das beginnt schon bei der im Zuge der Krise wieder hoffähig gewordenen Debatte um die Profitmaximierung als oberste Maxime des Wirtschaftslebens, die „man" eben durch etwas Besseres ersetzen müsse. Abgesehen davon, dass in dieser Diskussion selten zwischen Profitmaximierung und Nutzenoptimierung unterschieden wird,[9] bleibt fast schon systematisch undeutlich, wer dieses anonyme „man" eigentlich sein soll. Gemeint sind in der Regel „die Politik" oder „die Wirtschaft" oder gar „die Menschen" und damit erneut und jedenfalls die kaum weniger anonymen „anderen".

Rezepte lassen sich so nicht gewinnen. Aber immerhin erlaubt diese Debatte den Einstieg in ein Verständnis der Probleme im Zusammenhang mit einer Marktwirtschaft für den Menschen, den ich hier in fünf Schritten vollziehen will. Es beginnt mit dem Einfachsten und dem Prinzip der Gewinnmaximierung Naheliegendsten, nämlich der Orientierung des Unternehmenserfolgs am Börsenwert, also exklusiv am *Shareholder-Value*. Selbst wenn es auf dem Markt immer auch Unternehmen gibt (sogar Aktiengesellschaften), die andere Zielsetzungen

[9] In der Wirtschaftswissenschaft ist eigentlich „Nutzenoptimierung" das grundlegende Konzept, das in einer effizienten (eben „optimalen") Balance zwischen einem nicht nur materiell verstandenen Ertrag und den damit verbundenen Aufwendungen (in ihrem Saldo „Nutzen") besteht. Bei allen Abweichungen in Einzelfällen handelt es sich dabei um ein durchaus erklärungskräftiges Modell menschlichen Verhaltens, wenn man es nur flexibel und kreativ genug anwendet. Dieses Konzept wird aber – teils aus Ignoranz, teils auch in voller Absicht – zu „Profitmaximierung" verkürzt, speziell aus dem neoliberalen Eck (bzw. in kritischer Distanzierung auch aus dem sozialistischen Eck), indem Nutzen auf monetären Gewinn und Optimierung um die Kostenkomponente reduziert wird.

verfolgen, ist dabei besonders bemerkenswert, dass diese Orientierung letztlich auch nicht-börsennotierte Unternehmen erfasst, weil sie am selben Markt bestehen müssen und damit letztlich für ihre Refinanzierung an denselben Maßstäben gemessen werden. Aber auch insgesamt ist das problematisch, und zwar in dreierlei Hinsicht: Es vernachlässigt all jene *Stakeholder* des Unternehmens, die keine Aktien halten (also z. B. Beschäftigte, Zuliefernde, aber auch die Heimatgemeinden) und kann daher deren Interessen nicht abbilden; der Erfolg wird nicht nur ausschließlich monetär bewertet, sondern überdies ausschließlich in einer bestimmten Form von Geld und im Rahmen eines bestimmten Bewertungssystems; schließlich sind Börsen volatil, also wankelmütig, und das überdies oft recht kurzfristig und bis zur Grenze der beabsichtigten Kursmanipulation. All das entfernt den Unternehmenserfolg von gesamtwirtschaftlichen, gar nicht zu reden von gesamtgesellschaftlichen Überlegungen, es entfernt ihn aber – zumindest tendenziell – sogar vom eigentlichen Unternehmensziel, das immer unweigerlich breiter sein muss als der reine Börsenwert.

Der zweite Schritt führt tiefer in eine Anatomie des Wirtschaftslebens und beinhaltet seine nur anscheinend selbstverständliche Orientierung an der Geldwirtschaft. Dabei sollen gar nicht die prinzipiellen Vorteile der Geldwirtschaft gegenüber freilich meist nur imaginierten und daher besonders unflexiblen Formen des interpersonalen Wertvergleichs bestritten werden.[10] Es muss aber auf die mit diesem Charakter unseres Wirtschaftssystems verbundene Problematik hingewiesen werden, dass „ohne Geld keine Musik spielt"[11]. Akademischer ausgedrückt, geht es um die historisch keinesfalls normale, inzwischen aber zwingende Notwendigkeit (jedenfalls in entwickelten Gesellschaften, letztlich aber auch verbreitet in armen Ländern, teils auch wieder über indirekte Effekte), für jede Art der Teilhabe am Wirtschaftskreislauf auf den Besitz von „Geld" (in verschiedenen Formen) angewiesen zu sein. Das verursacht den gut in die Geldwirtschaft integrierten und bereits im Besitz von Geld befindlichen Menschen weniger Probleme als jenen, die sich nicht in einer solchen Lage befinden, sondern zum Gelderwerb auf die „Verwertung" von Vermögen oder von Arbeitskraft angewiesen sind. Daraus entstehen Zwangslagen, die Machtverhältnisse begründen, die weit über ihre Rolle als Instrumente zur ökonomisch effizienten Allokation von Gütern hinausgehen.

[10] Als Historiker muss hier angemerkt werden, dass man sich oft viel zu naive Vorstellungen vom Wirtschaften in der Vergangenheit macht. Es gibt kaum revolutionäre und auch kaum lineare Entwicklungen, den „Fortschritt", wie wir ihn denken, sondern viel Nebeneinander und Rückschritt. In der simplen Rückschau erkennen wir daher z. B. „Märkte" oder „Geld" oft nicht, weil sie anders aussehen als heute.

[11] Gar nicht zu reden davon, dass „anschafft, wer Geld hat", oder auch von der goldenen Regel, dass „wer das Gold hat, die Regeln macht", denn das wäre eine zwar ebenfalls interessante, aber doch noch etwas andere Geschichte.

Der dritte Schritt fragt nach der noch etwas breiteren Grundlage für die Teilhabe am marktlichen Austausch, was also jemanden dazu nicht nur ermächtigt, sondern auch berechtigt. Hier stoßen wir erneut auf Geld, allerdings in der etwas allgemeineren Form der Kaufkraft, die auch andere als rein finanzielle *entitlements* (nach Amartya Sen) beinhaltet. Letztlich ist unser Wirtschaftssystem nämlich strikt kaufkraftgetrieben, jedenfalls aufgrund seines kapitalistischen, eigentlich aber auch schon wegen seines marktwirtschaftlichen Charakters. Aus dem neoliberalen Eck wird das auch begrüßt, denn dort ist man der Ansicht, dass sich in Kaufkraftunterschieden unterschiedliche Präferenzen und Leistungsfähigkeiten spiegeln und daher auf Kaufkraft basierende Tauschsysteme intrinsisch fair oder sogar gerecht sind. Im Gegensatz dazu wäre aber wenigstens denkbar, Tauschsysteme an einem anderen Prinzip zu orientieren, dem der Bedürfnisse (und es wurde vor allem im sozialistischen Eck auch unter den Bedingungen der Moderne sogar mehr als nur gedacht). Hier kommt stärker das Element der Berechtigung als der Ermächtigung zum Tragen, wenn sich diese Haltung etwa mit grundlegenden Menschenrechten verbindet, gemäß denen ein Mindestlebensstandard im Hinblick auf die Grundbedürfnisse von Menschen nach Nahrung, Kleidung und Wohnung, eigentlich aber auch nach sozialer Einbettung, gewährleistet sein muss.[12]

Spätestens hier haben wir eine Grundorientierung unseres Wirtschaftssystems in Frage gestellt, die aber bei allen bisherigen Schritten ebenfalls bereits auf den Prüfstand gestellt worden ist: seine Betonung des materiellen Lebensstandards. Es würde hier zu weit führen, das in einen breiteren Trend der Verwissenschaftlichung unseres Lebens einzuordnen, der ganz zentral das Streben nach Messbarkeit beinhaltet. Im hier interessierenden Zusammenhang ist es aber wesentlich, die mangelhafte Übereinstimmung zwischen der materialistischen Verfasstheit der Marktwirtschaft und dem oft immateriellen Charakter der Bedürfnisse von Menschen anzusprechen. Das geht oft auch Hand in Hand mit einerseits anonymem Tausch und andererseits dem Wunsch nach persönlicher Beziehung, die sich ebenfalls spießen. Sie rührt nicht zuletzt daher, dass materielle Güter für die Basis allen Wohlstands gehalten werden (übrigens sowohl vom neoliberalen wie auch vom sozialistischen Eck), indem durch sie, und möglicherweise (zumindest teilweise) nur durch sie, das erworben werden kann, was im eigentlichen Sinn Wohlstand ist bzw. Nutzen spendet – auch wenn Geld „nicht glücklich macht", aber, korrekt zitiert, eben „Geld allein". So wird Wohlstand oft mit dem Besitz

[12] Historisch ist dabei eigentlich nur die formelle Verrechtlichung wirklich neu. Auch wenn speziell liberale Politik im 18. und 19. Jahrhundert die Armenfrage teils neu gedeutet hat (nämlich als rein individuelles und nicht politisches Problem), war die Sorge um das Wohl von Untertanen eigentlich stets die Basis guter, wenn nicht sogar jeder Art von Regierung (und sei es auch nur, um damit Aufständen vorzubeugen).

materieller Güter gleichgesetzt oder – kaum weniger materialistisch – als das gerade Gegenteil (nämlich den bewussten Verzicht darauf) romantisiert. Kaum je aber werden diese Sphären des Stofflichen und des Geistigen überzeugend verbunden.

Vom Wirtschafts- und Sozialhistoriker muss schließlich auch noch der letzte Schritt gegangen werden: der marktwirtschaftliche Charakter unseres Wirtschaftssystems ist zu hinterfragen. Das kann hier aber nur eine Randnotiz bleiben, weil das Thema der Veranstaltung, der diese Publikation folgt, ja die „Marktwirtschaft" für den Menschen war und also Alternativen zum marktlichen Austausch nicht gefragt waren. Historisch sind Märkte aber, abstrakte wie konkrete, einerseits immer schon da gewesen und andererseits alles andere als das dominante Ordnungsprinzip des Wirtschaftslebens. Als ein Beispiel für eine Alternative, die uns als prinzipiell christliches Konzept immerhin vielleicht einigermaßen zugänglich ist (zumindest eher als die ethnologischen Analysen der Wirtschaften von Menschen aus der Südsee), aber doch unendlich fern zu liegen scheint, sei auf die ihrem Grundprinzip nach „schenkende" Wirtschaft des europäischen Mittelalters verwiesen.[13] Fundament dieser zugleich ziemlich geldfernen Wirtschaft ist die „Gabe", die neben ihrer Tauschfunktion auch ein Machtinstrument ist, denn eine Gabe erfordert eine dem Status der beiden Partner entsprechende Gegengabe. Dass neben solchen schenkenden Wirtschaften marktliche Wirtschaften existieren konnten und existiert haben, zeigt freilich gerade das Mittelalter mit seinen Handelsstädten deutlich.[14] Nachdem Erstere über den Zugang zu Prestigegütern organisiert waren, waren sie freilich zugleich mit Letzteren eng verwoben und die schenkende Wirtschaft förderte damit eigentlich sogar den Aufstieg von Fernhandelsstädten.

Lediglich vor einer Infragestellung des Tauschcharakters unseres Wirtschaftssystems schrecke ich hier schließlich zurück. Hier hat bereits Adam Smith als ein zentrales Element seiner politischen Ökonomie die Vorzüge der Arbeitsteilung hervorgehoben und so etwas wie „Gesellschaft" scheint auch nur möglich, wenn es so etwas wie „Spezialisten" gibt und daher den Tausch von Gütern. Und überhaupt: Der vielleicht bestimmendste Wesenszug des Menschen ist schließlich der Austausch (in vielfältiger Form) mit seinen Mitmenschen, zu tauschen ist also et-

---

13 Vgl. dazu Kaufer, E. (1998): Spiegelungen wirtschaftlichen Denkens im Mittelalter. Innsbruck: Studienverlag; basierend nicht zuletzt auf: Mauss, M. (1968): Die Gabe: Form und Funktion des Austauschs in archaischen Gesellschaften. Frankfurt/M.: Suhrkamp; aus aktueller feministischer Perspektive auch: Vaughan, G. (ed.) (2007): Women and the Gift Economy: A Radically Different Worldview is Possible. Toronto: Inanna Publication and Education.

14 Vgl. dazu z.B. Exenberger, A./Cian, C. (2006): Der weite Horizont. Globalisierung durch Kaufleute. Innsbruck: Studienverlag, anhand der Beispiele Venedig und Lübeck.

was zutiefst Menschliches. So haben Autarkie und Subsistenz, auch wenn man sie kaum je atomistisch denken, geschweige denn betreiben kann, zwar ohne Frage ihren Platz in der realen Lebenswelt von Menschen, in der Wirtschaftspolitik und sogar in den Wirtschaftswissenschaften (denn auch solche Wirtschaftsformen sind letztlich Knappheitszwängen und Effizienzüberlegungen ausgesetzt), am grundlegenden Charakter des Menschen als tauschendes Wesen, als *homo commutandus*, ändert das allerdings nichts.

3. Was in der Wirtschaftswissenschaft im Laufe der Zeit nicht alles vergessen wurde

Mit solch grundlegenden Fragen beschäftigt sich die moderne Wirtschaftswissenschaft kaum. Am ehesten sind sie im Feld der Wirtschaftsethik zu finden, so z. B. bei Karl Homann, der in Anlehnung an historisch fundierte institutionenökonomische Debatten eine interessante These aufgestellt hat:[15] Es mache wenig Sinn, eine andere Ethik von der Wirtschaft zu fordern; vielmehr müsse man, mit etwas Distanz betrachtet, das ethische System einer Gesellschaft als endogen ansehen; daraus folge, durchaus darwinistisch argumentiert,[16] dass sich mittel- bis langfristig jene Gesellschaften als leistungsfähiger erweisen, die eine Ethik entwickeln, die ökonomisches Wachstum, sozialen Zusammenhalt, technische Innovationen und ökologische Nachhaltigkeit am besten fördern. Seine Konsequenz daraus ist weitreichend und schießt möglicherweise übers Ziel hinaus, weil sie zwischen Ethik und Wirtschaft eindeutig der Letzteren den Primat zubilligt: Wer mit rein ethischen Argumenten in die Wirtschaft eingreife, werde kurz- wie auch langfristig von jenen überholt, die das nicht tun.

Bei Homanns Konzept handelt es sich um einen relativ neuen Ansatz. Auf dem langen Weg in die Gegenwart hat die Wirtschaftswissenschaft allerdings während der letzten Jahrhunderte zahllose Erkenntnisse längs des Weges zurückgelassen und eine stark selektive Erinnerung an den Tag gelegt. Mehr noch: Diejenigen, die Aufnahme in den Kanon der reinen Lehre gefunden haben, werden oft alles andere als angemessen interpretiert und oft vielmehr instrumentalisiert, um damit heutige Ziele zu verfolgen. Besonders auffällig ist das zumindest auf den zweiten

[15] Vgl. z. B. Homann, K./Lütge, C. (2004): Einführung in die Wirtschaftsethik. Münster: LIT; für die institutionenökonomischen Grundlagen sei auf Douglass C. North verwiesen, z. B. North, D. C. (1992): Institutionen, institutioneller Wandel und Wirtschaftsleistung. Tübingen: Mohr.

[16] Allerdings in seiner reflektierten Variante des „*survival of the fittest*" und nicht – wie oft fälschlich behauptet – des „*survival of the strongest*". Im großen Spiel des Lebens gewinnen in der Regel die am besten Angepassten, nicht die Stärksten.

Blick im Fall des Gründervaters der modernen Wirtschaftswissenschaft, Adam Smith. Es ist ja schon kaum bekannt, dass Smith ursprünglich einen Lehrstuhl für Moralphilosophie bekleidete und zwei Schlüsselwerke verfasste: den *Wealth of Nations* und die *Theory of Moral Sentiments*. Aufgrund der zumindest scheinbar in diesen beiden Werken unterschiedlichen Menschenbilder wurde einst sogar das sogenannte Adam-Smith-Problem konstatiert[17] und manche sprechen daher vom „anderen" Adam Smith[18]. Man kann diese beiden Smiths bzw. die beiden Menschenbilder aber durchaus zusammenfassen, was er selbst freilich – vermutlich wohlüberlegt und daher aus guten Gründen – nie getan hat. Fest steht jedenfalls, dass für Smith ein von der Gesellschaft (und damit der Ethik) unabhängiges System „Wirtschaft" nicht sinnvoll vorstellbar war. Das fasst z. B. der Übersetzer der gängigen deutschen Ausgabe des *Wealth of Nations*, Horst Claus Recktenwald, treffend wie folgt zusammen: „Eine Marktwirtschaft ohne einen normal funktionierenden Staat, der seine klassischen Aufgaben *effizient* erfüllt, ist für Smith ebenso undenkbar wie unrealistisch. Zudem vertritt er die Ansicht, dass der Inhalt dieser Funktionen von den *historischen Umständen* abhängig sei."[19] Smith sah Wirtschaft vielmehr als verwobenen Teil einer Gesellschaft, die für ihren gedeihlichen Fortbestand auch moralischen Halt braucht, und als zeitspezifisch in ihren Organisationsformen. Ja selbst sinnvolles wirtschaftliches Handeln kann nicht von einem Gefühl für die „Schicklichkeit" (bei Smith *„propriety"*) dieses Tuns getrennt gedacht werden.[20]

Das passt nicht zu einer ahistorischen und ethikfernen reinen Ökonomie, wie wir sie kennen. Man sollte es aber wiederum nicht zu einem staatswirtschaftlichen Ansatz übertreiben, denn Smith kann mit langen Passagen (aus beiden Büchern) zitiert werden, in denen er die „Lasterhaftigkeit" und den Egoismus von Politikern beklagt, die letztlich nur ihren eigenen Interessen folgen und nicht dem Interesse der Gemeinschaft dienen. Auf der anderen Seite war er sich aber ebenso

---

[17] Montes, L. (2003): „‚Das Adam Smith Problem': Its Origins, the Stages of the Current Debate, and One Implication for Our Understanding of Sympathy", in: Journal of the History of Economic Thought 25 (1), 63–90.

[18] Meyer-Faje, A./Ulrich, P. (Hg.) (1991): Der andere Adam Smith. Beiträge zur Neubestimmung von Ökonomie als Politischer Ökonomie. Bern: Verlag Paul Haupt.

[19] Recktenwald, in: Smith, A. (^{7}1996): Der Wohlstand der Nationen: Eine Untersuchung seiner Natur und seiner Ursachen, übersetzt und herausgegeben von Horst Claus Recktenwald. München: dtv, LXXVI, ausführlicher LXV–LXXI (Hervorhebungen im Original).

[20] Vgl. ausführlicher dazu Exenberger, A. (2009): „Über Verwurzelung: Aktuelles ökonomisches Denken und Adam Smith", in: Guggenberger, W./Regensburger, D./Stöckl, K. (Hg.) (2009): Politik, Religion und Markt. Innsbruck: innsbruck university press. S. 223–244.

bewusst, dass „Kaufleute" denselben Einschränkungen unterliegen. Dazu Smith: „Kaufleute sind immer daran interessiert, den Markt zu erweitern und den Wettbewerb einzuschränken [...]. Jedem Vorschlag zu einem neuen Gesetz oder einer neuen Regelung über den Handel, der von ihnen kommt, sollte man immer mit großer Vorsicht begegnen. Man sollte ihn niemals übernehmen, ohne ihn vorher gründlich und sorgfältig, ja sogar misstrauisch und argwöhnisch geprüft zu haben, denn er stammt von einer Gruppe von Menschen, deren Interesse niemals dem öffentlichen Wohl genau entspricht, und die in der Regel vielmehr daran interessiert sind, die Allgemeinheit zu täuschen, ja sogar zu missbrauchen."[21] Der prominente Ökonom Jacob Viner kommentiert das alles treffend wie folgt: "He had little trust in the competence or good faith of government. He knew who controlled it, and whose purposes they tried to serve [...]. He saw, nevertheless, that it was necessary, in the absence of a better instrument, to rely upon government for the performance of many tasks which individuals as such would not do, or could not do, or could do only badly."[22] Oder, wie wir selbst vor einiger Zeit dazu zusammengefasst haben: „Letztlich kommt es Adam Smith darauf an, dass die empirisch unbestreitbaren positiven Resultate einer liberalen Marktwirtschaft (eines ‚Systems der natürlichen Freiheit') im Hinblick auf den Massenwohlstand ohne größere Eingriffe zur Korrektur der empirisch unbestreitbaren negativen Resultate erreicht werden können. Ob das möglich ist, hängt auch davon ab, ob das wirtschaftliche Moment in der Gesellschaft übermächtig ist oder ob es einen wirkmächtigen öffentlichen, am Gemeinwohl orientierten Geist (einen ‚*public spirit*') gibt [...]."[23]

Smith vertrat sein „System" einer explizit „politischen" Ökonomie betont gegen den von ihm als Irrtum betrachteten Merkantilismus und war nicht zuletzt deshalb Wirtschaftstreibenden gegenüber eigentlich skeptisch. Ansonsten sind seine Ansätze aus der Zeit heraus als Unterstützung der klassischen liberalen Befreiung des Individuums von der Gängelung durch Obrigkeiten zu verstehen. Er tat dies zudem zu einer Zeit, als das noch ziemlich originell war und die Disziplin noch nicht einmal als eine wissenschaftliche existiert hat (den ersten Lehrstuhl für politische Ökonomie bekleidete erst Thomas Malthus ab 1806, üb-

---

21 Smith, A. (⁷1996): Der Wohlstand der Nationen: Eine Untersuchung seiner Natur und seiner Ursachen, übersetzt und herausgegeben von Horst Claus Recktenwald. München: dtv. S. 213.

22 Viner, J. (1927): „Adam Smith and Laissez Faire", in: The Journal of Political Economy 35 (2). S. 198–232, hier S. 232.

23 Exenberger, A./Nussbaumer, J. (2004): „Über praktische und theoretische Armut. Vom Vergessen wichtiger Fährten in der Ökonomik und von ihrer aktuellen Relevanz", Working Papers Facing Poverty 08 (2004), Poverty Research Group der Universität Salzburg. S. 30.

rigens einen, den die britische *East India Company* bezahlte). Ein Jahrhundert später hingegen, als die Zunft bereits etabliert war, fand man es weitaus origineller, solchen Konzepten eines der „reinen" Ökonomie entgegenzusetzen, das sich bewusst von allem für unnötig erklärten Ballast befreit hat und wirtschaftliches Handeln isoliert betrachtet. Nachdem sich dies als durchaus leistungsfähig erwies (wenn auch durch viele politische und wissenschaftliche Konflikte hindurch), kam man auf die grandiose Idee, die Logik auch in andere Bereiche zu exportieren und diesen eine ökonomische aufzuzwingen. Spätestens damit aber schoss man übers Ziel hinaus, wie sich zuletzt durch die aktuelle Finanz- und Wirtschaftskrise gezeigt hat, die sogar die Leistungsfähigkeit des Modells in seinem ureigensten Zuständigkeitsbereich in Frage stellt, dem der Produktion von Wirtschaftswachstum.

Und wo bleibt da die politische Ökonomie? Am ehesten finden sich ihre Spuren im Modell der sozialen Marktwirtschaft (nach Walter Eucken, Alfred Müller-Armack, Ludwig Erhart und anderen), die inzwischen „ökosozial" geworden ist (nach Josef Riegler und Franz Fischler und daher als viel mehr politisches als akademisches Konzept). Auf der Basis der konkreten Entbehrungserfahrungen der Zeit unmittelbar nach dem Zweiten Weltkrieg und vor dem Hintergrund der Ineffizienz nationalsozialistischer Planwirtschaft davor geht der ursprüngliche Ansatz von dem Ziel aus, ein politisch mehrheitsfähiges und zugleich ökonomisch leistungsfähiges Wirtschaftssystem zu schaffen, das durch die Verbindung dieser beiden Ziele langfristige Stabilität gewinnt. Dies gelang letztlich überzeugend, indem eine sozial eingebettete marktwirtschaftliche Ordnung (daher auch der Name „Ordoliberale" für ihre Vertreter) geschaffen wurde, in deren Rahmen nicht nur ökonomische, sondern auch soziale Ziele verfolgt wurden. Mit Aufkommen der Ökologiebewegung wurden diese sozialen noch durch ökologische Ziele ergänzt, wobei diese Form der politischen Ökonomie vielleicht mit dem allgemeinen Begriff der Nachhaltigkeit charakterisiert werden kann, sowohl im Hinblick auf die Wirtschaft als auch die Gesellschaft und die natürliche Umwelt.[24]

Führt das schließlich zu einer Forderung nach einem Primat der Politik? Nein, es braucht vielmehr Einbettung der Wirtschaft in Politik und Gesellschaft. Denn letztlich sind alle Menschen fehlbar (bzw. „lasterhaft", wie sich Smith und seine Zeitgenossen ausgedrückt hätten) und daher sind Politiker ebenso schlechte Kaufleute, wie Kaufleute schlechte Politiker sind, während in Demokratien alle Verantwortung tragen, wenn auch nicht im gleichen Ausmaß.

---

[24] In ihrem Umfeld entstand auch das Konzept des „Global Marshall Plan" (Franz Josef Radermacher).

4. Lernen aus der Krise?

Kommen wir zuletzt noch zur Frage, ob aus der aktuellen Krise gelernt worden ist oder zumindest werden wird. Die unbefriedigende, aber überzeugte Antwort darauf lautet „Jein". Zieht man die Erfahrungen aus der Großen Depression sowie aus anderen Finanz- und Wirtschaftskrisen heran, finden sich sowohl positive wie auch negative Signale. Zum einen spricht es für einen gewissen Lerneffekt, dass die Politik, anders als in den Jahren nach 1929, diesmal mit Stabilisierungsmaßnahmen relativ schnell und in relativ großem Stil reagiert hat, und das sogar erstmals zumindest einigermaßen global akkordiert.[25] Ob diese Reaktion sachlich und von ihrem Umfang her angemessen war, wird zwar erst die nächste Zukunft zeigen, trotz mancher Verzögerungen und einzelner Staaten, die sich fallweise der Solidarität entzogen haben, haben Entschlossenheit und Tempo aber manchmal sogar überrascht. Das Bemühen, die Gesamtwirtschaft nicht wieder durch unangebrachtes Zögern aus dem Ruder laufen zu lassen, war jedenfalls bei allen wichtigen Entscheidungen spürbar.

Gegen einen Lerneffekt sprechen allerdings zwei wichtige Punkte. Zum einen die Zahlen, denn – wie Carmen Reinhart und Kenneth Rogoff gezeigt haben – gleichen die Muster in vielen wichtigen Datenreihen (Börsenkurse, Wachstumspfade, Beschäftigung und vor allem Staatsschulden) frappierend jenen, die aus früheren Krisen bekannt sind.[26] Zum anderen fehlen grundlegende Reformen des Finanzsystems und es gibt auch kaum Anzeichen, dass den zahlreichen Lippenbekenntnissen zu diesem Thema noch ernsthafte Taten folgen werden. Bisher kam es nicht einmal im Bereich der Managerkompensationen oder bei den Rating-Agenturen, wo die offensichtlichsten Fehlleistungen begangen wurden, zu nennenswerten Veränderungen, und auch im Bankensektor bleiben die Reformen eher kosmetischer Natur. Erstaunlich weit ging die Initiative der Europäischen Union zur supranationalen Neuordnung der Finanzaufsicht, dass allerdings die Kompetenzen dabei auf drei verschiedene Finanzzentren verteilt wurden (London, Paris und Frankfurt), könnte sich – bei aller Anerkenntnis politischer Befindlichkeiten und damit von Macht – schon bald als eingebauter Systemfehler erweisen. Auch sonst blieben Machtverhältnisse weitestgehend unangetastet, und die Staaten begaben sich sogar in regelrechte Geiselhaft von Agenturen. Am grundlegend „finanzkapitalistischen" Charakter unseres Wirtschaftssystems (wie

[25] Siehe z. B. Krugman (2009) und Griffith-Jones et al. (2010).

[26] Nach einigen Aufsätzen zuletzt in Buchform erschienen: Reinhart, C. M./Rogoff, K. S. (2009): This Time Is Different: Eight Centuries of Financial Folly. Princeton University Press, 2009 (im Finanzbuch-Verlag in München 2010 auch in deutscher Übersetzung erschienen).

das etwa Stefan Schulmeister nennt[27]), wo sich, wie auch von vielen Ökonominnen und Ökonomen gefordert,[28] ein Rückbau destabilisierender Finanzflüsse, von unregulierten Schattenbanken und von systemrelevanten Großinstituten mehr als nur angeboten hätte, wurde nicht einmal gerüttelt. Es konnte bislang nicht einmal Einigkeit über die Einführung der seit nunmehr rund vier Jahrzehnten diskutierten minimalen Finanztransaktionssteuer erzielt werden. Abgesehen von etwas „Selbstbereinigung" des Marktes, davon, dass einige der Institute liquidiert werden mussten und es zu manchen Zwangsverstaatlichungen gekommen ist, manche Geschäftsfelder daher vorerst ausgetrocknet sind, blieb daher die Krise in diesem Bereich nahezu folgenlos.

Nun, über all diese Punkte wurde immerhin diskutiert, teils auch unter großer medialer Anteilnahme. Über den größten und vielleicht zugleich auch schwierigsten Brocken verweigern aber sowohl Politik wie auch Wirtschaft hingegen weitestgehend sogar die Diskussion: das Machtverhältnis zwischen Finanzmarkt und Politik. Das beginnt beim kaum adressierten Problem des *moral hazard*, denn unverändert sind viele Institute *„too big to fail"* und also „systemrelevant". Es setzt sich aber fort, dass die Finanzelite, nach einer kurzen Phase der Konfusion, schon bald nach Ausbruch der Krise ganz offensichtlich viel besser organisiert war, ihre (letztlich sehr kostspieligen) Interessen zu artikulieren und durchzusetzen, als die Politik. Dieser Eindruck wurde bereits 2009 und mehr noch 2010 bestätigt, als die Finanzelite sehr schnell ihren vollen Handlungsspielraum zurückgewonnen hat, während die Politik letztlich auf Jahre hinaus durch Budgetrestriktionen gefesselt sein wird. Vorläufiger Gipfelpunkt dieses Kräftemessens sind die alten neoliberalen Parolen, die bereits wieder laut werden und die – zugespitzt formuliert – das multilaterale Kaputtsparen von Sozialstaaten bei gleichzeitiger Steuerentlastung für sogenannte „Leistungsträger" (hier sind Frauen kaum je „mitgemeint") propagieren, was man nur als gefährliches Zwischenergebnis der Krise werten kann, weil es sowohl die internationale Wirtschaft wie auch nationale Solidaritäten gefährdet. Dem steht das sozialistische „Wir zahlen nicht für eure Krise" gegenüber – mit freilich mäßiger Rückwirkung in die politische Sphäre, wie Wahlergebnisse zeigen, weil dieser Strömung offensichtlich jede konkrete Vision einer anderen Welt fehlt.

---

[27] Vgl. aktuell dazu etwa Schulmeister, S. (2010): Mitten in der großen Krise: Ein „New Deal" für Europa. Wien: Picus.

[28] Vgl. systematisch z. B. Crotty, J. (2009): Structural causes of the global financial crisis: a critical assessment of the 'new financial architecture', in: Cambridge Journal of Economics 2009, 33. S. 563–580; oder auch: Lawson, T. (2009): The current economic crisis: its nature and the course of academic economics. Cambridge Journal of Economics 2009, 33. S. 759–777. Aber auch Nobelpreisträger, wie vor allem Paul Krugman und Joseph Stiglitz, haben sich publizistisch eindeutig in diesem Sinne geäußert.

Da passt gut dazu, dass die berüchtigten „Verursacher" der Krise kaum zur Verantwortung für ihre Fehlleistungen gezogen wurden, also jene, die durch Finanzmarktaktivitäten teils in einer Weise reich geworden sind, die man nur noch als unverfroren und obszön bezeichnen kann, und jene, deren gut dotierte Arbeitsplätze durch das Steuergeld des oft bemühten Mittelstandes gerettet wurden. Damit kann nicht gemeint sein, dass es um Gerichtsverfahren ginge, denn in der Tat bewegen sich die Aktivitäten – abgesehen von den schon erwähnten „allzu menschlichen" Exzessen – im legalen Rahmen, wenn auch oft an dessen Grenzen. Aber es wäre eine Verantwortung im ökonomischen Sinn gemeint, sowohl was Wiedergutmachung von Schäden als auch was persönliche Konsequenzen aus den Ereignissen angeht. Letztendlich hat es aber vielmehr den Anschein, als wäre die „Hochfinanz" von ihrem Charakter her nicht so sehr der „Raubtierkäfig", als den sie sich gerne gibt, sondern vielmehr etwas, das man in ganz anderem Kontext als „geschützte Werkstätte" bezeichnet.

Zum Schluss

Das „System" musste also gerettet werden, und das im wahrsten Sinne des Wortes nach dem Motto: „Koste es, was es wolle." Wenn man vor der zugegeben gefährlichen Frage zurückscheut, ob es das System überhaupt verdient, gerettet zu werden (sofern ein „System" so etwas „verdienen" kann), ist diese Feststellung sogar richtig. Man hat diese Frage, zumindest in unseren Breiten, ja nicht einmal bei vergleichsweise kleinen Banken gestellt, sondern sie alle in Bausch und Bogen und unabhängig von ihrer Wettbewerbsfähigkeit gerettet, wie sollte man sie also für das gesamte System stellen? Damit aber hat sich besagtes System auch ein bisschen selbst ad absurdum geführt, denn es ist allzu zynisch, die Regeln des Wettbewerbs stets nur für die anderen zu fordern.[29]

Das „System" wurde also gerettet, weil man die grundlegende Frage nicht zu stellen gewagt hat. Gerettet haben es die Massen, deren Arbeitsplätze und Existenzen plötzlich und in der Regel völlig unverschuldet auf dem Spiel standen, und diejenigen, die derzeit und in Zukunft Steuerleistung erbringen. In seiner Gesamtheit nützt dieses ominöse „System", der globale Finanzkapitalismus, frei-

[29] Freilich hat schon Milton Friedman, Ökonomienobelpreisträger und Vater des Monetarismus (ein Theoriestrang aus dem neoliberalen Eck), in Interviews oft und in aller Offenheit jene Haltung an den Tag gelegt, die trotzdem im Zuge der Krise wieder so überrascht hat: Der Staat war in seinem Theoriegebäude stets sehr schlank und doch musste er immer zu Stelle sein, wenn es galt, den von der Wirtschaft in den Dreck gefahrenen Karren dort herauszuziehen. Woher er die Ressourcen dazu nehmen sollte, dazu blieb Friedman freilich in der Regel stumm.

lich vor allem den globalen und nationalen Eliten. Den global betrachtet Armen nützt es hingegen überhaupt nicht. Nicht zufällig ist Kredit für jene am billigsten, die eigentlich ohnehin genug Geld hätten, und für jene, die ihn am nötigsten hätten, oft nicht einmal verfügbar, geschweige denn leistbar.[30] Auch die Menschen in Griechenland müssen derzeit nicht nur im eigenen Interesse „sparen", sondern nicht zuletzt, um deutsche Banken nicht zu destabilisieren, die allzu sorglos Kredite vergeben und Investitionen getätigt haben.

„Krise" bedeutet gerade dem griechischen Wortsinn nach aber eigentlich vielmehr „Entscheidung" oder „Zuspitzung", und nicht so sehr „Schwierigkeit" oder gar „Absturz", was landläufig heute darunter verstanden wird. Die Anzeichen sprechen aber aus wirtschafts- und sozialhistorischer Sicht zusammenfassend nicht dafür, dass die Möglichkeit zum Wandel genutzt worden wäre, die eine solche Zuspitzung bietet. Daher ist hier auch zum Schluss eine vertane Gelegenheit anzusprechen. Die Krise war tatsächlich eine Chance, nämlich die, das ohnehin durch die Regeln des Stabilitätspakts regulierte Europa (mit Wachstum, auch wenn es in seinem offiziellen Namen vorkommt, wenn auch mehr als Werbegag, hatte er noch nie viel zu tun) endlich konsequent als stabilitätsorientierten, vielleicht auch „humanistischen" Wirtschaftsraum zu positionieren. Angesichts des schleichenden Bedeutungsverlusts, den dieser Kontinent in der Weltwirtschaft während des gesamten 20. Jahrhunderts trotz teils massiver Gegenmaßnahmen erlebt hat, ist eine solche Neuorientierung vermutlich sogar nötig, um im 21. Jahrhundert die viel beschworene „Wettbewerbsfähigkeit" als bildungsorientierter „Wissensraum" wenigstens zu erhalten. Stattdessen diskutiert man allerorten in Europa, wer nicht aller im Vorfeld der Krise „über die Verhältnisse" gelebt habe. Dieser Frage kann man entweder mit einer Polemik begegnen, wie dem Hinweis darauf, dass der Kapitalismus genau darin besteht und darauf basiert, dass Menschen über ihre Verhältnisse leben.[31] Oder man lehnt sie überhaupt ab, weil ja der Zweck der Frage offensichtlich ist, dass man durch sie Schuld zuweisen und damit zugleich von sich selbst wegweisen will. Damit kehren die Armendiskurse des 19. Jahrhunderts zurück, und man diskutiert ernsthaft darüber, ob man Menschen davor schützen muss, sich zu sehr

[30] Diese scheinbare Paradoxie prägt unser Geldsystem, das in nicht nur dieser Hinsicht dem Matthäus-Prinzip folgt: Wer hat, dem wird gegeben. Oft genug gilt auch der zweite Teil: und wer nicht hat, dem wird auch das noch genommen. Das noch junge Instrument der Mikrokredite ist dabei nur ein Tropfen auf dem heißen Stein, wobei es bezeichnend ist, dass eine im Grunde so einfache Idee völlig zu Recht zu Nobelpreisehren gekommen ist. Zudem liegt seine Erfindung gerade in der mangelhaften Kreditverfügbarkeit für Arme begründet.

[31] Vgl. dazu die erklärte Polemik von Michael Amon: „Wir haben unter unseren Verhältnissen gelebt!" in: Der Standard, 29./30. Mai 2010.

zu verausgaben (und übrigens auch darüber, ob man Menschen dazu zwingen muss, etwas zu leisten), als dass man darüber diskutieren würde, wie man den Missbrauch von Macht eindämmt oder das Verschieben von Geldbeträgen in politischen und ökonomischen Netzwerken, mit denen Tausende von Menschen ihr Leben lang über besagte Verhältnisse hätten leben können. Liberalismus ist eben gut für die Eliten.

Dass die Wirtschaftswissenschaft ebenfalls in einer Krise ist, wird angesichts all der Ereignisse während der letzten Jahre nicht überraschen. Aus verschiedenen Richtungen, darunter auch jene von Nobelpreisträgern, wird inzwischen konstatiert, dass Jahrzehnte der im Grunde verfehlten, weil allzu stromlinienförmigen Ausbildung Absolventinnen und Absolventen hervorgebracht haben, die für die Herausforderungen der Instabilität und Unvollkommenheit von Märkten nicht mehr gerüstet sind. Dabei klaffen speziell Theorie und Praxis zu oft und zu weit auseinander. Auch sind alle Beteiligten spätestens mit dem Ende des Kalten Krieges zunehmend unvorsichtig geworden, weil Fehlleistungen nicht mehr zugunsten einer Systemalternative ausschlagen konnten. Schließlich hat die Wirtschaftswissenschaft im Zuge ihrer Distanzierung von der „politischen Ökonomie" den Stellenwert von Interessen immer weiter reduziert (nur schemenhaft sind sie in ihrer Form als Präferenzen noch präsent und nur langsam kehren sie an manchen Stellen der Spieltheorie und der ökonomischen Politikforschung zurück), und mit Phänomenen wie Macht oder Betrug beschäftigt sie sich kaum oder gar nicht. Auch daher war sie so schlecht gewappnet, mit der aktuellen Krise intellektuell umzugehen. Nicht nur in dieser Sphäre würde daher weniger (Neo-)Liberalismus und dafür mehr umfassend verstandener (Neo-)Smithianismus unserer globalisierten Wirtschaft guttun, um im 21. Jahrhundert zu bestehen. Der Mensch ist kein *homo oeconomicus* und die Wirtschaft kann ohne ihre Einbettung in einen sozialen (und ökologischen) Kontext nicht auf Dauer existieren.

Krisen sind Spannungen, und diese lösen sich irgendwann auf die eine oder auf die andere Weise. Aus historischer Sicht muss man dazu in Erinnerung rufen, dass es auch radikale und dramatische Varianten gibt, in denen solche Lösungen bestehen können. Das müssen nicht unbedingt die wahrscheinlichsten sein, aber sie stehen den Akteurinnen und Akteuren zur Wahl. Es mag daher eine Aufgabe der Geschichtswissenschaft sein, die Menschen immer wieder daran zu erinnern, dass nichts gänzlich unmöglich ist. Ob sie diesen Umstand positiv deuten und die Hoffnung auch in tiefen Krisen nicht aufgeben, oder negativ, und schon bei kleinen Schwierigkeiten Katastrophen am Horizont sehen, kann die Geschichtswissenschaft freilich nicht beeinflussen. Nur einen letzten Ratschlag noch: Man sollte sich möglichst oft aus erster Hand informieren; wenn man über vergangene Krisen etwas lernen will, sollte man nicht darauf verzichten, die zusammenfassenden Schilderungen der Nachgeborenen mit Interpretationen der Zeitgenossen gegenzulesen; und wenn man etwas über Ökonomie lernen möchte, sollte man sich nicht scheuen, auch zu klassischen Texten zu greifen, und niemals denen blind vertrauen, die sich heute darauf berufen.

David Lang

Unternehmensresilienz oder: Wie macht man ein Unternehmen widerstandsfähig?

Die Fähigkeit der erfolgreichen Krisenbewältigung ist gerade in Zeiten der Krise mehr denn je gefragt. In der Psychologie bezeichnet man diese Fähigkeit der erfolgreichen Bewältigung einer Krise bzw. die positive Entwicklung trotz widriger Umstände seit den 1970er-Jahren als Resilienz.

Den Begriff „Resilienz" kann man einfach und anschaulich anhand dreier Bilder erläutern: Strom, Stahl und Tetris. Beginnen wir mit Strom, so lässt sich ein Vergleich heranziehen, indem das Leben eines Menschen/eines Unternehmens einem Fluss gleicht, der an manchen Stellen sehr ruhig und gleichmäßig dahinfließt, an anderen Stellen dagegen sehr turbulent und sogar gefährlich ist. Diese bedrohlichen Stellen sind sogenannte Stromschnellen (es ist also nicht der Strom aus der Steckdose gemeint), die Gefahr, Unsicherheit und Krise symbolisieren. Diese Stromschnellen gehören unweigerlich zum Leben dazu, ebenso wie auch die ruhigen Zeiten. Es stellt sich daher die Frage, wie man mit diesen Stromschnellen umgehen soll. Ganz einfach gesagt gibt es zwei Möglichkeiten: Man kann versuchen den Stromschnellen zu entfliehen, oder man kann sich ihnen stellen. Erstere Möglichkeit, d. h. den Stromschnellen zu entkommen, hieße allerdings, die Realität des Lebens negieren zu wollen. Man möchte nur die ruhigen Zeiten genießen, nicht aber die Turbulenzen auf sich nehmen. Diese Tendenz ist nur allzu verständlich und „menschlich", aber dient sie auch der Krisenbewältigung? Oder macht man die Krise dadurch nicht nur noch schlimmer, indem man ihr Dasein nicht akzeptiert/akzeptieren will und besseren Zeiten „nachhängt"? Die zweite Möglichkeit, den Stromschnellen zu begegnen, ist die Wahl, ein guter Schwimmer zu werden, damit man auch turbulenten Zeiten gewachsen ist. Das klingt einleuchtend und gut, aber es bleibt die Frage, wie man ein guter Schwimmer wird.

Bewältigt man diese Strömungen/Stromschnellen aber erfolgreich, so erfährt man dadurch eine Stärkung, eine Kräftigung, man hat im besten Fall etwas aus einer Krise gelernt und ist nun besser für zukünftige Aufgaben gerüstet. Dies entspricht dem Bild des Stahls bzw. dem Härten von Stahl. Durch Erhitzung (die hitzigen Zeiten der Krise) wird Stahl zunächst formbar gemacht, durch das Beschlagen wird er geformt und durch das Abkühlen wird die neue Form verfestigt sowie der Stahl in seiner Zusammensetzung und Festigkeit auch gehärtet. Die

Widerstandsfähigkeit wächst, die Vulnerabilität sinkt. Aber Stahl erfüllt nur die Eigenschaft des Hartseins, wohingegen das menschliche/betriebliche Leben wesentlich vielfältiger und unvorhersagbarer ist, sodass stetige Anpassung und Neuordnung notwendig erscheint.

Diese Anpassung und Neuordnung entspricht unserem dritten Bild: dem Computerspiel Tetris. Bauklötze verschiedener Größe und Form, die in verschiedene Richtungen gedreht werden können, müssen so angeordnet werden, dass eine lückenlose Reihe entsteht. Diese lückenlose Reihe verschwindet dann und schafft Raum für neue Bauklötze. Schafft man allerdings zu viele Lücken – im übertragenen Sinn hieße das zum Beispiel: man häuft zu viele Schulden an – dann wird der Platz für die Bauklötze immer geringer. Erreicht man die Oberkante, so ist das Spiel aus: Game over. Diese Tetris-Anpassung spiegelt somit den permanenten Druck der Anpassung und Veränderung wider, dem Unternehmen angesichts der wahrzunehmenden Globalisierungstendenzen unweigerlich ausgesetzt sind. Flexibilität und Flexibilisierung sind hierbei die Schlagwörter.

Was heißt es aber, eine Krise *erfolgreich* zu bewältigen? Der Begriff der Bewältigung kann dabei mindestens drei Dimensionen aufzeigen. Zum einen kann man die sogenannte dysfunktionale Bewältigung anführen; hierbei wird die Krise durch eine unerwünschte bzw. schädliche Verhaltensweise, wie z. B. Alkoholismus oder im extremsten Fall sogar durch Selbstmord, „bewältigt" bzw. wird hier die Krise eher verdrängt oder ihr entflohen. Kurzum: Ist man selbst nicht mehr, so ist auch die Krise nicht mehr. Und in diesem Sinn wäre dann auch die Krise „bewältigt". Zum Zweiten gibt es die Bewältigung einer Krise, bei der exakt derselbe Zustand wie vor der Krise wiederhergestellt wird. Diese Art der Krisenbewältigung bzw. diese Art der Resilienz wird im Englischen auch „engineering resilience" genannt. Es wird aus der Krise im eigentlichen Sinne nichts gelernt bzw. gekräftigt oder gestärkt wie im Bild des Stahlhärtens, allerdings treten auch keine schädlichen Konsequenzen wie bei der dysfunktionalen Bewältigung auf. Ein Computer, der nach einem Fall vom Schreibtisch genauso wie vorher funktioniert, ist ein Beispiel für „engineering resilience". Ein Unternehmen, das nach einem Absatzeinbruch, sagen wir durch Auffinden neuer Kunden, denselben Umsatz erreicht wie vorher, wäre ein weiteres Beispiel.

Wird bei der Bewältigung jedoch nicht nur der Zustand vor der Krise erreicht, sondern hat man aus dieser etwas gelernt, geht man gestärkt aus ihr hervor, in anderen Worten: schafft man es vielleicht sogar, Profit aus ihr zu schlagen, z. B. indem man einen Konkurrenten ausstechen kann, der weniger gut mit der Krise umgehen kann bzw. der sich weniger gut an die neuen Rahmenbedingungen anpassen konnte, so spricht man im Englischen von „ecological resilience".

Unternehmensresilienz verstehen – eine Definition und drei Hinweise

Möchten man nun verstehen, was der Ausdruck „Unternehmensresilienz“ genau bedeuten soll, so erscheint es hilfreich, sich eine Definition anzusehen. Die *European Foundation for the Improvement of Living and Working Conditions* hat bereits im Jahr 2004, also lange vor der jetzigen Wirtschaftskrise, eine mehrtägige Konferenz zum Thema Business Resilience abgehalten. Am Ende der Tagung wurde folgende Definition für den Ausdruck „Unternehmensresilienz“ festgehalten:

- the ability of an organisation to rebound and learn from adversity;
- the ability to achieve the organisation's aspirations regardless of circumstances, with the aim of creating long-term sustainable assets, based on the diverse skills set defined by the people concerned and the competences involved in the process;
- a continuous process that operates and adapts to achieve best practice while maintaining competitiveness, to refine the offer (stakeholder value), and preserve values in the long term;
- the ability of an organisation to adhere to the best they know (excellence and quality), while committing to everything that improves the best they now know (permanent transformation and learning)[1]

Obwohl man die Definition an der ein oder anderen Stellen begrifflich und definitionstheoretisch noch etwas ausarbeiten müsste, so fängt sie doch einige Ideen von Resilienz bzw. von Unternehmensresilienz ein: darunter sind das Zurückspringen und Lernen von Unannehmlichkeiten (engineering und ecological resilience); Langlebigkeit und Nachhaltigkeit; sowie die kontinuierliche prozesshafte Anpassung an veränderte interne und externe Bedingungen. Die Definition selbst lehrt uns nicht so viel über Unternehmensresilienz, wohingegen man aus den meines Erachtens bei genannter Konferenz begangenen Fehlern zumindest zwei Aspekte lernen kann.

- Sieht man sich die Tagungsunterlagen an, so kann man feststellen, dass zwischen antizipatorischer Resilienz und Krisenmanagement-Resilienz unterschieden wurde. Antizipatorische Resilienz bezeichnet die Handlungen eines Unternehmens, um mögliche zukünftige Gefahren und Schwachpunkte in dem jeweiligen Betrieb zu erkennen und sich präventiv Gegenmaßnahmen wie z. B. Notfallpläne zurechtzulegen. Der Gedankengang ist: „Falls Unglück X passiert, haben wir Ge-

---

1 http://www.eurofound.europa.eu/emcc/content/source/eu04021a.htm?p1=reports&p2=null

genmaßnahme Y zur Hand." Krisenmanagement-Resilienz bezeichnet dagegen die Fähigkeit eines Unternehmens, eine Krise erfolgreich zu bewältigen, die es nicht vorhergesehen, also nicht antizipiert hat. Meines Erachtens ist es falsch, antizipatorische Resilienz als Resilienz zu bezeichnen. Der adäquate Ausdruck für die Aufstellung von Notfallplänen und den Aufbau von Sicherheitsmauern gegen antizipierte Gefahren ist meines Erachtens Resistenz – und nicht Resilienz. Diese These lässt sich durch folgende Zitate stützen:

> „Das Leben ist eine Gratwanderung zwischen allen Formen der Vulnerabilität – genetischer, entwicklungsbedingter, historischer und kultureller Art. Die Beherrschung dieser Vulnerabilitäten hat noch nichts mit Resilienz zu tun, denn definitionsgemäß müssen wir, um seelische Widerstandskraft gegenüber einem geschehenen Unglück zu beweisen, verwundet, verletzt, traumatisiert, zerbrochen, zerrissen worden sein, kurzum, erlitten haben, was das griechische Wort *titrôskô* (‚verwunden') zum Ausdruck bringt."[2]

> „Die Resilienzforschung betont jedoch stärker als die Salutogenese den Aspekt, dass Resilienz sich aus wiederholten Coping- und Bewältigungserfolgen *bildet*. Resilienz entsteht also u. U. genau nicht dort, wo salutogenetisch gesehen die besten Bedingungen bestehen, sondern im ‚Trotzdem'. In der Resilienzforschung wird gefragt, warum manche Personen **trotz** ausgeprägter Belastungen und Risiken gesund bleiben oder sich relativ leicht von Störungen **erholen**, während andere unter vergleichbaren Bedingungen besonders anfällig sind."[3]

Paradoxerweise ist es in der Resilienzforschung so, dass man zu einem gewissen Grad vulnerabel sein *muss*, um resilient sein zu können bzw. um seine Resilienz beweisen zu können. Resistenzstrategien, also Strategien, die versuchen die Vulnerabilität eines Unternehmens zu senken, könnten auf theoretischer Ebene sogar als resilienzmindernd angesehen werden. Dies soll nicht missverstanden werden: Resistenz ist für ein Unternehmen lebensnotwendig, Resilienz geht aber darüber hinaus und kann ein Unternehmen retten, wenn Resistenzstrategien nicht mehr greifen.

Dass Resistenzstrategien nicht mehr greifen, kann nur allzu leicht und schnell passieren, wenn man sich vor Augen hält, dass Resistenz auf der Annahme basiert, dass man Gefahren antizipieren und effektive Gegenmaßnahmen im Voraus ent-

---

[2] Cyrulnik, B. (2007): Mit Leib und Seele. Wie wir Krisen bewältigen. Hoffmann und Campe. S. 16.

[3] Rummel, Martina (2006): Leadership in der Krise: Resilienz aufbauen. www.dialog-btc.de/pdf/Leadership_in_der_Krise_-_Resilienz_aufbauen.pdf. S. 2.

wickeln kann. Dies zeigt z. B. auch die Vulnerabilitätskarte von Yossi Sheffi.[4] Und obwohl diese Karte viele Gefahren und mögliche Schwachstellen identifiziert, ist es dennoch so, dass sich interne und externe Veränderungen sowie alle möglichen Gefahren nicht antizipieren lassen. Märkte und Produkte können sich gerade in einem globalen Umfeld schnell unvorhergesehen ändern. Es gilt das Prinzip „Erstens kommt es anders und zweitens als man denkt". Darüber hinaus gilt: selbst wenn man alle Gefahren vorhersehen könnte und Gegenmaßnahmen bereitstellen könnte, so würde dies doch einen erheblichen Kostenfaktor darstellen. Die Frage für ein Unternehmen lautet also: Bis zu welchem Grad ist Resistenz finanzierbar? Bis zu welchem Grad ist Resilienz finanzierbar? Worin ist es sinnvoller zu investieren? Meine These bleibt bestehen: antizipatorische Resilienz ist nicht Resilienz, sondern Resistenz. In diesem Sinne könnte man auch hinzufügen, dass man zwar von Resistenzstrategien, nicht aber von Resilienzstrategien sprechen kann. Resistenzstrategien bezeichnen die geplanten Maßnahmen gegen vorhergesehene Gefahren, während planbare Strategieentwicklung nicht den Kern von Resilienz trifft.

• Der zweite Aspekt, der als Resultat der Konferenz der *European Foundation for the Improvement of Living and Working Conditions* etwas unglücklich ist, betrifft die Frage nach der Identifizierung von resilienten Unternehmen, also nach den Kriterien, die ein Unternehmen erfüllen muss, um als resilientes Unternehmen zu gelten. 2004 wurde vorgeschlagen, dass ein Unternehmen mindestens 200 Jahre unter demselben Namen tätig gewesen sein muss, um als resilient zu gelten. Es gilt also lediglich das Kriterium der Langlebigkeit. Langlebigkeit sagt allerdings noch nichts über die Art und Weise, über die Qualität des Überlebens aus. Gerade wenn man sich vor Augen hält, dass Resilienz – zumindest ecological resilience – auch etwas mit Lernen, Verbesserung und Kräftigung zu tun, so reicht Überleben als solches meines Erachtens nicht aus. Ein Beispiel unterstreicht meine These: als resilientes Unternehmen wurde bei der damaligen Konferenz die *Royal Bank of Scotland* angeführt, die, wie wir wissen, seit der Wirtschaftskrise 2008 keine großartige Figur gemacht hat. Natürlich könnte man nun einwenden, dass man im Nachhinein immer gescheiter ist, da die Konferenz ja schon 2004 war, die Finanzkrise erst 4 Jahre später kam. Allerdings hätte man auch schon 2004 erkennen können (die Frage nach dem „müssen" möchte ich an dieser Stelle nicht anbringen), dass sich die *Royal Bank of Scotland* auf Abwege begibt. Die vormalig regional operierende Bank wuchs in unglaublich kurzer Zeit zu einem Global Player heran, was man als Verlust der eigenen Identität und somit der eigenen Unternehmenskultur interpretieren kann. Zudem wurde der maßlose Führungsstil (Sir Fred Goodwin) nicht

[4] Sheffi, Y. (2007): The Resilient Enterprise. Overcoming Vulnerability for Competitive Advantage. The MIT Press. S. 25.

hinterfragt, sondern im Gegenteil belohnt. Verlust an Identität und schlechter Führungsstil würde man allgemein als resilienzschwächend ansehen. Die RBS gibt es immer noch, und sie operiert immer noch unter demselben Namen, erfüllt also das Resilienzkriterium der Langlebigkeit. Aber wollen wir diese Art des Überlebens tatsächlich resilient nennen, wenn eine Bank eine vom Finanzsektor selbst verschuldete Krise durch Milliarden von staatlicher Unterstützung, durch Entlassung von 9000 Mitarbeitern und durch Verkauf von 300 Niederlassungen „bewältigt"?

Ein weiterer wichtig zu diskutierender Punkt, um Unternehmensresilienz zu verstehen, ist das Verhältnis der Resilienz der einzelnen Mitarbeiter zur Resilienz des Unternehmens als solchem. Da sich ein Unternehmen aus den einzelnen Mitarbeitern zusammensetzt, wäre die logische Schlussfolgerung, dass Mitarbeiterresilienz und Unternehmensresilienz proportional zusammenhängen. Das heißt, je größer die Fähigkeit der erfolgreichen Krisenbewältigung der Mitarbeiter, desto größer die Resilienz des Unternehmens. Es kann ja nicht sein, dass ein Unternehmen resilient ist, seine Bestandteile aber nicht. Genauso wie es nicht sein kann, dass ein Organ gesund ist, die einzelnen Zellen dieses Organs aber alle krank sind. Auf der anderen Seite können wir folgendes Zitat lesen:

> "Values, positive or negative, are actually more important for organizational resilience than having resilient people on the payroll. If resilient employees are all interpreting reality in different ways, their decisions and actions may well conflict, calling into doubt the survival of their organization. And as the weakness of an organization becomes apparent, highly resilient individuals are more likely to jettison the organization then to imperil their own survival."[5]

Resiliente Mitarbeiter können ein Unternehmen, das sich in Gefahr befindet, also verlassen, um ihr eigenes Überleben zu sichern. Sollten wir daraus aber schließen, dass es für ein Unternehmen ratsam wäre, Personen mit möglichst geringer Resilienz einzustellen, um somit die Resilienz des Unternehmens nicht zu gefährden? Nein, sicherlich nicht. Wir müssen zum einen festhalten, dass Resilienz keine Ja/Nein-Kategorie ist. Es ist falsch zu sagen, entweder man besitzt Resilienz oder man besitzt sie nicht. Eher ist es sinnvoll von Stufen der Resilienz zu sprechen. Zum anderen können wir nicht von *den* Mitarbeitern als einer Gesamtheit sprechen. Mit Sicherheit gibt es Positionen im Unternehmen, in denen mehr Resilienz gefragt ist als in anderen, in denen diese Fähigkeit weniger oder gar nicht gebraucht wird.

---

[5] Coutu, D. L. (2003): How Resilience Works. In: Harvard Business Review on Building Personal and Organizational Resilience. Harvard Business School Press. S. 13–14.

Ganz anders könnte man fragen, ob Mitarbeiter, die sich nach einem neuen Job umsehen, wenn „ihr" Betrieb in Gefahr ist, tatsächlich resilient sind. Resilienz sollte Mitarbeiter nicht dazu bewegen, ihrem schwächelnden Arbeitgeber den Rücken zuzudrehen, sondern der schwierigen Situation widerstandsfähig gegenüberzutreten, diese also auszuhalten. Zudem, wie oben schon einmal erwähnt, verstehe ich Resilienz nicht nur als bloßes Überleben, sondern auch als Prozess des Lernens und des Wachstums. Natürlich mag es sein, dass sich Leute an neue Bedingungen anpassen müssen und sich einen neuen Job suchen müssen. Aber Resilienz heißt auch, aus Widrigkeiten zu lernen und an ihnen zu wachsen – und nicht, ihnen aus dem Weg gehen.

Zwei Beobachtungen zu individueller und organisationaler Resilienz

Vergleicht man die Literatur über Resilienz auf der individuellen Ebene mit der Literatur über Resilienz auf der betrieblichen Ebene, so lassen sich zwei interessante Effekte feststellen. In Bezug auf Individuen kann man immer wieder lesen, dass Optimismus ein Resilienzfaktor ist. Das heißt, Personen, die optimistisch bzw. optimistischer als andere sind, können Krisen leichter bzw. besser bewältigen als nicht so optimistische Personen. Dies ist durchaus einleuchtend: Ein Miesepeter befreit sich meist schlechter oder gar nicht aus einer misslichen Lage im Vergleich zu einer Person, die positiv gestimmt an ein Problem herangeht. In der Literatur über betriebliche Resilienz findet man aber gegenteilige Aussagen:

> "A common belief about resilience is that it stems from an optimistic nature. That's true but only as long as such optimism doesn't distort your sense of reality. In extremely adverse situations, rose-colored thinking can actually spell disaster. [...] But for bigger challenges, a cool, almost pessimistic, sense of reality is far more important."[6]

Ein häufig zitiertes Beispiel in diesem Zusammenhang ist die Investment Firma Morgan Stanley. Morgan Stanley hatte 2700 Mitarbeiter im Südturm des World Trade Centers. Dieser wurde am 11. September als Zweites getroffen. Sofort nach dem ersten Einschlag im Nordturm wurde mit der Evakuierung der Mitarbeiter begonnen. Dank eines militärisch eingeübten Notfall- und Evakuierungsplans konnten bis auf sieben Mitarbeiter alle gerettet werden. Morgan Stanley hat die Anschläge mit minimalem Verlust überstanden. Was hat das nun mit unserer Optimismus-Debatte zu tun? Hätte Morgan Stanley nach den Anschlägen von 1993

[6] Coutu, D. L. (2003), S. 7.

auf das World Trade Center mit Optimismus in die Zukunft geschaut – nach dem Motto „So etwas Schlimmes passiert nicht noch einmal" – so hätten sie sicher nicht Zeit und Geld in die Einübung dieser Notfallpläne investiert. Mit einem Schuss Pessimismus hat Morgan Stanley damals aber realisiert, dass „working in such a symbolic center of U.S. Commercial power made the company vulnerable to attention from terrorists and possible attack".[7]

Welche Schlussfolgerungen lassen sich nun aus diesem Beispiel und dem genannten Vergleich zwischen individueller Resilienz und organisationaler Resilienz ziehen?

- Zum einen wäre es wohl falsch zu sagen, dass für Individuen Optimismus ein Resilienzfaktor und Pessimismus schlecht für die Krisenbewältigung ist. So wie es auch falsch wäre, Pessimismus als Resilienz fördernd und Optimismus als fehl am Platz für Unternehmen darzustellen. Die „Wahrheit" liegt meines Erachtens in der Mitte zwischen Optimismus und Pessimismus, die sich in einem Sinn für Realität bzw. in einem Realismus finden ließe. Dies ist natürlich die am schwierigsten zu vollziehende Handlungsanweisung. Ich habe aber auch schon erwähnt, dass das Leben ein Fluss ist, in dem man eben schwimmen muss.
- In meinen anfangs angestellten Begriffserläuterungen habe ich erwähnt, dass die Antizipation möglicher Gefahren und Vulnerabilitäten Resistenz genannt wird und nicht Resilienz. Der Ausdruck „antizipatorische Resilienz" ist eine fälschliche Verwendung des Ausdrucks „Resilienz". Die erwähnten Evakuierungs- und Notfallpläne von Morgan Stanley stellen dabei Resistenz- und keine Resilienzmaßnahmen dar. Der Vergleich von individueller und organisationaler Resilienz hinkt somit, da es sich in zweiterem Fall zumindest in dem genannten Beispiel gar nicht um Resilienz handelt.

Die zweite Beobachtung, die man bei einem Vergleich von individueller und betrieblicher Resilienz machen kann, betrifft den Aspekt der Kreativität. Individuen, die kreativ, innovativ und lösungsorientiert denken – sich also auf eine zukünftige Lösung des Problems und nicht auf eine vergangene Entstehungsgeschichte des Problems konzentrieren – sind resilienter als andere. Schlagwörter in diesem Zusammenhang sind die Phrase „think outside of the box" und Claude Levi-Strauss' Konzept von Bricolage als „a kind of inventiveness, an ability to improvise a solution to a problem without proper or obvious tools or materials."[8] Auf der betrieblichen Ebene habe ich allerdings folgende Thesen und Beispiele gefunden. Der Amerikaner Karl E. Weick, einer der renommiertesten Organisationsforscher weltweit, schreibt:

[7] Coutu, D. L. (2003), S. 8.

[8] Coutu, D. L. (2003), S. 14.

> "There is good evidence that when people are put under pressure, they regress to their most habituated ways of responding. […] What we do not expect under life-threatening pressure is creativity."[9]

In anderen Worten:

> "[…] the rules and regulations that make some companies appear less creative may actually make them more resilient in times of real turbulence."[10]

Ein angeführtes Beispiel in der Literatur ist der Paketzusteller UPS. Improvisation spielt in der UPS-Unternehmenskultur eine große Rolle, um den Auftrag der Paketzustellung angesichts täglicher Gefahren und Unwägbarkeiten, wie z. B. einer Reifenpanne, einem Stau oder auch einem Hurrikan, erfüllen zu können. Improvisation bedeutet aber nicht grenzenlose, ungezügelte Kreativität. Im Gegenteil legt UPS größten Wert auf die Einhaltung gewisser Regeln, wie z. B. das Ablegen der Schlüssel an immer derselben Stelle, das Schließen der Autotüren auf immer dieselbe Art und Weise oder das Tragen der Uniform auf immer dieselbe Weise. Laut Mike Eskew, ehemaliger CEO bei UPS, sind diese ausgeprägten Routinevorgänge Voraussetzung dafür, dass sich die Zusteller auf die tatsächlichen Probleme konzentrieren können und für diese Lösungen suchen können.

Welche Schlussfolgerungen kann man nun aus diesen Thesen und Beispielen ziehen und als Handlungsanleitungen für Unternehmensresilienz nehmen?

Wie auch schon bei der ersten Beobachtung müssen wir uns auch hier die Frage stellen, ob es tatsächlich einen Unterschied zwischen individueller und betrieblicher Ebene gibt. Ist Kreativität für die Resilienz von Individuen gut und für die Resilienz von Betrieben schädlich? Die „Wahrheit" liegt wohl auch hier wiederum in einer gesunden Mischung zwischen Routine, die einen gewissen Halt auch in schwierigen Zeiten geben kann, und Kreativität, die neue, bisher nicht angedachte Lösungsmöglichkeiten eröffnen kann.

Die Suche nach Best-Practice-Beispielen für Unternehmensresilienz

Um Unternehmensresilienz zu verstehen, wäre neben einer Definition und einigen theoretischen Überlegungen ein Bespiel aus der Praxis mit Sicherheit sehr hilfreich. Hierfür ließen sich auch einige Beispiele aus der Literatur anführen, wie

---

9 Weick, Karl E. (1993): The Collapse of Sensemaking in Organizations: The Mann Gulch Disaster. In: Administrative Science Quarterly. Vol. 38, No. 4, (Dez.) 1993, S. 638–639.

10 Coutu, D. L. (2003), S. 17.

z. B. das Eingangsbeispiel in Yossi Sheffis Buch *The Resilient Enterprise*, in dem die unterschiedlichen Reaktionen der Mobiltelefon-Hersteller Nokia und Ericsson auf ein und dieselben Zuliefererprobleme verglichen werden. Die schon erwähnten Situationen um Morgan Stanley und UPS werden ebenso in der Literatur als Beispiele für resilientes Verhalten von Unternehmen angeführt. Die spanische Unternehmensgruppe Mondragon ließe auch einige interessante Einblicke und Erkenntnisse zu.

Anstatt diese Best-Practice-Beispiele zu diskutieren, möchte ich lieber einige kritische Aspekte anbringen. Sieht man sich diese Best-Practice-Beispiele an, so kann man folgendes Schema erkennen: Unternehmen X hat eine bestimmte Eigenschaft/Reaktion Y gezeigt, die in der Situation S hilfreich war, um die Krise K erfolgreich zu bewältigen.

Die Praxis bzw. der Umgang mit dieser Art an Beispielen ist der, dass man diese Beispiele fälschlicherweise versucht zu verallgemeinern. Die Reaktion Y hat in der entsprechenden Situation, beim entsprechenden Unternehmen, unter entsprechenden Rahmenbedingungen funktioniert. Allerdings sagt uns das nichts über die Verallgemeinerbarkeit dieser Erkenntnisse aus. Größe des Unternehmens, Entwicklungsstadium des Unternehmens, Branche, Lage, Marktverhältnisse u. v. m. müssten berücksichtigt werden. Die jeweilige Individualität wird oftmals vernachlässigt, der Umgang mit diesen Beispielen sowie die Schlussfolgerungen erscheinen mir teilweise irreführend.

Die Verallgemeinerbarkeit stellt auch deswegen ein Problem dar, da wir aus der Resilienzforschung zu Individuen bereits das Phänomen der Doppelseitigkeit von Resilienzfaktoren kennen. Das heißt, eine Eigenschaft oder Fähigkeit, die für eine Person hilfreich ist, um eine Krise zu bewältigen, kann für eine andere Person schädlich sein. Familienverbundenheit wirkt meist positiv als Rückhalt und Rückzugsort zur Krisenbewältigung, ähnlich einem Auffangnetz für Drahtseilakrobaten. Dies gilt allerdings nur unter der Voraussetzung, dass es sich um eine „gesunde" Familie handelt, in der also z. B. keine Gewalt herrscht, wenig gestritten wird, kein Alkoholismus vorkommt, keine finanziellen und/oder psychischen Belastungen durch Arbeitslosigkeit, Schulden, Scheidung oder Krankheit vorhanden sind. Kommen einige dieser Aspekte in einer Familie aber vor, so dient die Familienverbundenheit nicht mehr als Rückhalt und wirkt nicht mehr Resilienz fördernd, sondern kann sogar schädlich und Resilienz schwächend sein. Aus diesem Grund lassen sich Best-Practice-Beispiele auch nicht verallgemeinern, da ein und derselbe Faktor unter gewissen Umständen hilfreich sein kann, unter anderen Umständen aber schädlich.

Best-Practice-Beispiele werden häufig als sogenannte „Erfolgsgeschichten" erzählt. Allerdings haben sie dabei eher die Funktion der Animation und Motivation („Auch du kannst Google starten"), als tatsächlich Beispiele für Unternehmensresilienz zu sein. Resilienz ist aber nicht mit Unternehmenserfolg zu verwechseln, wenn sich auch Überschneidungspunkte ergeben mögen. Im Allgemeinen muss man sich fragen, was man denn eigentlich tut, wenn man Best Practices anführt und vermeintliche Einsichten verallgemeinert. Es drängt sich teilweise der Verdacht auf, dass man den „magic key“, das unternehmerische Allheilmittel (am besten präventiv) gegen alle möglichen Gefahren, Risiken und Krisen sucht. Dieses Allheilmittel gibt es aber zum einen nicht, da man das Leben mit seinen Unwägbarkeiten und Schwierigkeiten einfach nehmen muss (man muss im Fluss schwimmen). Zum anderen wäre dieses Allheilmittel als Gegenmittel und Absicherung nicht Resilienz, sondern Resistenz im Sinne eines Aufbaus an Sicherheitsmaßnahmen.

Ein Vergleich: Wenn wir in die Apotheke gehen, erwarten wir auch nicht *ein* Mittel gegen alle Krankheiten, sondern je nach Krankheit und je nach Patient wird das geeignete Mittel ausgesucht. Mein Ansatz, allgemeine Strukturen zu finden, welche die Resilienz eines Unternehmens stärken, geht also nicht über die „Methode“ der Best Practices, sondern über Ergebnisse, die man aus dem Konzept von komplexen adaptiven Systemen gewinnen kann.

Wirtschaft weiter denken – komplexe adaptive Systeme

Im Sinne des Mottos der Wirtschaftskammer Salzburg „Wirtschaft weiter denken“ wollen wir Wirtschaft tatsächlich weiter denken. Der Ausdruck „weiter“ kann in diesem Zusammenhang nicht nur in einer zeitlichen, in die Zukunft gerichteten Dimension verstanden werden, sondern auch in einer horizontalen Dimension. „Weiter“ kann bedeuten ausgebreiteter, raumgreifender. Es ist also der sprichwörtliche „Blick über den Tellerrand“, den wir wagen wollen. Bisher haben wir von Unternehmen gesprochen, die man auch als komplexe Systeme ansehen kann. Komplex sind diese, da sie aus mehreren *verschiedenen* Einzelteilen bestehen. Das können bei einem Global Player die einzelnen Unternehmensgruppen, Unternehmen, Abteilungen und Teams innerhalb des Unternehmens bis hin zu den einzelnen Mitarbeitern sein. Das Ganze ist aber nicht nur eine bloße Ansammlung von Einzelagenten, im Gegenteil sind diese miteinander verbunden, kooperieren, konkurrieren vielleicht auch, tauschen Informationen aus usw. Wegen dieser Verbundenheit kann man auch von einem System reden. In den Abschnitten über Resilienz haben wir mehrmals den Ausdruck Anpassung gehört, wie auch in meinem Eingangsbild des Computerspiels Tetris. Damit können Anpassungen ganz unterschiedlicher Art gemeint sein: Anpassungen an einen veränderten (globalen) Markt, an neue Bedürfnisse der Kunden, an neue Produkte, neue Zulieferer, an einen neuen Chef, neue Mitarbeiter – alles Formen der Anpassung bzw. der Adaption. Verbinden wir nun die beiden genannten Ausdrücke Adaption und komplexe Systeme, so kommen wir zu dem Terminus technicus der komplexen adaptiven Systeme. Der Begriff „komplexe adaptive Systeme“ wurde am interdisziplinären Santa Fe Institute von John Holland und dem Nobelpreisträger Murray Gell-Mann geprägt. Komplexe adaptive Systeme sind mehr als nur ein Multi-Agenten-System.

> „Ein komplexes adaptives System ist somit ein dynamisches Netzwerk mit vielen Akteuren – sie können Zellen, Spezies, Individuen, Firmen oder auch Nationen repräsentieren –, die parallel agieren, und ständig auf das reagieren, was die anderen Akteure machen. Die Kontrolle eines solchen komplexen adaptiven Systems erfolgt dezentral. Ein zusammenhängendes Verhalten im System als Resultat zahlreicher Einzelentscheidungen kann letztlich nur aus der Kooperation der Akteure kommen.“[11]

Komplexe adaptive Systeme (CAS) weisen einige Eigenschaften auf, die ihnen ihre Anpassungsfähigkeit ermöglichen und somit ihre Resilienz in Gefahrensituationen erhöhen. Zu diesen Eigenschaften gehört:

Emergenz: Die einzelnen Elemente eines Systems samt ihren individuellen Eigenschaften spielen zusammen und interagieren. Dabei ergeben sich neue Systemeigenschaften, die nicht – oder zumindest nicht offensichtlich – auf Eigenschaften der Einzelelemente zurückführbar sind, die diese für sich isoliert aufweisen. Die Emergenzidee wird z. B. auch häufig verwendet, um das menschliche Bewusstsein als emergentes Produkt der einzelnen Gehirnzellen zu erklären.

Selbst-Organisation: Mit der Emergenz hängt auch eine gewisse Art an Selbst-Organisation zusammen. Damit ist gemeint, dass es in einem komplexen adaptiven System keine starre Kommandohierarchie von oben nach unten gibt, in der ein Leader alle Entscheidungen trifft und „den Ton angibt“, wie es z. B. bei einem klassischen Orchester der Fall ist. Anstelle eines Planens und Managens tritt eine permanente Re-Organisation und Anpassung an die Umwelt.

Chaos: Ein sich selbst organisierendes System, das keinen Steuermann aufzeigt, der alle Fäden in der Hand hat, mag von außen gesehen auch immer etwas chaotisch aussehen. Folgt man aber dem CAS-Modell, so ist dieser kleine Anteil Chaos notwendig, um die erforderlichen Energien für eine Umweltanpassung

[11] Gregor, B. (2007): Lernperspektiven in Krisensituationen – Coaching für den Neuanfang: Forschung und Konzeptentwicklung am Beispiel von Insolvenz. Gottfried Wilhelm Leibniz Universität Hannover (Diss.). S. 36. http://deposit.d-nb.de/cgi-bin/dokserv?idn=986430579&dok_var=d1&dok_ext=pdf&filename=986430579.pdf

aufzubringen. Ein System, das sich in absolutem Gleichgewicht befindet, lässt interne Dynamiken vermissen, die für eine Adaption notwendig wären.

Einfache Regeln: Trotz eines kleinen Anteils Chaos herrschen in einem komplexen adaptiven System einfache Regeln. In anderen Worten: Auch wenn ein komplexes adaptives System komplex ist, so ist es doch nicht kompliziert. Ein Fischschwarm funktioniert z. B. nach den Regeln: Komme dem anderen nicht zu nahe, entferne dich nicht zu sehr von ihm; schwimm in die gleiche Richtung wie die anderen; weiche Gefahren aus.

Verbundenheit: Aus diesen einfachen Regeln resultiert auch die Art der Verbundenheit oder Konnektivität der einzelnen Agenten untereinander, die entscheidend ist für das Überleben eines Systems. Man könnte sagen, dass die Beziehungen der Agenten untereinander wichtiger sind als die Agenten selbst.

Vielfalt: Die Verbundenheit der Einzelagenten ist für ein System nicht unbedingt dann am besten, wenn sich alle Einzelagenten sehr stark ähneln, sondern wenn eine Vielfalt unter ihnen vorhanden ist. Ambiguität und Ambivalenz können in gefährlichen Situationen neue Potentiale und Möglichkeiten schaffen, die das Überleben sichern und eine Art Co-Evolution erzeugen.

Co-Evolution: Co-Evolution bedeutet, dass sich ein komplexes adaptives System ändert, wenn sich die Umweltbedingungen ändern. Es bedeutet aber auch, dass diese Systeme durch ihre eigene Veränderung eine Veränderung der Umwelt hervorbringen, da sie ja auch Teil dieser Umwelt sind. Als Folge dieser Veränderung der Umwelt (hervorgerufen durch die Veränderung des Systems, welche hervorgerufen wurde durch die Veränderung der Umwelt) ist wiederum eine Neuanpassung des Systems nötig, welche wieder die Umwelt verändert usw.

Sub-optimal: Ein komplexes adaptives System muss nicht „perfekt“ sein (was auch immer das heißen mag!), um in seiner Umwelt gut und erfolgreich leben und überleben zu können. Sobald der Zustand des Gut-Lebens einmal erreicht ist, wird vorhandene Energie nicht mehr zur Effizienzsteigerung (verstanden als das Verhältnis zwischen Größe der erbrachten Leistung und Größe des Aufwandes = Wirkungsgrad), sondern zugunsten höherer Effektivität (verstanden als das Verhältnis von erreichtem Ziel zu definiertem Ziel = Zielerreichungsgrad) verwendet.

Effektiv arbeiten meint somit, eine Aufgabe möglichst gut zu erfüllen, wohingegen effizient arbeiten meint, ein Ziel mit möglichst wenig Aufwand zu erreichen.

Möchte man dieses CAS-Modell zugrunde legen, so könnte man folgende weiter zur Diskussion stehende Handlungsanleitungen geben:

1) Schaffe Raum für Emergenzeffekte.
2) Schaffe Raum für Selbst-Organisation (Stichwort: Übernahme von Verantwortung).

3) Lass ein wenig Chaos zu.
4) Schaffe einfache Regeln.
5) Achte auch die Beziehungen der Einzelagenten untereinander.
6) Nutze Vielfalt (Stichwort: Diversity Management).
7) Schaffe Raum für Effektivität.
8) Stelle nicht alles unter den Aspekt der Effizienz.

Gerade die letzten beiden Aspekte widersprechen teilweise dem ökonomischen Prinzip der Effizienzsteigerung. Als Resultat bleibt daher, dass man manchmal bis zu einem gewissen Grad das Gegenteil dessen tun muss, was man eigentlich tun will, um sich die Möglichkeit der Ausführung des eigentlich Gewollten zu bewahren. Gerade unter Sportlern ist dieses Phänomen wohl bekannt. Ein rechtshändiger Tennisspieler kann oftmals sein Spiel mit dem rechten Arm verbessern, wenn er ab und zu mit dem linken Arm spielt. In philosophischen Worten ist es das oft zitierte Bild von Wittgenstein: Philosophie ist, der Fliege den Weg aus dem Fliegenglas zu zeigen. In diesem Sinne sollten wir Wirtschaft auch „weiter" denken und nicht allzu sehr beim klassischen wirtschaftlichen Denken stehen bleiben.

Walter J. Pfeil

„Arbeit muss sich lohnen" – Die neue Bedarfsorientierte Mindestsicherung: Hängematte oder Sprungbrett?

1. Einführung

Nach langem Hin und Her kommt sie jetzt (höchstwahrscheinlich) doch, die bundesweite Bedarfsorientierte Mindestsicherung (BMS). Am 7.7.2010 hat der Nationalrat und am 22.7.2010 auch der Bundesrat die dazu von den Vertretern des Bundes und der Länder geschlossene Vereinbarung gemäß Art 15a B-VG (Bundes-Verfassungsgesetz) genehmigt. Eine Veröffentlichung im Bundesgesetzblatt ist noch nicht erfolgt, weil es zum Inkrafttreten dieses Staatsvertrages zwischen Bund und Ländern nach seinem Art 22 auch noch der Ratifikation durch die Landtage in allen Bundesländern bedarf, die noch nicht vorliegt.[1] Der nach mehrmaligen Verschiebungen für eine bundesweite Geltung angepeilte Termin 1.9.2010 wäre aber ohnedies nicht zu halten gewesen, weil nur der Bund[2] sowie die Länder Niederösterreich, Salzburg und Wien[3] ihren Verpflichtungen aus der BMS-V nachgekommen sind.

Die BMS besteht nämlich nicht aus einem einzigen Gesetz und einer ganz neuen Regelung, sondern basiert auf einem **Zusammenspiel** von mehreren Bundes- und zumindest neun verschiedenen Landesregelungsbereichen und stellt insofern nur eine **Ergänzung bereits bestehender Systeme** dar. Aus der BMS-V selbst resultieren nur Pflichten für die Vertragsparteien, für Einzelpersonen können daraus dagegen weder Rechte noch Pflichten entstehen. Vor diesem Hintergrund

---

1 Vgl. daher die Regierungsvorlage 677 BlgNR 24. GP für eine „Vereinbarung zwischen dem Bund und den Ländern gemäß Art 15a B-VG für eine bedarfsorientierte Mindestsicherung" (in der Folge kurz: BMS-V).

2 BGBl I 2010/63 (Ausbau der mindestsichernden Elemente im Arbeitslosenversicherungsgesetz/AlVG und Erhöhung des „Richtsatzes" für Kinder von AusgleichszulagenempfängerInnen insb im Allgemeinen Sozialversicherungsgesetz/ASVG); BGBl II 2010/262 (Einbeziehung der MindestsicherungsempfängerInnen in die gesetzliche Krankenversicherung).

3 Vgl. das niederösterreichische (NÖLGBl 9205-0), das Salzburger (SbgMSG, SbgLGBl 2010/63) sowie das Wiener Mindestsicherungsgesetz (WMG, WrLGBl 2010/38).

mutet es sehr merkwürdig an, dass über einzelne Punkte dieser Materie auf Ebenen diskutiert wurde, die dafür eigentlich nicht zuständig sind. So wurde die Entscheidung, dass die regelmäßigen Leistungen der BMS nicht 14-mal, sondern nur 12-mal pro Jahr zur Auszahlung gelangen, zwischen den Koalitionsparteien der Bundesregierung ausgehandelt, obwohl es dabei nur um Leistungen geht, für welche die Länder zuständig sind. Auch die zuletzt losgetretene Debatte, ob BezieherInnen einer BMS nicht einer (verschärften) Arbeitspflicht unterworfen werden sollen, wird nicht als Problem der Zumutbarkeit einer Beschäftigung im Recht der Arbeitslosenversicherung gesehen und auch nicht in Bezug zu den schon lange bestehenden, durchwegs eher strengen Regelungen über den Einsatz der Arbeitskraft als Voraussetzung für einen Anspruch auf Sozialhilfe gebracht.

Auch wenn man diese Diskussionen aus ihrem Wahlkampfkontext[4] herauslöst bzw. sie um ihren teilweise vordergründig populistischen Gehalt reduziert, wird deutlich, welche Bedeutung (um nicht zu sagen: Sprengkraft) dem Verhältnis zwischen dieser Art von Sozialleistung und der Notwendigkeit des Einsatzes der Arbeitskraft zukommt. Der folgende Beitrag ist um eine sachliche Beleuchtung dieses Verhältnisses bemüht.[5] Dafür ist zunächst kurz die Ausgangssituation in Erinnerung zu rufen, bei der die BMS ansetzen soll.

2. Grundansatz der BMS

2.1 Ausgangssituation

Auf der einen Seite ist die Bedrohung durch **Armut und soziale Ausschließung** in den letzten Jahren, und zwar sogar noch in Zeiten kräftigen Wirtschaftswachstums, auch in Österreich **gestiegen**. Nach der auf EU-Ebene politisch festgelegten Definition ist von (monetärer) Armutsgefährdung auszugehen, wenn das äquivalisierte Einkommen[6] eines Haushalts weniger als 60 % von dem Einkommen be-

[4] Im Herbst 2010 fanden in der Steiermark und in Wien Landtagswahlen statt.

[5] Eine gewisse „Parteilichkeit" kann freilich nicht vermieden werden, ist doch der Autor nicht nur seit Jahrzehnten wissenschaftlich mit Fragen der sozialen Mindestsicherung befasst, sondern hat auch etliche einschlägige politische Vorhaben begleitet und durfte nicht unwesentlich an der Konzipierung der Bedarfsorientierten Mindestsicherung und der Formulierung des ursprünglichen Expertenentwurfes für die BMS-V (der dann mehrfach politisch „überarbeitet" wurde) mitwirken.

[6] Das Haushaltseinkommen wird hier nicht einfach durch die Zahl der Haushaltsangehörigen geteilt, vielmehr wird der erste Erwachsene mit dem Faktor 1,0, jeder weitere Erwachsene im Haushalt mit 0,5 und jedes Kind im Haushalt mit 0,3 bewertet.

trägt, das zumindest die Hälfte der Bevölkerung im jeweiligen Staat erreicht. Der daraus resultierende Armutsgefährdungs-Schwellenwert in Österreich ist zuletzt für das Jahr 2008 mit netto € 951 monatlich 12-mal jährlich (oder € 815 14-mal jährlich) für einen Einpersonenhaushalt errechnet worden, womit ca. eine Million Menschen bzw. 12 % der österreichischen Wohnbevölkerung äquivalisierte Einkommen unter diesen Schwellenwerten haben.[7]

Dem steht auf der anderen Seite eine **Sozialpolitik** gegenüber, die (nicht nur) in Österreich nicht (vorrangig) auf die Vermeidung bzw. Bekämpfung von Armut ausgerichtet ist. Der Schwerpunkt unseres Sozialsystems liegt vielmehr im Versicherungsmodell, das **erwerbs- und beitragszentriert** organisiert ist. Der soziale Schutz ist demnach vor allem daran geknüpft, dass bereits eine Erwerbstätigkeit ausgeübt wurde, und das Ausmaß dieses Schutzes ist vorrangig vom dabei erzielten Einkommen (und den davon entrichteten Versicherungsbeiträgen) abhängig. Wer – zumal über längere Zeit – schlecht verdient, muss daher zwangsläufig auch mit niedrigen Leistungen in der Pensions- oder Arbeitslosenversicherung rechnen. Ob damit eine Bedarfsdeckung gewährleistet werden kann, ist weitgehend unerheblich, Korrektive in diesem System finden sich nur ausnahmsweise.[8]

Der einzige Teilbereich im Sozialsystem, der explizit **bedarfsorientiert** gestaltet ist, ist die **Sozialhilfe**. Diese ist jedoch von ihren Strukturen und Rahmenbedingungen für die Erfassung allgemeiner Problemlagen **ungeeignet**: Die Sozialhilfe ist ursprünglich als Hilfe im Einzelfall konzipiert, die aber nur subsidiär, also nur insoweit zum Tragen kommt, als eine Bedarfsdeckung nicht auf andere Weise möglich ist. Dass angesichts dramatisch steigender Zahlen von SozialhilfebezieherInnen[9] das Individualitätsprinzip zunehmend vom Subsidiaritätsprinzip verdrängt wurde, ist daher nicht unverständlich. Dazu kommt, dass für Sozialhilfe nachträglich Ersatz zu leisten ist und auch die konkreten Zugangsbedingungen

---

[7] Zur letzten EU-SILC (European Union Statistics on Income and Living Conditions)-Auswertung s. http://www.statistik.at/web_de/statistiken/soziales/armut_und_soziale_eingliederung/index.html (abgerufen 8. 10. 2010); vgl. auch demnächst *Steiner*, Empirie zur Armut in Österreich, in *Pfeil*/*Wöss* (Hg.), Handbuch Bedarfsorientierte Mindestsicherung (im Erscheinen).

[8] Wie insb. die (steuerfinanzierte) Ausgleichszulage in der Pensionsversicherung, die einen Differenzbetrag darstellt, der vom Pensionsversicherungsträger zu zahlen ist, wenn die Pension zuzüglich anderer Einkünfte (einschließlich von Unterhaltsleistungen) einen bestimmten Richtsatz nicht erreicht, s. dazu auch unten Fn 12.

[9] So hat sich die Zahl der BezieherInnen von Sozialhilfe in Privathaushalten (also nicht in Heimen) bundesweit in den letzten 10 Jahren um 117 % erhöht, vgl. http://www.statistik.at/web_de/statistiken/soziales/sozialleistungen_auf_landesebene/sozialhilfe/index.html (abgerufen 8. 10. 2010).

meist abschreckend und stigmatisierend wirken.[10] Zudem erfolgt die Finanzierung zu einem nicht unbeträchtlichen Anteil durch die (zumal zunehmend weniger finanzkräftigen) Gemeinden, was großflächige und übergreifende Lösungen kaum möglich macht.

Schließlich fällt die Sozialhilfe in die Regelungs- und Vollziehungskompetenz der Länder, während die Sozialversicherungsregelungen auf Bundesebene erlassen und von eigenen Einrichtungen, namentlich den Sozialversicherungsträgern und dem ebenfalls aus dem staatlichen Bereich ausgegliederten Arbeitsmarktservice (AMS), vollzogen werden. Die verschiedenen Teilsysteme sind daher kaum aufeinander abgestimmt und neigen vielmehr zur Abschottung gegenüber dem jeweils anderen Bereich und zur Abschiebung von Risiken. Dass sich die aufgezeigten Probleme in der 2008 ausgebrochenen (und bei weitem noch nicht überwundenen) Krise in Wirtschaft und Arbeitsmarkt noch verschärft haben, braucht nicht extra betont werden.

2.2 Eckpunkte der BMS

Mit der BMS soll nun versucht werden, die bisher fehlende **Abstimmung** herzustellen und **bundesweite** Mindeststandards zu schaffen. Dies soll aber nicht bedingungslos erfolgen, sondern mit einer weitestmöglichen (Förderung der) **Eingliederung bzw. Wieder-Eingliederung ihrer BezieherInnen in das Erwerbsleben** verknüpft werden (so dezidiert Art 1 BMS-V), da darin – wohl nicht zu Unrecht – der nach wie vor effektivste Weg zur Bekämpfung und Vermeidung von Armut und sozialer Ausschließung gesehen wird. Dieses Ziel soll durch pauschalierte Geldleistungen zur Sicherung des Lebensunterhaltes und des Wohnbedarfes sowie durch die bei Krankheit erforderlichen Leistungen erreicht werden (Art 2 Abs 1 BMS-V).

Letztere werden durch **Einbeziehung in die gesetzliche Krankenversicherung** gewährleistet, die greifen soll, sobald Personen, die nicht krankenversichert sind, landesrechtliche Leistungen der BMS zum Lebensunterhalt oder zum Wohnbedarf beziehen. Das erfolgt technisch durch eine Erweiterung des Kreises der durch Verordnung nach § 9 ASVG in die Krankenversicherung einbezogenen Personen. Die Kosten für diesen Versicherungsschutz tragen an sich die Länder, aber nur in jenem Ausmaß, wie sie von und für BezieherInnen einer Ausgleichszulage in der Pensionsversicherung zu entrichten sind.[11] Soweit damit der Leis-

[10] Vgl. nur *Österreichische Armutskonferenz* (Hg.), Sozialhilfevollzug in Österreich (2008).

[11] Das sind nach § 73 ASVG derzeit monatlich rund € 83 für eine alleinstehende Person oder ca € 124 für ein Paar.

tungsaufwand der Krankenversicherungsträger nicht gedeckt ist, übernimmt der Bund die Differenz (vgl. Art 8 Abs 3 BMS-V und die nunmehrige Umsetzung in § 75a ASVG).

Weitere unmittelbare Beiträge des **Bundes** betreffen zum einen die Erhöhung des Zuschlages für Kinder von AusgleichszulagenbezieherInnen[12] von derzeit monatlich € 82,16 auf € 104,85 (vgl. Art 5 Abs 2 BMS-V und die Umsetzung in § 292 Abs 4 ASVG). Zum anderen erfolgt eine Stärkung mindestsichernder Elemente bei der Notstandshilfe in der Arbeitslosenversicherung. Diese besteht vor allem in der Erhöhung der Nettoersatzrate der Notstandshilfe (vgl. nun § 36 Abs 1 AlVG) sowie der Anhebung der Freigrenze, ab der erst eine Anrechnung von Partnereinkommen auf den Notstandshilfeanspruch erfolgt, nämlich auf jene Mindestbeträge, wie sie nun durch die BMS für die entsprechende Haushaltskonstellation gewährleistet sein müssen (vgl. § 36 Abs 3 lit B lit a AlVG).

Zwei ursprünglich diskutierte Änderungen im Zusammenhang mit Arbeitslosenversicherung und **AMS** sind dagegen **nicht** erfolgt. Zum einen fehlen im AlVG nach wie vor echte Mindeststandards, die eine einigermaßen bedarfsdeckende Höhe der dortigen Einkommensersatzleistungen gewährleisten.[13] Zum anderen ist die Einbindung des AMS in die Vollziehung der BMS wesentlich schwächer ausgefallen als ursprünglich mit dem Konzept eines „**One-Stop-Shop**" beabsichtigt war: Statt der Begründung einer umfassenden Zuständigkeit des AMS für alle arbeitsfähigen Personen, die dort auch ein/-e gegebenenfalls auf das BMS-Niveau aufgestockte/-s Arbeitslosengeld/Notstandshilfe erhalten,[14] ist nun lediglich die Entgegennahme von Anträgen auf BMS-Leistungen vorgesehen. Umgesetzt wurde allerdings – und dieser Punkt ist praktisch sicher wesentlich wertvoller – die ausdrückliche Einbeziehung der BMS-BezieherInnen in die Betreuungs- und Vermittlungsangebote des AMS. Dies soll durch Verwaltungsübereinkommen

[12] Die Richtsätze für diese sind – gleichsam als Vorleistung auf die BMS – in den letzten Jahren mehrfach überproportional erhöht worden und liegen derzeit bei € 783,99 für Alleinstehende und € 1175,45 für Paare (jeweils 14-mal jährlich). Trotzdem werden damit die Armutsgefährdungsschwellen nach EU-SILC nicht erreicht.

[13] So liegt die Nettoersatzrate beim Arbeitslosengeld weiterhin grundsätzlich bei 55 % des vorherigen Durchschnittserwerbseinkommens. Auch deren Erhöhung bei niedrigen Einkommen auf 60 % (wenn Angehörige zu versorgen sind, sogar auf bis zu 80 %, vgl. § 21 AlVG) ändert nichts daran, dass Personen mit niedrigem Erwerbseinkommen (insb. wegen mangelnder Qualifikation und/oder bloßer Teilzeitbeschäftigung) mit dem Arbeitslosengeld allein nie das Auslangen finden können.

[14] Das wollten weder die Länder, die weiterhin die Voraussetzungen für diese „Aufstockerleistungen" bestimmen wollten („wer zahlt, schafft an"), noch das AMS, bei dem man wohl auch froh war, nicht zusätzliche „schwierige Kunden" zu bekommen.

zwischen dem jeweiligen Land und dem AMS zusätzlich abgesichert werden (vgl. Art 17 BMS-V).

Der **Hauptanteil** der BMS-Leistungen ist jedoch von den **Ländern** zu gewährleisten. Diese verpflichten sich zu bundesweit **einheitlichen Mindeststandards**, die an die Stelle der bisherigen „Richtsätze" der Sozialhilfe treten. Diese nun auch ausdrücklich so bezeichneten Mindeststandards (Art 10 BMS-V) gehen vom Richtsatz für **alleinstehende** AusgleichszulagenbezieherInnen in der Pensionsversicherung (§ 293 Abs 1 lit a bb) ASVG) aus:

Nach Abzug des von PensionistInnen zu entrichtenden Krankenversicherungsbeitrags ergibt das einen **monatlichen** Mindeststandard von **€ 744,–**. Im Unterschied zur Ausgleichszulage (aber wie in der Arbeitslosenversicherung!) sind die BMS-Leistungen nur **12-mal** pro Jahr zu gewährleisten.[15] Die darüber – leider nicht immer sachlich – geführte Diskussion ist sicher noch in Erinnerung. Ebenso bekannt dürfte sein, dass in manchen Ländern an der bisher für länger auf Sozialhilfe angewiesene Personen vorgesehenen 14-maligen Auszahlung teilweise festgehalten werden soll.[16] Wenn einem Haushalt mehrere Personen angehören, sind die Mindeststandards als Prozentsatz des o. a. Ausgangswertes definiert (z. B. 2-mal 75 % für zwei gemeinsam lebende Erwachsene, 18 % für Kinder; vgl. Art 10 Abs 3 BMS-V). Das könnte im Einzelfall zu Verschlechterungen im Vergleich zur bisherigen Rechtslage führen, was durch das Verschlechterungsverbot in Art 2 Abs 4 BMS-V verhindert werden soll.[17]

Die nominell höheren Beträge der Mindeststandards im Vergleich zu den bisherigen Richtsätzen werden freilich dadurch relativiert, dass darin der „**angemessene Wohnbedarf**" (für Miete, allgemeine Betriebskosten und Abgaben, vgl. Art 3 Abs 2 BMS-V) enthalten ist. Nur wenn dieser Wohnbedarf 25 % des (wenn mehrere Personen gemeinsam im Haushalt leben: der Summe der) jeweiligen Mindeststandards übersteigt, sind **zusätzliche** Leistungen zu gewährleisten. Dies muss allerdings – ebenso wie sonstige Zusatzleistungen (vgl. Art 12 BMS-V, bisher meist „Hilfe in besonderen Lebenslagen" bezeichnet) – **nicht** in Form von **Rechtsansprüchen** erfolgen,[18] was von vielen Kritikern als Rückschritt im Vergleich zur Sozialhilfe angesehen wird.

---

[15] Damit wird – um es noch einmal zu verdeutlichen – für 2010 lediglich ein Einkommen gewährleistet, das niedriger ist als 80 % der bereits für 2008 errechneten Armutsgefährdungsschwelle.

[16] So etwa in § 10 Abs 2 SbgMSG für Minderjährige.

[17] Teilweise werden diese – im Vergleich zum vorherigen Leistungsniveau – niedrigeren Mindeststandards aber ohnedies überschritten, vgl. wieder das SbgMSG, das in seinem § 10 Abs 1 Z 3 den Mindeststandard für Minderjährige, für die ein Anspruch auf Familienbeihilfe besteht, mit 21 % des o. a. Ausgangswertes festlegt.

[18] So auch etwa die „ergänzende Wohnbedarfshilfe" nach § 11 SbgMSG.

Ebenfalls unverändert zur bisherigen Sozialhilfe ist der **subsidiäre** Charakter der BMS-Leistungen. Dieser Umstand wurde in der öffentlichen Diskussion viel zu wenig gewürdigt und trug so zur Diskreditierung als „soziale Hängematte“ bei. In Wahrheit sind **alle Einkünfte** der betreffenden Person sowie jener der mit ihr lebenden, ihr gegenüber unterhaltspflichtigen bzw. mit ihr in Lebensgemeinschaft stehenden Personen zu berücksichtigen. Auch Unterhaltsansprüche gegen andere Personen sind gebührend zu verfolgen. Von dieser Einkommensanrechnung bestehen nur wenige **Ausnahmen**, diese betreffen vor allem Leistungen, die nicht zur Deckung des Lebensbedarfes im eigentlichen Sinne bestimmt sind, namentlich Familienbeihilfen und Pflegegeld (Art 13 Abs 3 BMS-V bzw. § 6 Abs 2 SbgMSG).

BMS-Leistungen sind zudem vom Einsatz des **verwertbaren Vermögens** abhängig. Der Unterschied zur Rechtslage in der Sozialhilfe besteht hier vor allem darin, dass deutlichere (und meist auch großzügigere) **Ausnahmen** vorgesehen sind. Diese umfassen insb. **Kraftfahrzeuge**, die berufsbedingt oder wegen einer **Behinderung** oder unzureichender Infrastruktur im Wohnumfeld erforderlich sind, sowie Ersparnisse von zumindest dem Fünffachen des Mindeststandards für Alleinstehende; ein „Zugriff“ auf dem unmittelbaren Wohnbedarf dienende Immobilien ist ausgeschlossen, eine grundbücherliche Sicherstellung von Ersatzforderungen erst zulässig, wenn Leistungen für länger als sechs Monate bezogen werden (vgl. Art 13 Abs 4 und 5 BMS-V, aber nun auch etwa § 7 SbgMSG).

Der subsidiäre Charakter der BMS zeigt sich auch darin, dass für diese Leistungen wie bisher in der Sozialhilfe bis zu drei Jahre danach **Ersatz** gefordert werden kann. Eine solcher Ersatz ist aber nun dezidiert **ausgeschlossen**, und hier liegt einer der großen Fortschritte des neuen Systems, wenn bisherige LeistungsbezieherInnen später wieder ein **Erwerbseinkommen** erzielen (vgl. Art 15 Abs 1 BMS-V sowie etwa § 30 SbgMSG). Damit wird ebenso ein **Arbeitsanreiz** geschaffen wie durch die bei Wiederaufnahme einer Erwerbstätigkeit zumindest für 18 Monate einzuräumenden Freibeträge von bis zu 15 % des monatlichen Nettoeinkommens. Obwohl ein solches also wieder erzielt wird, kann die BMS somit vorübergehend und teilweise weiterbezogen werden, wodurch ein nachhaltiger Wiedereinstieg in die „Normalität“ unterstützt werden soll (Art 14 Abs 5 BMS-V sowie etwa § 6 Abs 4 SbgMSG).

Bundesweit verbindliche Ausnahmen von der Ersatzpflicht finden sich nun auch im Hinblick auf andere Angehörige, soweit es sich nicht um EhegattInnen oder um Eltern minderjähriger Kinder handelt, sowie für Personen, denen ein/-e LeistungsempfängerIn ein Vermögen übertragen hat (vgl. Art 15 BMS-V sowie nun etwa § 31 SbgMSG).

3. BMS und Einsatz der Arbeitskraft

Ein zentraler Aspekt der Subsidiarität der BMS ist (wie schon bisher in der Sozialhilfe), dass die Leistungen von der Bereitschaft zum Einsatz der eigenen Arbeitskraft abhängig gemacht werden, soweit die betreffende Person **arbeitsfähig** ist (vgl. Art 14 Abs 1 BMS-V). Dieser Einsatz darf insb. dann nicht verlangt werden, wenn das Regelpensionsalter (65/60) erreicht wurde, Kinder bzw. pflegebedürftige Angehörige (mit zumindest der Pflegegeldstufe 3) überwiegend betreut werden bzw. eine bereits begonnene Erwerbs- oder Schulausbildung abgeschlossen werden soll (vgl. Art 14 Abs 3 BMS-V bzw. § 8 Abs 4 SbgMSG).

Darüber hinaus ist auf die persönliche und familiäre Situation der betreffenden Person Rücksicht zu nehmen. Im Übrigen sind bei der Prüfung ihrer Arbeitswilligkeit die **Zumutbarkeitskriterien** wie im AlVG zu Grunde zu legen (vgl. Art 14 Abs 2 BMS-V sowie etwa § 8 Abs 2 SbgMSG). Wer sich trotz schriftlicher Ermahnung nicht arbeitswillig zeigt, verliert bis zu 50 % der BMS-Ansprüche, wobei der Wohnbedarf und der Unterhalt der Angehörigen nicht beeinträchtigt werden dürfen (vgl. Art 14 Abs 4 BMS-V bzw. § 9 Abs 5 SbgMSG). Bei besonders schweren Verstößen sind freilich sogar weitergehende Kürzungen oder ein völliger Entfall der Leistungen möglich. Das gilt auch für Personen, die Leistungsansprüche nach dem AlVG haben, diese aber bei Weigerung der Annahme oder Vereitelung einer zumutbaren Beschäftigung verlieren (vgl. § 10 AlVG).

Von einer „Hängematte" kann also insoweit keine Rede sein. Durch die Anbindung an das AMS (auch im Rahmen der nun gefundenen „kleinen Lösung") ist zudem eine wesentlich bessere Kontroll- und Steuerungsmöglichkeit gegeben als bisher, wo die Sozialämter weder effektive Vermittlungs- noch nachhaltige Kontrollmöglichkeiten für Arbeitslose zur Verfügung hatten.

Trotzdem wurde im Zuge des Wiener Landtagswahlkampfes 2010 gefordert, hier gegenzusteuern, indem schon länger Arbeitslose (die Rede war nicht nur von Personen, die BMS beziehen, sondern generell von solchen, die bereits sechs Monate arbeitslos sind, selbst wenn sie für ihre Leistungen zusammen mit ihren Arbeitgebern Versicherungsbeiträge bezahlt haben!) zu einer Art „gemeinnütziger Arbeit" verpflichtet werden sollen. Das ist offenkundig in Negierung oder (was aber kaum vorstellbar erscheint) Unkenntnis der eben skizzierten Regelungen erfolgt. Damit würde jedoch die schon (oben 2.1) erwähnte Grundintention der BMS, ihre BezieherInnen weitestmöglich (wieder) in das Erwerbsleben einzugliedern, völlig **konterkariert**: Bei den für eine solche „Arbeitspflicht" offenbar ins Auge gefassten Tätigkeiten (genannt wurden Hilfstätigkeiten bei NGOs, aber auch Rasenmähen, Straßenkehren oder als Ersatz für Schülerlotsen), kann es sich schwerlich um reguläre Arbeitsverhältnisse handeln, die eine sozialversicherungsrechtliche Absicherung und einen nachhaltigen Wiedereinstieg erst ermöglichen.[19] Statt ernsthafter (Re-)Integration scheint es hier also eher um Bestrafung oder pauschale Verunglimpfung Arbeitsloser gegangen zu sein, wie auch Formulierungen wie „Keule gegen sozialen Missbrauch“ nahelegen.

Maßnahmen zur **Förderung** eines geregelten Wiedereinstieges machen dagegen sehr wohl Sinn und sind in der BMS-V auch grundgelegt (vgl. noch einmal deren Art 17) sowie in den Umsetzungsgesetzen teilweise auch vorgesehen, aber dann eben als reguläre sozialversicherungspflichtige Beschäftigungsverhältnisse (vgl. etwa die „Hilfe zur Arbeit“ nach § 16 SbgMSG). Und wenn solche Möglichkeiten trotz Zumutbarkeit grundlos ausgeschlagen oder vereitelt werden, ist es durchaus zu rechtfertigen, wenn die o. a. Sanktionen bei fehlender Arbeitswilligkeit zum Einsatz kommen!

4. BMS als „Hängematte“?

Der „Hängematten“-Vorwurf betrifft aber noch einen anderen Punkt. Immer wieder wurde und wird betont, dass die Höhe der BMS viele dazu verleiten könnte, ihre Erwerbsarbeit aufzugeben oder eine bisherige Voll- auf eine Teilzeitbeschäftigung zu reduzieren, weil der dadurch entstehende Einkommensausfall ohnedies weitgehend durch die BMS kompensiert werden könnte.

Dabei werden jedoch mehrere Aspekte übersehen. Zum einen besteht der Wert einer eigenen Erwerbsarbeit für die allermeisten Menschen nicht allein in der Erzielung von Einkommen, sondern auch in sozialen Kontakten, gesellschaftlicher Anerkennung, Selbstverwirklichung usw. Zum anderen ist nicht ersichtlich, wie sich jemand, noch dazu, wenn er/sie bisher gearbeitet hat, im Kontext der BMS der Verpflichtung entziehen kann, seine/ihre Arbeitskraft auch weiterhin in zumutbarem Ausmaß einzusetzen. Spätestens mit den o. a. Sanktionen fällt die vermeintliche Option weg, auch ohne Arbeit ein zum Überleben hinreichendes Einkommen zu erzielen.

Ökonomisch sinnvoll wäre ein solcher „Wechsel“ in die BMS somit nur für Arbeitnehmer, die sehr wenig verdienen und/oder wegen ihrer besonderen Familiensituation (viele Kinder, erwerbsunfähiger Partner) mit vergleichsweise höheren BMS-Leistungen rechnen dürften. Das sind aber gerade jene Personen, die jetzt schon trotz Erwerbstätigkeit kein Einkommen über der Armutsgefährdungsschwel-

[19] Abgesehen davon würden die regulären Beschäftigungsverhältnisse, in deren Rahmen diese Tätigkeiten bisher erledigt werden, durch eine derartigen „Arbeitsdienst“ verdrängt werden und u. U. zusätzliche Arbeitslosigkeit bzw. ein weiterer Bedarf nach BMS-Leistungen ausgelöst.

le erzielen, wobei die Zahl dieser „working poor" im Steigen begriffen ist.[20] Gerade bei diesen über niedrigere BMS-Mindeststandards nachzudenken, ist fast zynisch.

Und wenn insb. in diesen Fällen der **Abstand zu manchen Niedriglohngruppen gering** ist, liegt das nicht nur an der Höhe der BMS. Im Bereich der gewerblichen Wirtschaft überschreiten mittlerweile die meisten kollektivvertraglichen Mindestlöhne für Vollzeitbeschäftigung (zum Teil sogar deutlich) die Marke von € 1000,–, wenngleich es immer noch Ausnahmen gibt, z. B. im Bäcker- oder Fleischergewerbe. Besonders drastisch ist jedoch die Situation für die bei Freiberuflern Beschäftigten, wo teilweise die Mindestlöhne unter € 900,– brutto pro Monat liegen (z. B. bei Angestellten in Notariatskanzleien oder Ordinationshilfen bei Zahnärzten) oder wo es überhaupt keine Kollektivverträge gibt (wie in manchen Bundesländern bei Angestellten in Rechtsanwaltskanzleien). Wenn man schon den Vorwurf des „sozialen Missbrauchs" o. Ä. in den Mund nimmt, dann scheint er doch bei solchen Arbeitgebern, die sich auch nicht einem globalisierten Wettbewerb stellen müssen, viel eher angebracht.

Die Frage, wie niedrig ein sozialer Mindeststandard sein muss, damit sich „Arbeit noch lohnt", und wie niedrig er noch sein darf, um diese Bezeichnung zu verdienen, muss letztlich **ethisch und politisch** beantwortet werden. Harte, empirisch abgesicherte Fakten, dass der nun in Österreich gewählte Ansatz zu hoch gegriffen sei, sind dennoch nicht ersichtlich. Es gibt im Gegenteil zahlreiche Punkte, die der diesbezüglichen Kritik entgegengehalten werden können. Davon sollen hier nur einige stichwortartig aufgegriffen werden:

- Zunächst sei noch einmal daran erinnert, dass die BMS-Mindeststandards zum Teil sogar deutlich unter den zwar zunächst für statistische Zwecke ermittelten, aber doch EU-weit politisch akkordiert festgelegten Armutsgefährdungsschwellen liegt.
- Selbst wenn man dieses nicht allzu hohe Sozialleistungsniveau absenken wollte, würden dadurch keine Arbeitsplätze geschaffen, sondern vielleicht sogar schon längst erforderliche Strukturbereinigungen in der Wirtschaft und auf dem Arbeitsmarkt verhindert.
- Auch wenn Missbrauch bei der Inanspruchnahme von Sozialleistungen nicht ausgeschlossen werden kann (ebenso wenig wie das im Hinblick auf notorische Raser im Straßenverkehr, Steuerhinterziehungen o. Ä. möglich ist), es gibt keine seriösen Untersuchungen, die hier Missbrauchsquoten annehmen lassen, welche über ein paar Prozent hinausgehen würden.
- Vielmehr ist anzunehmen, dass die „non-take-up"-Rate wesentlich höher ist: Etliche Untersuchungen gehen sogar davon aus, dass nur knapp die Hälfte der

[20] Vgl. noch einmal Fn 7.

eigentlich Anspruchsberechtigten Sozialleistungen wie solche der BMS in Anspruch nehmen.[21]

- Und zuletzt sei noch ein volkswirtschaftliches Argument ins Treffen geführt: Bereits eine simple Kosten-Nutzen-Rechnung spricht gegen allzu niedrige Mindeststandards, fließen diese Leistungen doch durchwegs direkt in den Konsum, während umgekehrt Armut nachgewiesenermaßen krank macht und häufig hohe Folgekosten verursacht.

5. Vorläufige Einschätzung

Zusammenfassend wird die bundesweite BMS somit nicht den „sozialpolitischen Meilenstein" bringen, den sich manche – zumal nach dem ambitionierten Start dieses Vorhabens vor einigen Jahren – erhofft hatten. Sie ist aber auch nicht der Rückschritt, den andere kritisieren, und noch viel weniger die „soziale Hängematte", als die sie von einigen diffamiert wird. Sie bewirkt nicht mehr und nicht weniger als nachhaltige **Verbesserungen auf zumindest drei Ebenen**:

Zunächst bringt sie eine **Vereinheitlichung** der bisher zwischen den einzelnen Ländern in völlig untragbarer Weise auseinanderklaffenden Regelungen der Sozialhilfe zumindest im Hinblick auf die **Mindeststandards**. Der zweite und vermutlich am raschesten wirkende Schritt ist die Einbeziehung bisher nicht geschützter Personen in die **gesetzliche Krankenversicherung**, sobald sie eine BMS-Leistung in Anspruch nehmen. Das entlastet nicht nur die Sozialhilfeträger von unsinnigem Aufwand im Rahmen der „Krankenhilfe", sondern gibt Menschen „Normalität" zurück, wenn sie nicht mehr einen Sozialhilfe-Krankenschein, sondern einfach eine e-card vorweisen können. Und schließlich bringt die BMS (einen Einstieg in) eine deutlich **engere Verschränkung der verschiedenen Systeme**, die mindestsichernde Elemente beinhalten und/oder sozialen Notlagen entgegenwirken sollen, aber zwischen verschiedenen Zielgruppen differenzieren und daher auch in Bundes- und Landeskompetenzen aufgesplittert sind.

Diese Verschränkung berechtigt auch zur Hoffnung, dass die (Wieder-)Eingliederung in das Erwerbsleben häufiger und nachhaltiger gelingen wird als bisher. **Erwerbsarbeit muss aber dann auch grundsätzlich zu angemessenen, herkömmliche Bedarfe sichernden Einkommen führen.** Den Satz „Arbeit muss sich lohnen" auch und gerade in diesem Sinn zu verstehen, muss ein vorrangiges Anliegen sein, wenn man über „Marktwirtschaft für Menschen" nachdenkt.

---

[21] Vgl. nur *Fuchs*, Nicht-Inanspruchnahme von Sozialleistungen am Beispiel der Sozialhilfe, in *Dimmel/Heitzmann/Schenk* (Hg.), Handbuch Armut in Österreich (2009) 290 ff.

Autorinnen und Autoren

Abt Dr. Johannes ECKERT OSB, Abt der Benediktinerabtei St. Bonifaz in München und Andechs. Seine Dissertation verfasste er in Zusammenarbeit mit der BMW AG zum Thema „Dienen statt Herrschen. Unternehmenskultur und Ordensspiritualität". Er ist als Exerzitienleiter von Managern und als Berater im Bereich Ethikmanagement bei vielen Unternehmen tätig.

Priv.-Doz. Dr. Andreas EXENBERGER, Volkswirt und Politologe, arbeitet als Wirtschafts- und Sozialhistoriker an der Universität Innsbruck (Habilitation 2009). Ko-Autor und Herausgeber zahlreicher Aufsätze und Bücher, darunter: „Außenseiter im Weltsystem" (2002), „Der weite Horizont" (2006, gemeinsam mit Carmen Cian), „Von Menschenhandel und Menschenpreisen" (2007, gemeinsam mit Josef Nussbaumer) und „Unser kleines Dorf" (2010, gemeinsam mit Josef Nussbaumer und Stefan Neuner). Seine Forschungsschwerpunkte sind Globalisierungs-, Armuts- und Gewaltforschung.

Dkfm. Bernd GAUBINGER, Leiter der Abteilung für Wirtschaftspolitik und Statistik der Wirtschaftskammer Salzburg (bis 2009), Lehrbeauftragter der Universität Salzburg (1985–1995, 2006), wissenschaftlicher Mitarbeiter des Zentrums für Zukunftsstudien der Fachhochschule Salzburg (seit Anfang 2010). Arbeitsschwerpunkte: regionale Struktur- und Konjunkturpolitik, wirtschafts- und gesellschaftspolitische Grundsatzthemen, Arbeiten über wirtschaftliche Aspekte des Kunst- und Kulturbereichs (u. a. ökonomische Effekte der Salzburger Festspiele).

Mag. Reinhard HOFBAUER, geb. 1968, Politikwissenschaftler, 1999–2007 Referent für sozial- und wirtschaftspolitische Fragen in der AK Salzburg, seit 2008 wissenschaftlicher Mitarbeiter am Zentrum für Zukunftsstudien der FH Salzburg.

Prof. DDr. Manfred HOLZTRATTNER, geb. 1941 in Salzburg, studierte nach dem Abitur an der Handelsakademie Rechts- und Staatswissenschaften und war vierzig Jahre im Bankgeschäft tätig, davon sechzehn Jahre als Generaldirektor des Raiffeisenverbandes Salzburg, der Landeszentrale der Raiffeisengenossenschaften und größten Bank des Landes Salzburg. Autor der Bücher „Macht ohne Moral" (2007) und „Eliten oder Nieten?" (2009, gemeinsam mit Clemens Sedmak).

Prof. Dr. Helmut KRAMER, ehem. Leiter des Österreichischen Instituts für Wirtschaftsforschung, Rektor der Donau-Universität Krems, Vizepräsident der Donau-Rektoren-Konferenz. Er ist u. a. Lehrbeauftragter für Finanzwissenschaft und für europäische Wirtschaftspolitik an der Wirtschaftsuniversität Wien, an der Universität Wien und an der Universität Innsbruck. Seit 1991 Honorarprofessur der Universität Wien für Wirtschaftspolitik.

Mag. David LANG, Research Fellow am Internationalen Forschungszentrum Salzburg ifz (Forschungsschwerpunkte: Resilienz, Unternehmensresilienz) und Dissertant am Fachbereich Philosophie der Universität Salzburg (Forschungsschwerpunkt: philosophische Anthropologie, Lachen). Er arbeitet ehrenamtlich für das internationale Kinderhilfswerk „Unsere kleinen Brüder und Schwestern" und leitet seit September 2010 das pfarrcaritative Projekt „ArMut teilen" in Salzburg-Mülln.

Bettina LORENTSCHITSCH MSc, MBA, Unternehmerin und Consultant, Bundessprecherin CSR-Consultants Experts-Group, Landesvorsitzende Frau in der Wirtschaft, Mitglied des Vorstandes von respACT, Mitglied im Beirat „Forum nachhaltiges Österreich". Lehrend, forschend und publizierend im Bereich CSR, Wirtschaftsethik und Nachhaltigkeit.

Univ.-Prof. Dr. Walter J. PFEIL, Universitätsprofessor für Arbeitsrecht und Sozialrecht im Fachbereich Arbeits-, Wirtschafts- und Europarecht der Universität Salzburg; aktuelle Arbeitsschwerpunkte: Arbeitsrecht in der Krise, Arbeitslosenversicherung, Mindestsicherung; Beratungstätigkeit u. a. für Ministerien, Landesregierungen, Sozialversicherungsträger und die EU-Kommission.

Dr. Markus SCHLAGNITWEIT, Mitarbeiter der Katholischen Sozialakademie Österreichs (ksoe) und Hochschulseelsorger in Linz, zahlreiche Publikationen zu Ethik-Investment, Vorstandsvorsitzender von Corporate Responsibility Interface Center (CRIC).

Univ.-Prof DDDr. Clemens SEDMAK, geb. 1971, Studium der Theologie, Philosophie und Sozialtheorie, Forschungsarbeiten in Chicago und Rom. Seit 2005 Inhaber des F. D. Maurice-Lehrstuhls für Sozialethik am King's College der Universität London, Gastprofessor für Sozialethik an der Universität Salzburg (Franz Martin Schmölz OP Lehrstuhl), Leiter des Zentrums für Ethik und Armutsforschung der Universität Salzburg, Präsident der Salzburg Ethik Initiative und des Internationalen Forschungszentrums für ethische und soziale Fragen in Salzburg (ifz).

Georg Adam STARHEMBERG (Fürst Starhemberg'sche Familienstiftung), ist u. a. Obmann des Vereines Schloss Hartheim, Ehrenpräsident von LASK-Linz, Vorsitzender von FHP, Obmann von proHolz OÖ und Stiftungsrat der gemeinnützigen Siemens-Stiftung für soziales und gesellschaftliches Engagement.

Univ.-Prof. Dr. Bernhard UNGERICHT, Institut für Internationales Management, Universität Graz, Themenschwerpunkte: Verantwortungsmanagement und Führungsethik, organisationales Lernen, strategisches Management.

Thomas WALKER, CMC, seit mehr als 10 Jahren national und international zu den Themen Werte, Ethik, Verantwortung und Nachhaltigkeit forschend, publizierend, lehrend, beratend und vortragend tätig. Er leitet das „Institute for sustainable solutions", ist berufener Fachexperte im ÖNORMEN-Ausschuss, Qualitäts- und Ausbildungsverantwortlicher der CSR-Expertsgroup des FV UBIT der Wirtschaftskammer Österreich und nominierter Nachhaltigkeitsexperte in der UNO.

Mag. MAS Stefan WALLY, geb. 1970, Politikwissenschaftler, seit 1995 Lektor für Politikwissenschaften u. a. an der Universität Salzburg, seit 2009 wissenschaftlicher Mitarbeiter der Robert-Jungk-Stiftung.

Mag. Martina WIESNER, Klinische Psychologin und Gesundheitspsychologin, Psychotherapeutin für integrative Gestalttherapie (Beratung, Therapie & Coaching) in freier Praxis, Salzburg.

Peter Voithofer; Andrea Dorr; Kerstin Hölzl
Salzburgs Wirtschaft trägt Verantwortung
Engagement der KMU für Gesellschaft, Mitarbeiter und Umwelt. Ergebnisse einer empirischen Befragung

Abseits von „Corporate Social Responsibility“ (CSR) und „Corporate Citizenship“ (CC) zeigt sich eine reichhaltige Kultur an Formen des Engagements von Klein- und Mittelbetrieben. Beeindruckend dabei ist nicht nur die Dichte des „verantwortungsvollen“ Agierens vieler Unternehmen, sondern auch das dahinterstehende Selbstverständnis eines ethisch fundierten Verhaltens, das sich zunehmend auch auf die Rolle des Unternehmens in der Zivilgesellschaft als „guter Bürger“ erstreckt.
Die vorliegende Studie, durchgeführt von der Forschungsgesellschaft KMU Forschung Austria (Wien), beleuchtet dieses weite Feld des Engagements erstmals umfassend für die gesamte Wirtschaft eines Bundeslandes.
Grundlage war eine repräsentative Umfrage unter rd. 800 Salzburger Klein- und Mittelbetrieben aus allen Sparten der Salzburger Wirtschaft.
Bd. 4, 2009, 112 S., 19,90 €, br., ISBN 978-3-643-50104-2

LIT Verlag Berlin – Münster – Wien – Zürich – London
Auslieferung Deutschland / Österreich / Schweiz: siehe Impressumsseite

Richard Schmidjell
Salzburger Raumordnungsgesetz 2009
Gesetzestext / Kommentar / Informationen
Raumordnung, Regionalplanung und Steuerung der regionalen Entwicklung sind in Österreich die wichtigsten Kompetenzen, die die Verfassung den Bundesländern zuordnet. Sie sichern und entwickeln die Grundlagen für Wirtschafts- und Arbeitsmarkt, für Wohnen und Erholen, aber auch für ein soziales Netzwerk in den Städten und Gemeinden und deren Zentren und tragen damit wesentlich zur regionalen Identität bei.
Rechtliche Grundlage für die Ordnung, aber auch für Planung und Umsetzung ist das Raumordnungsgesetz, das nach längeren Diskussionen und unter maßgeblicher Beteiligung der Sozialpartner am 17. 12. 2008 neu beschlossen wurde und als ROG 2009 am 1. 4. 2009 in Kraft trat.
Bd. 3, 2009, 320 S., 19,90 €, br., ISBN 978-3-643-50090-8

LIT Verlag Berlin – Münster – Wien – Zürich – London
Auslieferung Deutschland / Österreich / Schweiz: siehe Impressumsseite

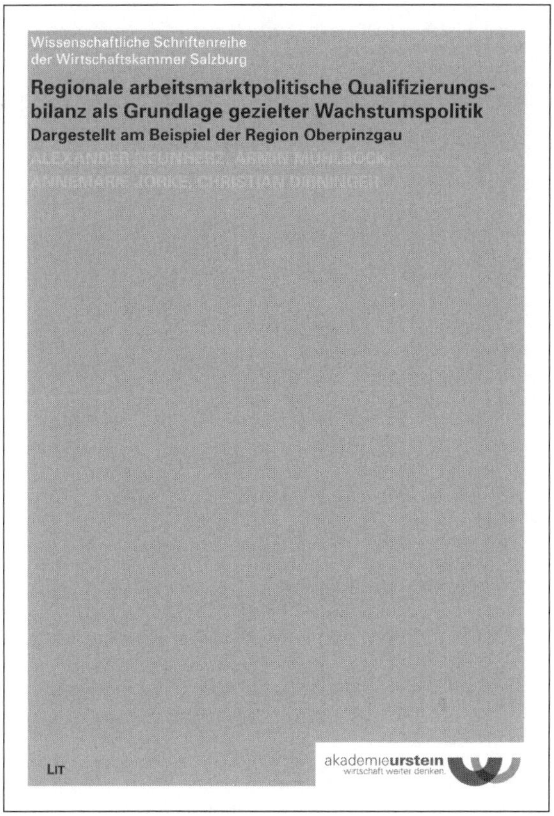

Alexander Neunherz; Armin Mühlböck; Annemarie Jörke; Christian Dirninger
Regionale arbeitsmarktpolitische Qualifizierungsbilanz als Grundlage gezielter Wachstumspolitik
Dargestellt am Beispiel der Region Oberpinzgau

Der klare Wille der Salzburger Unternehmerschaft, die an ihren jeweiligen Standorten hervorragend ausgebildete Mitarbeiter benötigt, wurde durch den stetigen Ausbau der Bildungseinrichtungen der Wirtschaftskammer Salzburg immer wieder bekräftigt und befürwortet. Anwendbares Wissen, Know-how, neue Produkteverfahren und Dienstleistungen – das alles entsteht nur durch Lernen und Bildung – wobei es wesentlich ist, dass für möglichst viele Menschen durch wirtschaftsnahe und berufsorientierte Aus- und Weiterbildung Lebens- und Karrierechancen ermöglicht und gesichert werden. Gleichrangig gilt die Zielvorgabe, den Salzburger Unternehmen besser gebildete Mitarbeiter zur Verfügung zu stellen, wobei auf die Bedürfnisse der Betriebe in den Regionen Rücksicht zu nehmen ist. Berufliche Höherqualifizierung soll dabei nicht zu einer Abwanderung der Aus- und Weiterbildungswilligen vom ländlichen Raum in die Zentralräume beitragen, sondern im Gegenteil ist auch im Bildungsangebot auf die regionalen Anforderungen Rücksicht zu nehmen.

Bd. 2, 2009, 88 S., 19,90 €, br., ISBN 978-3-8258-1890-6

LIT Verlag Berlin – Münster – Wien – Zürich – London
Auslieferung Deutschland / Österreich / Schweiz: siehe Impressumsseite

Richard Schmidjell (Hg.)
Wohlfühlwirtschaft
Dienstleister im Wachstumsmarkt Gesundheit. Chancen – Strukturen – Standorte
Während sich Politik und Wissenschaft bisher eingehend mit dem traditionellen Gesundheitswesen, welches nicht markt-, sondern überwiegend krankenversicherungsfinanziert ist, befasst haben, fehlen Studien über jene Unternehmen, bei denen nicht das Heilen im Sinne klassischer Medizin und deren Hilfsdienste im Mittelpunkt stehen, sondern die Hilfeleistungen zum möglichst umfassenden ganzheitlichen Wohlfühlen. Diese Leistungen werden von Energethikern, Lebens- und Sozialberatern sowie Masseuren, Kosmetikern, Farb-, Stil- und Typberatern, Ernährungsberatern, Unternehmen aus dem Medizinproduktehandel und Drogerien, Fitnessbetrieben sowie Wellnesshotels angeboten, die unter dem Begriff „Wohlfühlwirtschaft" zusammengefasst sind.
Bd. 1, 2008, 200 S., 19,90 €, br., ISBN 978-3-8258-1586-8